高等院校"十三五"运营管理规划教材

供应链管理

梁学栋　刘大成　李　智　邓富民◎主编

SUPPLY

CHAIN

MANAGEMENT

经济管理出版社
ECONOMY & MANAGEMENT PUBLISHING HOUSE

图书在版编目（CIP）数据

供应链管理／梁学栋主编. —北京：经济管理出版社，2020. 4（2023.8重印）
ISBN 978-7-5096-7089-7

Ⅰ. ①供… Ⅱ. ①梁… Ⅲ. ①供应链管理—高等学校—教材 Ⅳ. ①F252.1

中国版本图书馆 CIP 数据核字（2020）第 064014 号

组稿编辑：王光艳
责任编辑：魏晨红
责任印制：黄章平
责任校对：张晓燕

出版发行：经济管理出版社
　　　　　（北京市海淀区北蜂窝 8 号中雅大厦 A 座 11 层　100038）
网　　　址：www. E-mp. com. cn
电　　　话：（010）51915602
印　　　刷：北京市海淀区唐家岭福利印刷厂
经　　　销：新华书店
开　　　本：787mm×1092mm /16
印　　　张：16. 25
字　　　数：396 千字
版　　　次：2020 年 5 月第 1 版　　2023 年 8 月第 2 次印刷
书　　　号：ISBN 978-7-5096-7089-7
定　　　价：68. 00 元

前　言

在高度信息化的 21 世纪，企业竞争环境已发生了深刻的变化，主要体现为：用户需求不断升级，巨量信息飞速产生，高新技术广泛应用，要素资源自由流动。所有这一切都要求企业对自身的行为进行调整，企业必须能对变化的市场做出准确、快速、有效的反应，不断寻找竞争点。企业行为的变化导致了整合外部资源的需求，而供应链管理就是为了取得系统整体最优绩效，对从供应商开始到最终用户的整个网络进行计划、组织、协调与控制。成功的供应链管理能够协调并整合供应链中所有的活动，最终成为无缝连接的一体化过程。

供应链的概念是在 20 世纪 80 年代提出的。1985 年，美国学者 Michael Porter 在《竞争优势》一书中提出了价值链的概念，价值链将企业运营分解为战略性相关的许多活动，并联系为一个整体，但这个价值链是针对单个企业的。Shank 和 Govindarajan（1992）认为，任何企业都应该将自身的价值链放入整个行业的价值链中去审视。1996 年，James Womack 和 Daniel Jones 的《精益思想》一书问世，价值链的概念被进一步拓展为价值流。Reiter（1996）在整合了上述价值链和价值流思想的基础上，首次提出了供应链的定义，即供应链是一个实体的网络，产品和服务通过这一网络传递到特定的顾客市场。而我国最初是在改革开放初期引进企业供应链管理的先进模式，并围绕物流、信息技术等方面做了大量的实际工作，取得了显著的应用实践效果。

供应链管理是适应现代生产方式而产生和发展起来的现代流通方式，而它的不断完善和水平的提高又加速了现代生产方式的发展。现代生产方式是依据比较优势的理念，以现代信息技术为手段，以企业的核心竞争优势为中心，实现全球化的采购、全球化的组织生产和全球化的销售。于是现代物流成为现代生产方式连接的枢纽，与现代物流共生的供应链管理成为现代生产和现代物流的有力工具。供应链管理是一个管理时代的象征，是新的生产力。美国学者马丁·克里斯多弗认为："21 世纪的竞争将是供应链与供应链之间的竞争。"任何一个企业只有与别的企业结成供应链才有可能取得竞争的主动权。将各个企业独立的信息化孤岛连接在一起，建立起一种跨企业的协作，以此来追求和分享市场机会。因此如何提高供应链管理水平，提高在供应链管理理论指导下的企业管理与运作水平，成为企业界与学术界越来越关心的问题。

供应链管理作为高等院校物流类专业的核心课程，是一门解决跨企业的物流、信息流和资金流的协同计划、组织、协调和控制问题的学科，具有涵盖知识面广、学科交叉的特点，包含了生产计划和控制、库存管理、采购管理、物流管理、信息技术应用、供应链金融等重要内容，同时涉及管理学、市场营销、生产运作、物流管理以及运筹学等多种学科，具备较强的实践应用价值。

本书的编写兼顾前沿性、科学性、系统性、实用性及易学性，系统地介绍了供应链管理的理论、思想和方法，供应链管理模式的特征及其与传统运作管理模式的差异。坚持理论成果与管理实践相结合，定量分析与定性分析相结合，国际视野与国内现状相结合，并突出供应链的特色内容，注重新颖性，力求全面构建供应链管理的知识体系结构。

本书的内容中包含了学习目标、章前引例、主要内容、本章小结、案例分析等模块。全书共分十一章。第一章介绍了供应链管理的总体概要。第二章至第十一章详细阐述了供应链管理的理论、技术和方法。其中，第二章介绍了供应链战略；第三章介绍了供应链合作伙伴选择；第四章介绍了供应链网络设计；第五章至第八章分别介绍了供应链环境下的采购管理、物流管理、生产管理和库存管理；第九章介绍了供应链信息与信息技术；第十章介绍了供应链绩效评价；第十一章介绍了供应链金融。全书深入浅出、逻辑清晰地将内容讲解与实践训练相结合，既适合教师日常教学使用，也可以作为学生自学参考教材。

为方便使用者自学和查阅，本书将提供 PowerPoint 演示文稿供日常教学和学习使用。同时由四川大学和清华大学共同合作录制的慕课课程已经开课，课程涵盖了供应链管理的基本理论、供应链管理的基本运作方法、当前供应链管理在国内外发展的最新趋势和现状。授课老师有梁学栋、李智、刘大成、邓富民。慕课课程网址为：https：//www.icourse163.org/course/SCU-1449284163，任课教师如需要相应的课件，请发邮件给李智副教授（邮箱：190237099@qq.com）。

本书为四川大学立项建设教材，由四川大学梁学栋教授提出编写大纲，四川大学李智副教授负责统稿，四川大学邓富民教授主审，刘大成副教授负责定稿。本书具体编写分工：第一章、第六章由李炎杰编写；第二章由卢悦编写；第三章由瞿林霞编写；第四章由张杨静婧编写；第五章由方圆编写；第七章由严晋川编写；第八章由徐琳编写；第九章由李兴江编写；第十章由卢芊编写；第十一章由卢芊负责，卢芊、严晋川、李兴江三人共同编写。其中梁学栋教授负责第一章到第三章的内容，李智副教授负责第四章到第十章的内容，刘大成副教授负责第十一章的内容。

《供应链管理》学术期刊（国内刊号：CN10-1678/F）为本教材提供了专业学术指导；清华大学互联网产业研究院、浙江菜鸟供应链管理有限公司与成都市供应链金融协会为本教材提供了应用指导；中国网安的安红章为本教材提供了信息技术方面的专业指导，四川省烟草专卖局物流处刘毅为本书提供了应用案例，在此表示感谢。

在本书的编写过程中，为保证内容全面实用，参考了大量相关参考文献，在此向文献作者表示感谢。

书中难免存在疏漏与不足之处，敬请各位师生批评指正。

梁学栋

2020 年 2 月

目　录

第一章　供应链管理概述 / 1

第一节　供应链管理产生的背景 / 2

一、经济全球化的驱动 / 2

二、消费者需求的驱动 / 3

三、企业需求的驱动 / 3

第二节　供应链管理介绍 / 4

一、供应链概念 / 4

二、供应链管理概念 / 5

三、供应链管理的发展 / 6

习题 / 7

第二章　供应链战略 / 8

第一节　供应链战略概述 / 9

一、供应链战略的产生 / 9

二、供应链战略的定义 / 10

三、供应链战略的观念 / 11

四、供应链战略的内容 / 12

第二节　供应链战略方法 / 14

一、供应链内外部环境分析 / 14

二、供应链战略的具体方法 / 16

第三节　供应链战略与竞争战略匹配 / 19

一、企业战略理论 / 19

二、战略匹配的含义 / 21

三、战略匹配的要点与步骤 / 22

第四节　供应链战略匹配范围的拓展 / 25

一、局部成本最小 / 26

二、职能部门成本最小化 / 26

三、企业利润最大化 / 26

四、公司间、职能部门间利润最大化 / 26

五、弹性公司间、职能部门间利润最大化 / 27

第五节　供应链战略管理面临的挑战 / 27

一、供应链战略管理现状和存在的问题 / 27

二、供应链战略管理对策 / 28

本章小结 / 29

习题 / 31

第三章　供应链合作伙伴选择 / 32

第一节　供应链合作伙伴关系概述 / 33

一、供应链合作伙伴关系的含义 / 33

二、建立供应链合作伙伴关系的驱动力 / 34

三、建立供应链合作伙伴关系的意义 / 36

第二节　供应链企业间合作的理论基础 / 39

一、供应链企业间的委托—代理关系 / 39

二、供应链委托—代理关系的特征 / 39

三、供应链委托—代理存在的问题 / 40

四、解决供应链委托—代理问题的对策 / 42

第三节　供应链合作关系的形成及其制约因素 / 44

一、企业关系的发展历程 / 44

二、供应链合作伙伴关系的类型 / 46

三、供应链合作伙伴关系建立的制约因素 / 48

第四节　供应链合作伙伴的选择 / 49

一、供应链合作伙伴选择的评价准则 / 49

二、供应链合作伙伴评价选择的方法 / 51

三、供应链合作伙伴评价选择的步骤 / 54

本章小结 / 56

习题 / 58

第四章　供应链网络设计 / 59

第一节　供应链网络结构模型 / 60

一、供应链网络基本组成 / 60

二、供应链网络结构特性 / 63

三、供应链网络类型 / 64

第二节　供应链网络设计 / 66

一、供应链网络设计原则 / 66

二、供应链设计的步骤 / 68

三、供应链网络设计决策的影响因素 / 70

四、供应链的几个相关问题 / 75

第三节　供应链设计策略 / 76

一、基于产品的供应链设计策略 / 76

二、基于成本的供应链设计策略 / 78

本章小结 / 80

习题 / 82

第五章　供应链采购管理 / 83

第一节　采购概述 / 84

一、采购定义及其构成要素 / 84

二、采购的作用 / 87

三、传统的采购模式与存在的问题 / 88

第二节　供应链管理环境下的采购 / 89

一、供应链管理下采购的特点 / 89

二、供应链管理下的采购流程 / 91

第三节　供应链下的采购控制 / 93

一、请购控制 / 93

二、采购时间控制 / 94

第四节　采购策略 / 94

一、准时采购 / 94

二、电子采购 / 97

三、协同采购 / 98

第五节　全球采购 / 99

一、供应链下的全球采购 / 99

二、全球采购对中国企业的影响 / 100

本章小结 / 101

习题 / 104

第六章　供应链物流管理 / 105

第一节　物流管理介绍 / 106

一、物流管理的形成与发展 / 106

二、物流管理在中国 / 107

三、物流的分类 / 108

第二节　物流与供应链管理 / 110

一、物流在供应链管理中的地位 / 110

二、供应链管理下物流管理的特征 / 110

第三节　供应链中的企业物流管理 / 112

一、企业物流管理概念 / 112

二、物流管理在企业竞争中的作用 / 113

第四节　供应链中的物流组织与管理 / 115

一、流入物流——企业供应物流 / 115

二、内部物流——企业生产物流 / 116

三、流出物流——企业销售物流 / 117

本章小结 / 118

习题 / 119

第七章　供应链生产管理 / 120

第一节　生产管理概述 / 121

第二节　传统生产管理与供应链管理思想的差距 / 122

一、生产计划运行环境的差距 / 122

二、企业管理思想的差距 / 122

三、信息共享程度的差距 / 123

四、信息反馈机制的差距 / 123

五、决策方面的差距 / 123

第三节　供应链管理下生产计划与控制 / 123

一、生产战略 / 123

二、供应链管理下的生产计划 / 125

三、供应链管理下生产计划制订的要点 / 128

四、供应链生产控制的新特点 / 129

第四节　生产系统总体流程 / 129

一、集成生产计划与控制系统的总体构想 / 129

二、生产计划与控制的总体模型及其特点 / 130

第五节　供应链下生产系统的协调机制 / 131

一、供应链协调控制机制 / 131

二、供应链协调控制模式 / 131

三、供应链信息跟踪机制 / 132

第六节　供应链下的生产组织新思想——延迟制造 / 133

一、延迟制造的思想 / 133

二、延迟制造的基本思路 / 133

三、面向延迟制造的供应链设计 / 134

本章小结 / 136

习题 / 139

第八章　供应链库存管理 / 140

第一节　库存管理概述 / 141

一、库存的定义 / 141

二、库存的作用 / 142

三、库存的分类 / 143

四、库存相关成本 / 145

第二节　供应链环境下库存存在的问题 / 145

一、供应链环境下库存管理存在的问题 / 146

二、供应链中的牛鞭效应 / 147

第三节　传统的库存控制方法 / 150

一、库存的分类管理 / 150

二、经济订货批量法 / 151

三、订货点法 / 153

第四节　供应链环境下的库存管理策略 / 154

一、供应商管理库存 / 154

二、联合库存管理（Jointly Managed Inventory，JMI）/ 156

三、多级库存优化与控制 / 158

四、战略库存控制——工作流管理 / 159

五、推式与拉式结合的库存管理模式 / 160

本章小结 / 162

习题 / 165

第九章　供应链信息与信息技术 / 166

第一节　供应链中的信息 / 167

一、数据、信息及知识 / 167

二、供应链中信息的分类 / 167

三、供应链中信息的作用 / 168

四、供应链中有效信息的特征 / 170

第二节　供应链管理中的信息技术 / 171

一、供应链信息技术的重要性 / 171

二、主要供应链信息技术 / 171

三、信息技术在供应链管理各领域中的应用 / 174

第三节　供应链管理中的信息系统 / 175

一、供应链管理与信息系统的关系 / 175

二、企业内供应链信息系统的逻辑结构 / 177

三、企业间的信息系统 / 179

本章小结 / 186

习题 / 189

第十章　供应链绩效评价 / 191

第一节　供应链绩效评价的概述 / 193

一、供应链绩效评价的概念 / 193

二、供应链绩效评价的特点 / 193

三、供应链绩效评价应当遵循的原则 / 194

第二节　供应链评价的一般方法 / 195

一、ROF 法 / 195

二、SCOR 法 / 196

三、BSC 法 / 197

第三节　供应链绩效评价指标体系 / 199

一、供应链绩效评价指标 / 199

二、指标构建原则 / 199

三、供应链绩效评价指标体系的构成 / 200

第四节 供应链企业激励机制 / 203

一、建立供应链企业激励机制的重要性 / 203

二、供应链激励机制的内容 / 204

三、供应链激励机制的方法 / 204

本章小结 / 206

习题 / 208

第十一章 供应链金融 / 209

第一节 供应链金融产生的背景 / 210

一、西方供应链金融的发展 / 211

二、中国供应链金融的发展 / 212

第二节 供应链金融的内涵及其特点 / 212

一、供应链金融的含义 / 212

二、供应链金融的特点 / 216

第三节 供应链金融的功能与管理要点 / 217

一、追踪供应链资金流 / 217

二、金融资金的灵活、有效运用 / 218

三、扩大金融资源的源泉 / 219

第四节 供应链金融生态的参与者 / 219

一、宏观层面的环境影响者 / 220

二、产业层面的机构参与者 / 221

三、微观机构参与者 / 223

本章小结 / 223

习题 / 226

参考文献 / 227

第一章 供应链管理概述

学习目标

1. 了解供应链管理产生的背景
2. 理解供应链和供应链管理的基本概念
3. 了解供应链管理的发展

章前引例

ZARA 的供应链管理

ZARA 是一个西班牙的服装品牌，创始于 1985 年。它以快速反应著称于流行服饰界。它既是服装品牌，也是专营 ZARA 品牌服装的连锁零售品牌。

通过对 ZARA 公司运作模式的研究发现，ZARA 为顾客提供"买得起的快速时装"战略的成功得益于公司出色的服装行业全程供应链管理，以及支撑供应链快速反应的 IT 系统应用。ZARA 公司采取"快速、少量、多款"的品牌管理模式，在保证保持与时尚同步的同时，通过组合开发新款式，快速推出新产品，而且每种款式在每个专卖店推出的数量都只有几件，人为地造成"缺货"，以实现快速设计、快速生产、快速出售、快速更新，专卖店商品每周更新两次的目标。ZARA 在信息共享和利用方面表现卓越，使得 ZARA 的供应链拥有惊人的速度，快速收集市场信息、快速决策、控制库存并快速生产、快速配送的运作模式在 ZARA 得以实现。信息和通信技术是 ZARA 供应链运作模式的核心，IT 系统的应用将 ZARA 的产品设计、生产、配送和销售迅速融为一体，让 ZARA 的供应链"转"得更快。正是因为在信息应用方面表现卓越，才使得 ZARA 拥有如此惊人的速度。它的卓越性主要表现在以下方面：

第一，在新产品设计过程中，密切关注潮流和消费者的购买行为，收集顾客需求的信息并汇总到西班牙总部的信息库中，为设计师设计新款式提供依据，以快速响应市场需求。关于时尚潮流趋势的各种信息每天源源不断地从各个 ZARA 专卖店进入总部办公室的数据库。设计师们一边核对当天的发货数量和每天的销售数量，一边利用新信息来产生新的想法以及改进现有的服装款式，再与生产、运营团队一起决定，一个具体的款式用什么布料、如何剪裁以及如何定价时，设计师必须首先访问数据库中的实时信息。

第二，在信息收集过程中，ZARA 的信息系统更强调服装信息的标准化，为新产品设计和生产提供决策支持。对一个典型的服装零售商来讲，不同的或不完全的尺寸规格，不同产品的有效信息通常需要几个星期，才能被添加到它们的产品设计和批准程序中。但是在 ZARA 的仓库中，产品信息都是通用的、标准化的，这使得 ZARA 能快速、准确地准备设计，对裁剪给出清晰生产指令。

第三，在 ZARA 的供应链上，ZARA 借助自主开发的信息系统对产品信息和库存信息进行管理，控制原材料的库存，并为产品设计提供决策信息。卓越的产品信息和库存管理系统，使得 ZARA 的团队能够管理数以千计的布料，各种规格的装饰品，设计清单和库存商品。ZARA 的团队也能通过这个系统提供的信息，以现存的库存来设计一款服装，而不必去订购原料再等待它的到来。

ZARA 以品牌运作为核心的协同供应链运作模式的成功，不但为我们供应链理论研究开拓了新的思路，更可为我们广大企业在实践中借鉴。以消费者为中心，缩短前置时间，向供应链的各环节"积压"时间，并清除可能的瓶颈，减少或取消那些不能带来增值的环节，小批量、多品种以营造"稀缺"，跨部门沟通、协同快速响应满足市场需求，从而提升品牌价值和竞争力。

案例来源：http://www.360doc.com/content/15/0619/04/6017453_479112723.shtml.

第一节　供应链管理产生的背景

一、经济全球化的驱动

经济全球化的发展，带给企业无限机遇的同时，企业也面临更多的竞争和挑战。企业竞争模式从传统的技术竞争、市场竞争、产品竞争等逐渐转向供应链竞争。中国加入世界贸易组织后，国内的市场逐步对外开放，中国企业也开始加速走向国际市场，将面临更多国际化的竞争对手。

经济全球化是对企业竞争模式影响较大的变革因素之一，全球化迎来了一个竞争更加激烈的经济环境，在这种竞争激烈的环境下，给企业带来了一些问题和挑战：供需更加快捷；产品生命周期缩短；传统组织边界变模糊。

企业供需更加快捷的原因有很多，全球化消除了国家与国家之间的贸易壁垒，使得跨国物流更加方便，为企业带来了快捷的供需。另外，日益猖獗的恐怖主义行为对国际贸易也带来了严重影响，企业为了保护它们的全球供应链，不得不加快供应链的快速反应。

产品生命周期（Product Life Cycle）亦称"商品生命周期"。是指产品从投入市场到更新换代和退出市场所经历的全过程。缩短产品生命周期是快速复制产品和服务的能力证明。企业，特别是技术性的企业，特别害怕受到自己新产品被模仿的威胁。但是，在激烈竞争的全球环境下，几乎所有的产品都会面临这样的问题。产品从投入市场开始，就面临被再造、被淘汰的危险，全球化的竞争大大缩短了产品的生命周期。

传统的组织界限模糊是由于在竞争的全球经济中，企业不得不调整或改变自身经营的模式或者做生意的方式。面对全球化的挑战，为了保持自己的核心竞争力，企业不得不将自己的某些部分外包给另一个国内的或国际的公司，这些外包的公司能够更加有效地提供它们的所需，并且能够保证更好的质量。

目前，全球化的供应链管理越来越受到企业的重视，现在企业面临的国际竞争，主要还是供应链之间的竞争。美国的一项调查研究发现，跨国经营企业在供应链中产生的费用，占国际总销售额的40%。如何在经济全球化的背景下，对供应链进行有效的管理，已成为决定企业生存的关键因素。

二、消费者需求的驱动

许多年以来，了解消费者行为一直是市场分析和战略发展的焦点。通常，这种分析以消费者整体和主要消费群体或部分消费群体为对象，了解其需求并提供相应的产品或服务。这种分析对供应链有一定的影响，但过去被认为只是略有间接的影响。如今，消费者对供应链管理的影响更加直接，因为，消费者对多样化的产品和服务的需求在增加。供应链的运作必须高效率，这样才能为供应链中的零售商和其他组织创造收益。

由于可以自由地从互联网或其他来源获取有关信息，如今的消费者更加理性和自由。消费者信息的来源明显增加，除了直接来源，消费者还可以通过产品目录、互联网及其他传播媒介获取更多的信息。消费者可以比较商品的价格、质量与服务，因此他们需要优惠的价格、优良的品质、定制的产品，还有便利、灵活及敏捷的响应。由于较高的收入水平，消费者的购买力也得到增加，他们需要最优质量的同时也需要最优的价格和最好的服务。这些需求对各种消费品的供应链提出了挑战，也对其施加了压力。

此外，随着双职工家庭与单亲家庭数量的增加，社会人口状况的变化使"时间"成为许多消费者首要考虑的因素，他们希望并要求供应商/零售商按照他们制订的计划更加快捷和便利地提供商品或服务。朝九晚六的五天制服务已经不能满足消费者的需求，顾客需要24小时的全日制服务及最少的等待时间。"买方小心"这个古老的公理可能会改变为"卖方小心"。如今的消费者不再有以前的忠诚度，因此无法忍受任何劣质的产品。互联网使他们能够扩大购买选择范围，同时在购买前快速地做出对比。消费者期待企业提供更便利、灵活及敏捷的运输递送服务。

三、企业需求的驱动

20世纪90年代以来，随着科学技术不断进步，经济不断发展，围绕新产品的市场竞争日趋激烈。企业面临着开发新产品、缩短交货期、提高产品质量、降低生产成本和改进客户服务等压力。为了增强自身竞争力，获得更多利润，企业不得不做出一些改变。

1. 缩短产品研发周期

随着经济全球化的发展，企业面对的消费者需求呈现多样化的趋势，消费者对产品更新换代速度的要求也越来越高。这就要求企业的产品开发能力要不断提高。例如，美国电话电报公司新电话的开发时间由过去的2年缩短为1年，惠普公司新打印机的开发时间从过去的4.5年缩短为22个月。

2. 降低库存水平

因为消费者需求的多样化越来越突出，企业为了更好地满足其需求，便不断推出新的品种，结果产品总数成倍增长，导致制造商和销售商背上的库存负担越来越沉重，严重影响了企业的资金周转速度，进而影响了企业的竞争力。因此，企业需要优化库存策略，降低库存水平，减少库存成本。

3. 缩短响应周期

缩短产品的开发、生产周期，在尽可能短的生产时间内最大限度地满足消费者的需求，正成为所有管理者最为关注的问题之一。企业间的主要竞争因素在 20 世纪 60 年代为成本，80 年代为质量，90 年代为交货期，而进入 21 世纪则为响应周期（Cycle Time）。企业不仅要有很强的产品开发能力和对供应链成本的控制能力，更重要的是缩短产品上市时间，即尽可能提高对客户需求的响应速度。例如，20 世纪 90 年代，日本汽车制造商平均每两年就推出一款车型，而美国推出相当级别的车型却要 5 ~ 7 年，日本汽车能更好地响应客户需求，因而在汽车市场上占据了更大主动权。

4. 提供定制化的产品和服务

传统的"一对全"规模经济生产模式已不能使客户满意，也不再能使企业获得效益，企业必须具备能够根据每个客户的特殊要求定制产品和服务的能力。显然，个性化的定制生产提高了产品质量，使企业能够快速响应客户要求，但对企业运作模式提出了新的要求。

第二节　供应链管理介绍

一、供应链概念

供应链一词直接译自英文的"supply chain"，国内也有学者将它译为供需链，许多学者从不同的角度给出了不同的定义。虽然各自的表述不完全一致，但他们一致认为，供应链是一个系统，是人类生产活动和社会经济活动中客观存在的事物。人类生产和生活的必需品都要经历从最初的原材料生产、零部件加工、产品装配、分销、零售到最终消费这一过程，并且近年来废弃物回收和退货（反向物流）也被纳入。这里既有物质形态的生产和消费，也有非物质形态产品（服务）的生产（提供服务）和消费（享受服务）。生产、流通、交易、消费等环节形成了一个完整的供应链系统。图 1-1 就是一个供应链的示意图。为简便起见，图 1-1 中只给出了信息流和物流，资金流等其他要素则未显示。

供应链的概念是从扩大生产概念发展而来的，它将企业的生产活动进行了前伸和后延。日本丰田公司的精益协作方式中就将供应商的活动视为生产活动的有机组成部分而加

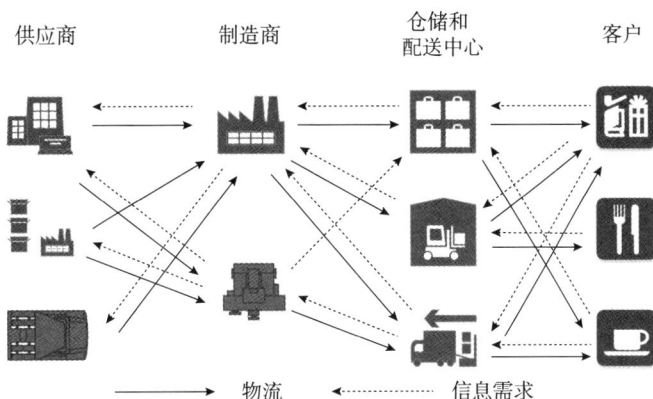

图 1-1　供应链结构示意图

以控制和协调。哈理森（Harrison）将供应链定义为：供应链是执行采购原材料，将它们转换为中间产品和成品，并且将成品销售到用户的功能网链。美国的史蒂文斯（Stevens）认为，通过增值过程和分销渠道控制从供应商到用户的流就是供应链，它开始于供应的源点，结束于消费的终点。因此，供应链就是通过计划（Plan）、获得（Obtain）、存储（Store）、分销（Distribute）、服务（Serve）等这样一些活动而在顾客和供应商之间形成的一种衔接（Interface），从而使企业能满足内外部顾客的需求。

　　本书综合参考现有研究观点，将供应链定义为：供应链是围绕核心企业，通过对信息流、物流、资金流的控制，从采购原材料开始，制成中间产品以及最终产品，最后由销售网络把产品送到消费者手中的将供应商、制造商、分销商、零售商，直到最终用户连成一个整体的功能网络结构模式。

二、供应链管理概念

　　供应链管理可以追溯到 20 世纪 80 年代。确切来讲，直到 20 世纪 90 年代，供应链管理这一术语才引起许多企业高级管理层的注意，他们认识到高效的供应链能够增强企业在国际上的竞争力，提高市场占有率，从而改善股东权益。

　　对于供应链管理（Supply Chain Management），国外在早期也有许多不同的定义和名称，如有效用户反应（Efficiency Consumer Response，ECR）、快速反应（Quick Response，QR）、虚拟物流（Virtual Logistics，VL）或连续补充（Continuous Replenishment，CR），等等。

　　关于供应链管理的定义，还有其他许多说法，例如，伊文斯认为："供应链管理是通过前馈的信息流和反馈的物料流及信息流，将供应商、制造商、分销商、零售商，直至最终用户连成一个整体的管理模式。"菲利普则认为，供应链管理不是供应商管理的别称，而是一种新的管理策略，它把不同企业集成起来以增进整个供应链的效率，注重企业之间的合作。最早人们把供应链管理的重点放在管理库存上，作为平衡有限的生产能力和适应用户需求变化的缓冲手段，它通过各种协调手段，寻求把产品迅速、可靠地送到用户手中所需要的费用与生产、库存管理费用之间的平衡，从而确定最佳的库存水平。因此，其主要的工作任务是库存控制和运输。现在的供应链管理则把供应链上的各个企业作为一个不可分割的整体，使供应链上各企业分担的采购、生产、分销和销售的职能成为一个协调发展的有机体。关于供应链管理的各种比较典型的定义如表1-1所示。

表1-1　几种典型的供应链管理的定义

Houlihan（1988）	供应链管理和传统物流制造控制的区别：①供应链被看成是一个统一的过程，链上的各个环节不能分割成诸如制造、采购、分销、销售等职能部门。②供应链管理强调战略决策。"供应"是链上每一个职能的共同目标并具有特别的战略意义，因为它影响整个链的成本及市场份额
Stevens（1989）	管理供应链的目标是使来自供应商的物流与满足客户需求协同运作，以协调高客户服务水平和低库存、低成本之间相互冲突的目标
La Londe and Masters（1994）	供应链战略包括："……供应链上的两个或更多企业进入一个长期协定……信任和承诺发展成伙伴关系……需求和销售信息共享的物流活动的整合……提升对物流过程运动轨迹控制的潜力。"
Cooper et al.（1997）	供应链管理是一种管理从供应商到最终客户的整个渠道总体流程集成哲学
Monczka、Trent and Handfiel（1998）	供应链管理（SCM）要求将传统上分离的职能作为整个过程由一个负责的经理人员协调整个物流过程，并且要求与横贯整个流程各个层次上的供应商形成伙伴关系。供应链管理是这样一个概念，"它的主要目标是以系统的观点，对多个职能和多层供应商进行整合并管理外购、业务流程和物料控制"
Mentzer et al.（2001）	供应链管理是对传统的企业内部各业务部门间及企业之间的职能从整个供应链进行系统的、战略性的协调，目的是提高供应链及每个企业的长期绩效
Ling Li（2007）	供应链管理是一组有效整合供应商、制造商、批发商、承运人、零售商和客户的协同决策及活动，以便将正确的产品或服务以正确的数量在正确的时间送到正确的地方，以最低的系统总成本满足客户服务水平的要求

结合以上研究成果，本书给出了供应链管理的定义：为了使供应链运作达到最优化，通过协调供应链成员的业务流程，让供应链从采购开始，到满足最终顾客的所有过程，包括工作流、物料流、资金流和信息流等均能高效地运作，以最少的成本，把合适的产品以合理的价格，及时、准确地送到消费者手上。

三、供应链管理的发展

企业传统使用的管理模式是"纵向一体化"管理模式。所谓"纵向一体化"指的是企业出于对制造资料的占有要求和对生产过程直接控制的需要，或是扩大自身规模，或是参股到供应商企业，成为向其提供原材料、半成品或零部件企业的一家股东。

20世纪40~60年代，企业处于相对稳定的市场环境中，竞争没有那么激烈，这时的"纵向一体化"模式由于其特有的优势是有效的。但是到了20世纪90年代，在市场竞争日益激烈和科技迅猛发展的形势下，"纵向一体化"模式则暴露出了种种缺陷：①企业投资负担增大；②对市场瞬息万变的时机把握不准；③企业经常从事不擅长的业务活动；④业务领域全而不精，没有竞争力；⑤企业面临较大的行业风险。

由于"纵向一体化"管理模式的种种弊端，从 20 世纪 80 年代后期开始，国际上越来越多的企业放弃了这种模式，取而代之的是"横向一体化"思想的兴起。所谓"横向一体化"指的是包括供应商、制造商、分销商在内的企业利用外部资源快速响应市场需求，只抓企业发展中最核心的东西——产品方向和市场，至于生产，把握核心技术材料的生产，其他零部件全部委托其他企业加工。

"横向一体化"形成了一条从供应商到制造商再到分销商的贯穿所有相关企业的"链"。由于供应链上每个节点企业都表现出一种需求与供应的关系，当把所有相邻企业一次连接起来时，便形成了供应链。这条链上的各个节点企业必须做到同步、协调运行，才有可能使链上的所有企业都能受益，于是便产生了供应链管理这一新的经营与管理模式。

习 题

一、名词解释

1. 供应链   2. 产品生命周期   3. 供应链管理   4. 纵向一体化管理模式

二、简答题

1. 经济全球化给企业带来了问题和挑战，具体包括哪些？
2. 消费者的信息来源除了直接来源，还包括哪些？
3. 为了增强自身竞争力，获得更多利润，企业需要做出哪些改变？
4. 企业如何缩短产品的响应周期？
5. "纵向一体化"模式的弊端有哪些？

第二章　供应链战略

学习目标

1. 理解供应链战略的产生背景和基本概念
2. 了解供应链战略的制定方法
3. 了解供应链战略与竞争战略匹配的内涵
4. 掌握供应链战略管理的现状与面临的挑战

章前引例

供应链战略与竞争战略的匹配

受地理原因与区域影响，我国物流发展较快的地区集中于中、东部区域，尽管中、西部是煤炭供应的主要区域，在物流发展上却较为落后。根据现阶段发展状况而言，相比于广州、上海、北京等一线城市，山西省物流企业总体存在一定差距，煤炭物流行业处于初级发展阶段。所以，山西省煤炭物流水平较为薄弱，使得物流经营网络较为分散、缺少规范的管理方法。

山西煤炭运销集团临汾有限公司是晋能集团有限公司的全资子公司，注册资金 2 亿元，总资产 267 亿元；下辖 23 座整合煤矿、8 个县区公司、8 个全资公司及 9 个控参股公司，职工总数 6000 余人。经过多年来的转型发展，基本形成了以煤炭生产为主业，以物流贸易为辅业，"一主一辅"的产业格局。公司共整合煤矿 23 座，井田面积 242 平方公里，资源储量 11.48 亿吨，产能 1680 万吨/年。有生产矿井 3 座，联合试运转矿井 2 座。企业着力推进物流贸易资源的整合重组，成立 8 个业务机构，打造销售、贸易、配送、信息 4 个平台，构建自产煤统一销售和物流贸易统一管理的新体系。建成了张礼综合物流园区；控股建设了张台地方铁路；拥有储配煤场 3 座、铁路装车点 6 个。

该企业依托自有煤矿、储配煤中心的资源优势，以及多年来培养的专业化贸易团队，通过公路、铁路、配送、信息 4 个平台，不断拓展经营业务，提升公司自身实力，为打造煤炭贸易供应链创造了有利条件。在煤矿生产方面，公司按照晋能集团公司"办大矿，办安全高效矿，办现代化本质安全矿"的办矿理念和临汾公司"建设标准高，人员素质高，工资待遇高，后勤服务标准高"的办矿要求，科学施工、严格把控、攻坚克难，创建安全高效的现代化矿井，构成冶炼精煤、动力煤两种生产基地，为打造供应链提供基础保障。中间运输环节，全力发挥煤炭物流配送平台的功能，以 200 部自有车辆为基础，积极吸纳社会闲散车辆 400 余部，保证了区域及周边煤炭公路运输；以张礼、临北两个大型发煤站为中心，南北延伸至侯马、翼城、霍州等装车点，保证了煤炭铁路外运。下游综合市场将区域内外、省内外的公路、铁路用户市场融合，尽可能地结合供应链内的物流、信息流，构成网络结构的智能化煤炭物流供应链。

案例来源：石利民. 贸易公司供应链的竞争战略分析［J］. 中国商论，2017（35）：67-68.

第一节　供应链战略概述

自 20 世纪 90 年代供应链管理这一概念被提出以来，得到了国内外学者和企业的广泛关注。企业所处的竞争环境发生了巨大变化，企业与企业之间的竞争往往造成了弊大于利的结果，因此越来越多的企业倾向于建立完整、有效的供应链系统以取得市场竞争的主动权。

近年来，经济全球化不断发展，新兴的信息技术方法也层出不穷，供应链管理无论是在理论还是在实践经验方面都变得越发丰富，同时反映出未来重要的发展趋势正是需要从操作层逐步过渡到战略层，而不能仅将其看成一种操作方法。国内外企业在开展供应链管理时，需要审时度势，因时制宜，从战略高度上规划供应链管理，才能保证其实施的成功。

一、供应链战略的产生

20 世纪 70 年代，美国企业既面临石油危机、经济膨胀等，又面临日本和欧洲迅速发展的挑战，独占市场的情况已不复存在，此时源自军事词汇的"战略"一词开始被引入管理界。伊戈尔·安索夫（Igor Ansoff）在 1965 年出版的《公司战略》一书中首次提出了"企业战略"这一概念，并将战略定义为"一个组织打算如何去实现其目标和使命，包括各种方案的拟定和评价，以及最终将要实施的方案"。尽管这一时期的学者们对于"战略"的具体主张不尽相同，但其核心思想是一致的，即企业战略的实质是组织对环境的适应过程及由此带来的组织内部结构变化的过程。

20 世纪 80 年代，大量生产和配送系统受到了更加严峻的挑战，使美国企业更加注重战略规划。20 世纪 90 年代，竞争环境越发残酷，企业再造学说盛极一时，许多企业将再造技术作为取得竞争优势的法宝，因而放弃了制定战略计划。但由于企业再造并不是一剂包治百病的良方，实施再造企业往往在主观方面缺乏足够认知而造成计划失败。1994 年，加里·哈默尔（Gary Hamel）和普拉哈拉德（C. K. Prahalad）合著的《为未来而竞争》，标志着战略计划的复兴。

当前企业竞争的重点已经开始逐渐从操作层向战略层转移，越来越多的企业不仅关注传统的运作计划，同时更加重视企业的战略规划，以期为未来提供合适的发展方向和策略。供应链战略管理在这种背景下应运而生。

在实际操作中，供应链战略对提高企业竞争力的作用往往成效甚微。造成这种情况的原因不是供应链战略管理理论有问题，通常是因为影响企业运作情况的因素并不集中于某一环节，也不是单纯依靠调整某项职能部门可以解决的，需从全局角度进行战略性思考。

近年来，华为公司实现了持续有效增收，其流程支撑了每年在 100 多个国家和地区实现 600 多亿美元的产品和解决方案，17 万员工完成合作。可以说，华为 20 多年来的成长与其成功地从战略角度进行变革息息相关。

1997 年，华为面临着双重压力，即市场环境复杂化和对客户需求响应不足，未来方向难以确定，这就成了必须进行流程变革的原动力。通过分析，华为发现企业管理存在以下严重问题：一是对客户需求的关注缺乏前瞻性，意味着成本高、资源浪费大；二是缺乏跨部门的结构化流程，每个部门都有自己的流程，但部门流程之间仅靠人工衔接，运作孤立，效率显而易见的低下；三是组织上各自为政，造成企业资源内耗；四是流程作业不规范，项目计划无效的情况时有发生，项目实施混乱。

这样的处境逼迫华为必须进行转变。自 1998 年起，华为在流程、组织和 IT 方面进行了一系列重大改革，主要目的是提高理解、实现和满足客户需求的能力，在以客户需求为主体的流程架构转型后，华为的业务流程逐渐覆盖整个公司业务。从内部出发，自上而下、从里到外覆盖全业务的流程相互配合，提供了一套完整可行的实现客户价值的解决方案。从流程大类到流程组、流程、子流程、流程活动，一直到最后的具体任务都一一细化，为供应链战略的制定提供了良好的基础，产品创新意识被进一步激活，销售环节表现良好，市场购买力空前高涨，从而互相促进以达到企业利润的最大化。

2017 年，华为实现全球销售收入 6036 亿元人民币，同比增长 15.7%；净利润 475 亿元人民币，同比增长 28.1%，2017 年上半年纳税额位列中国 500 强民营企业第一，真正成为 ICT 行业真正的全球性领导者。[①]

二、供应链战略的定义

哈佛大学商学院教授迈克尔·波特（Michael E. Porter）认为，"每一个企业都是在设计、生产、销售、发送和辅助其产品的过程中进行种种活动的集合体。所有这些活动可以用一个价值链来表明"。由此说明，企业的价值创造是通过一系列活动构成的。

价值链始于新产品开发，企业根据市场定位和营业范围创造出各种类型和规格的产品；市场营销通过公布产品和服务尽可能满足顾客偏好来引导产品诉求，向市场投放产品，同时将顾客对产品的需求判断融合进下一轮的新产品开发计划；生产部门利用各种新产品将投入转化为产出，继续生产产品；配送部门向顾客提供产品或建议顾客购买产品；服务是对各种顾客在购物期间或之后提出要求的及时反馈，这些是一个成功的企业必须进行生产和销售活动的核心职能。价值链的职能运作支持包括财务、会计、信息技术和人力资源等。

为了实施企业的竞争战略，上述所有职能都将发挥作用，每个职能的战略都必须根据自身特点而制定。

供应链战略，就是从企业战略的角度来对供应链进行全局性规划，确定原材料的获取

---

① 资料来源：2017 年年报。

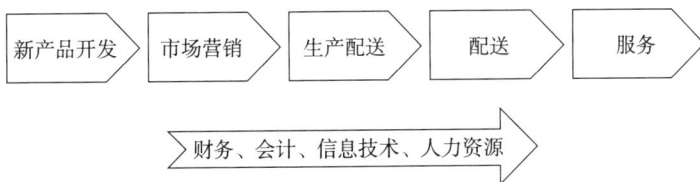

图 2-1 企业价值链

和运输，产品的制造或服务的提供，以及产品配送和售后服务的方式与特点。供应链战略包括了对采购、生产、销售、仓储和运输等一系列活动的规划。从价值链的角度来看，详细说明了在企业正常运营过程中，对生产经营、配送和服务职能方面应当给予重点关注的事情。

三、供应链战略的观念

供应链战略强调企业内部所有职能战略之间的密切联系，只有将它们紧密联系到一起，相互配合、相互支持，才能使企业价值链带来的利益最大化。

供应链战略突破了一般战略规划仅仅关注企业本身的局限，通过在整个供应链上进行详细规划，进而在完成经营任务的同时，增加企业的竞争优势。供应链战略管理所关注的重点不是企业向顾客提供的产品或服务本身给企业增加的竞争优势，而是产品或服务在企业内部和整个供应链中运动的流程所创造市场价值给企业增加的竞争优势。

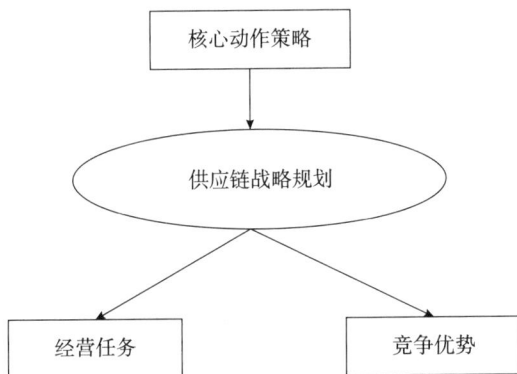

图 2-2 供应链战略规划

实施供应链战略管理的企业，往往具有更加长远的眼光。从对自身内向能力的关注转向将本企业内在能力与供应链成员中的生产资料和创新知识整合起来，以达到供应链上各企业的共赢。

事实上，无论企业层次上的产品和服务的品质有多高，组织结构多有效，资源和生产过程多先进，它们独自获得了多巨大的竞争能力，也远远不能匹敌供应链战略管理带来的效益。20 世纪 90 年代具有代表性的抢先占有竞争优势、市场份额不断增长的企业所得到的巨大发展，实际上归根结底就是它们运用了供应链战略管理。

四、供应链战略的内容

供应链管理战略就是要从企业发展战略的角度，考虑供应链管理中事关全局的主要问题。

1. 供应链管理实施战略的制定

供应链管理的实施战略是解决企业在具体实施供应链管理方式时所依据的方法论和策略，避免决策偏差或失误。

（1）在公司内外同时采取有效措施。从内部来说，主要是通过提升团队精神、鼓励员工共同解决问题，他们必须把合作看作一种义务，而不是转移责任。通过这种方式，企业将共同努力，以实现新订单带来任务的完成，并主动利用新的市场机遇。在管理方面，强调权力下放，以引导、鼓励、信任取代传统的下属领导的指挥和控制，在保证公司整体任务的前提下，赋予下属领导更多的自主权。使整个公司能够适应市场的变化，灵活应对市场需求。

从外部来看，合作理念的发展已经扩展到竞争对手之间的合作。为了分担风险、共享利益，应该鼓励供应链中的众多企业建立合作伙伴关系，增加企业间的能力信任、善意信任，保持适中的计算信任关系。通过促进供应链信息的共享，使得供应链对资源的依赖性提高，以提高供应链内外部整合能力，提高供应链合作的稳定性，获得供应链的持续竞争优势。

（2）充分发挥信息的作用。由于市场瞬息万变，有必要控制用户需求的变化，在竞争中对环境和自身达到充分认知。如果不能充分了解公司内部信息，员工就不会从全局出发。如果竞争对手采取新的措施和技术，而本企业却缺乏了解，就无法制定快速有效的对策来改进竞争手段。

（3）供应链企业的组成和运行。供应链企业的组成应该足够灵活，从竞争到合作，从相互保密到分享信息，实际上会使得企业受益更甚。若市场上出现新机遇，原本是竞争对手的企业，可能在一夕之间成为合作的关系。各个企业在这种关系中既能发挥本企业的优势，又能迅速占领市场。完成一次合作以后，各企业回归原本的市场竞争态势。

（4）计算机、网络技术及大数据技术的广泛应用。现阶段，企业大量应用计算机辅助设计、计算机辅助制造、计算机仿真与建模分析等技术。除此之外，在当今社会还应该用好大数据技术，通过大数据技术的应用更好地了解客户的爱好和行为。通过大数据的分析，企业可以得到有价值的信息，精准地预测到客户在不同场合下对产品的需求，大数据技术的应用还能实现供应链以及配送路线的优化。

（5）方法论的指导。要实现某一目标并完成一个大项目，需要一套方法来指导。需要强调的是，要实现整个企业的整合，具体任务也应当有明确的规定和指导方法。

（6）标准和法规的作用。如果产品标准和生产工艺不统一，那么制造产品的差异性会非常突出。如果没有标准，将非常不利于国家、企业和企业或用户之间的合作。因此，必须要强化标准化组织，使其工作能跟上环境和市场的变化，各种标准能及时演进。现行法律法规也必须随着国际市场和竞争环境的变化而变化，其中包括政府贷款政策、技术政策、反垄断法规、税法、税率、进出口法、国际贸易协定等。

2. 推动式或拉动式的供应链确定

供应链有两种运作模式：一种被称为推动式（Push），另一种被称为拉动式（Pull）。推式供应链以制造商为核心，制造商利用从零售商处获得的订单来预测顾客需求，产品的生产建立在长期预测的基础上，并在客户订货前进行生产，产品生产出来后从分销商逐级推向顾客。

在拉式供应链中，生产和分销是以实际顾客需求而不是以预测资料为依据的。在纯粹的拉式系统中是不需要持有任何库存的，而生产是按照订单进行的。

作为供应链管理战略的内容之一，选择适合企业实际情况的供应链运作模式至关重要。拉式供应链虽然整体性能优良，但对供应链中的企业有更高的要求，对供应链运作的技术基础也有很高要求。推式供应链的实施相对容易，但要了解终端需求的特点，否则很容易导致大量库存。企业在供应链中采取什么样的运作方式，与业务系统的基础管理水平有很大关系，企业不应该盲目模仿其他企业的成功经验。

图 2-3　推式供应链

图 2-4　拉式供应链

3. 供应链管理信息技术战略的确定

信息技术的应用是促进供应链系统信息共享的关键，它可以提高整个供应链的信息准确性、准时性和流动速度，信息技术往往被认为是提高供应链绩效的必要措施。现有供应链取得有效性的主要障碍是信息集成能力缺乏和适用性缺乏。

4. 有效的绩效测量与评价体系的建立

在传统的企业评价中，我们总是关注可测量的经济效益。这种方法主要着眼于短期行为和操作层面的操作，为了从战略上考虑供应链管理，缩短提前期时间，以及企业对产品变化的适应性所带来的经济效益，必须从全局、长远的角度来看待它们。合作伙伴资格预评是另一个评估问题，因为供应链中企业的成功需要合作伙伴自身具有更高能力，并在合作方面拥有良好的声誉。由此可见，供应链管理环境下的绩效测量是关系到企业全局的重大问题，应该从战略高度制定相关的衡量和绩效考核指标，并找出合适的程序和方法。

5. 把供应链管理看成企业间资源集成的桥梁

在物资需求计划（Material Requirement Planning，MRPI）的基础上发展出企业资源计划（Enterprise Resourse Planning，ERP），供应链管理的出现有效促进了 ERP 的发展。

ERP 着眼于供应链管理，在 MRPI 的基础上，增加了运输管理、项目管理、市场信息分析、电子商务、电子数据交换等功能。它强调了将供应商、制造商、协作厂家、用户甚至竞争对手都纳入管理资源中的全面管理，以使业务流程更紧密地集成在一起，以提高对用户的响应速度。现代集成制造系统（Contemporary Integrated Manufacturing System，CIMS）将资源的概念从单一的企业扩展到供应链中的企业集团。因此，供应链管理不仅是解决企业常规运营存在问题的有效途径，也是实现敏捷制造和虚拟企业的有效途径。

第二节　供应链战略方法

一、供应链内外部环境分析

1. 库存

库存对供应链支撑企业竞争战略的能力有重要影响。如果公司的竞争战略需要高水平的响应能力，企业可以通过在消费者附近建立一个大容量的仓库来实现，企业还可以通过集中仓储、减少库存量实现利润的增加。因此，供应链管理者可以将库存作为驱动因素，实现竞争战略目标所要求的响应能力和盈利水平。

（1）循环库存。循环库存是指用于满足在供应商两次送货之间所发生需求的平均库存量。循环库存的规模取决于生产或采购原材料的规模，以实现生产、运输或采购过程中的规模经济效益。

（2）安全库存。安全库存是指应对需求量超过预期数时的库存，它是为了满足不确定的需求，企业必须有安全库存，以满足不可预期的高需求，管理者面临的一项关键性决策是确定安全库存量。

（3）季节库存。季节库存是用来应对可预料的需求变化的库存。企业利用季节库存，在淡季建库存，是一种针对在旺季无法生产全部需求产品的季节性储备。

2. 运输

当企业考虑目标顾客的需求时，运输在企业竞争战略中作用显著。如果企业的竞争战略针对的是需要快速响应并愿意支付费用的顾客，那么可以将运输作为提高供应链响应能力的驱动因素。反之亦然，如果公司的竞争战略目标是以价格为主要决策依据的客户，可以通过运输牺牲高水平的响应能力，从而降低产品成本。

（1）运输方式。运输方式是指如何将产品从供应链中的一个位置转移到另一个位置。企业有如下五种基本运输方式可供选择：

- 航空运输：最昂贵、最快捷的运输方式。
- 公路运输：相对快速、廉价和高度灵活的运输方式。
- 铁路运输：适用于大宗货物的廉价运输方式。

- 水陆运输：最慢的运输方式，通常是大宗海外货运唯一的经济选择。
- 管道运输：主要用于石油、天然气的运输。

每一种运输方式都在速度、货运规模、货运成本和灵活性方面具有不同特点，这些决定了企业对某种特定运输方式的选择。

（2）路径和网络选择。路径是指产品运输的路线；网络是指产品运输的地点与路径的总和。在供应链设计阶段，企业必须对运输路径做出决策。

（3）内外部资源选择。大部分运输功能都是在公司内部完成的，但现在许多运输功能是由外部提供的。当企业决策运输系统时，必须在运输内部化或依赖外部资源之间做出选择。

3. 设施

供应链运营的一个关键驱动要素是设施及其响应的能力，其影响供应链反应能力和盈利水平。然而，在成本减少的同时反应能力也随之降低；反之将设施布置在接近客户的地方、增加所需设施的数量，结果会降低盈利水平。

（1）布局区位。设施布局决策是企业供应链设计的重要组成部分。必须考虑与设施所在地的各种特征相关的问题，才能选择是集中布局以获取规模效益，还是分散布局以提高反应能力。

（2）设施能力。设施发挥功能或预定功能的能力也必须准确确定。配置大量超额能力的设施，灵活性极高，并对大幅度的需求变化反应敏捷。但是，超额的能力需要花费成本，从而也降低了企业收益。

（3）生产方式。企业必须对设施所使用的生产方法做出决策，并确定设施的结构是以产品为中心（为了生产某类产品而具备不同的职能）还是以职能为中心（为了生产不同类型的产品而具备极少职能）。

4. 仓储方式

企业可选择不同的仓储设施，主要包括以下三种：

（1）存货单元式仓储。这是一种将所有同类产品储存在一起的传统式仓库，它是储存产品较为有效的形式。

（2）密集式仓储。密集式自动化仓储是指比传统仓储方式具有更高的货物存储密度和仓库空间利用率的自动化仓储方式。它通常需要较大的仓储空间，但可创造更高效的分选和包装环境。

（3）对接仓储。在这种仓储方式中，货物实际上并未存储于某个设施中。相反，从供应商处出发的货车分别运载不同类型的产品，并将这些产品送到配送中心。货品在配送中心被重新分装成较小的包装，并迅速装载到开往各个连锁店的货车上。

5. 信息

企业可以利用信息来提高自身的利润，并且提高企业应对能力，信息在促进发展中的作用日益重要。

二、供应链战略的具体方法

常用的分析供应链战略的方法包括波士顿矩阵、SWOT 分析方法、通用矩阵分析方法、SCP 模型、波特行业竞争结构分析模型等。以上几种战略分析方法多出现于战略管理理论或市场营销课程。

1. 波士顿矩阵

波士顿矩阵是波士顿咨询公司 1960 年为美国米德纸业公司进行经营咨询时提出的分析方法。其以企业经营的全部产品或业务组合为研究对象，分析企业相关经营业务之间现金流量的平衡问题，寻求企业资源的最佳组合。

波士顿矩阵模型横坐标表示企业的相对市场占有率，指企业某项产品或服务的市场份额与最大竞争对手市场份额的比率，以 1.0 为界限划分为高、低两个区域。纵坐标是企业所在行业的成长性，表示该行业过去 2 年和今后 2 年的平均市场销售增长速度，通常以 10% 的增长速度为限划分为两个区域。这样划分出 4 个象限，分别代表 4 种业务：

第一象限是问题业务。行业增长率较高，需要企业投入大量资金予以支持，但企业产品的市场相对占有率不高，不能给企业带来较高的资金回报。这类产品或业务有发展潜力，但要深入分析企业是否具有发展潜力和竞争力优势，决定是否追加投资，扩大企业市场份额。

第二象限是明星业务。产品的市场相对占有率和行业增长率均较高，这类产品或业务既有发展潜力，企业又具有竞争力，是高速成长市场中的领先者，行业也正处于生命周期中的成长期，是企业重点发展的业务或产品，应采取追加投资、扩大业务的策略。

第三象限是金牛业务。产品的市场相对占有率较高，但行业成长率较低，行业处于生命周期中的成熟期，企业生产规模较大，能够带来大量稳定的现金收益。企业的策略是维持金牛业务的稳定生产，不再追加投资，以便尽可能地回收资金，获取利润。

第四象限是瘦狗业务。产品的市场相对占有率较低，同时行业成长率也较低，行业处于生命周期中的成熟期或衰退期，市场竞争激烈，企业获利能力差，不能成为利润源泉。如果业务能够经营并维持，则应缩小经营范围；如果企业亏损难以为继，则应采取措施，进行业务整合或退出经营。

2. SWOT 分析方法

SWOT 分析方法，即优势（S）、劣势（W）、机会（O）和威胁（T）分析，是企业外部环境分析和企业内部要素分析的组合分析方法，其中 SW 分析主要着眼于企业自身的实力及与竞争对手的比较，OT 分析重点关注外部环境的变化及对企业的可能影响，通过SWOT 组合分析，可以明确企业该进入或退出哪些领域，选择或放弃哪些业务，进入哪些市场，如何与竞争者展开有效竞争。

（1）SW 分析。竞争优势是反映一个企业超越其竞争对手，实现企业目标的能力。企业的主要目标包括盈利、增长、市场份额等。竞争优势是一个企业或它的产品有别于其竞争对手的某一优越的方面，如产品线的宽度、产品质量、可靠性、适用性、风格和形象以

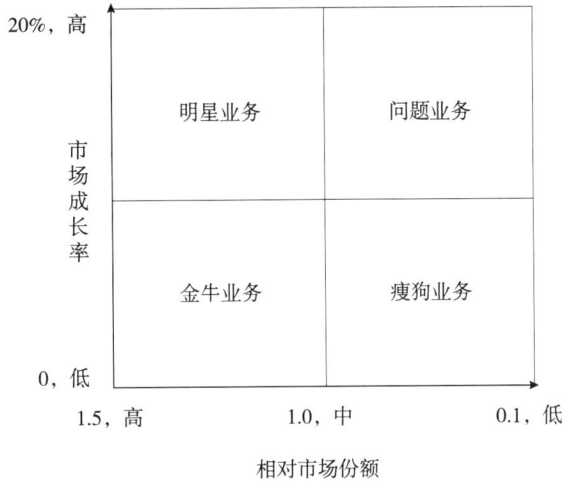

图 2-5 波士顿矩阵

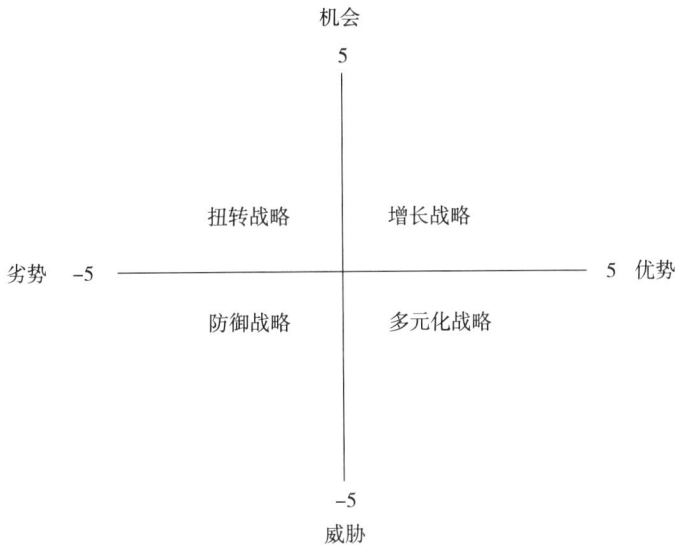

图 2-6 SWOT 分析模型

及服务的及时、态度和热情等，也可能是一个企业比其竞争对手有较强综合优势的表现。由于企业是一个整体，并且由于竞争优势来源的广泛性，在开展优势、劣势分析时必须从整个价值链的每个环节上将企业与竞争对手做详细的对比。如果一个企业在某一方面或几个方面的优势正是该行业企业应具备的关键成功要素，则该企业就有竞争优势。在不同的行业内，企业不同发展阶段竞争成功的关键因素可能存在较大差异，企业的 SW 分析通过构建企业内部因素评价矩阵来评价，以明确企业究竟在哪个方面具有优势，哪些主要因素影响企业发展。

（2）OT 分析。OT 分析主要着眼于企业外部环境带来的机会和威胁分析。外部环境发展趋势分为环境威胁和环境机会两大类。环境威胁指环境中不利的发展趋势所形成的挑战，这种不利趋势将削弱公司的竞争地位。企业外部的不利因素包括新产品替代、竞争对手结盟、市场成长放缓、供应商讨价还价能力增强等。环境机会是指企业面临的外部环境中对企业发展有利的因素，是对企业有吸引力的领域，在这一领域中发展壮大的企业将拥有相应的竞争优势。外部机会包括政策支持、技术进步、供应商良好关系、银行信贷支持等。实际分析工作中通过构建企业外部因素评价矩阵进行 OT 分析。

3. 通用矩阵分析方法

通用矩阵是美国通用电气公司和麦肯锡咨询公司为克服波士顿矩阵的局限性而提出的改良分析矩阵。该矩阵在理论上与波士顿矩阵类似，但考虑了更多的因素，对不同的业务可能具有的不同市场地位和价值优势进行比较，合理地在各项业务之间分配资源，实现企业投资组合的优化。

通用矩阵的实质是把企业外部行业吸引力因素与企业内部实力因素归纳在一个矩阵内。纵坐标用行业吸引力代替了波士顿矩阵的行业成长率，横坐标用企业实力代替了波士顿矩阵的相对市场份额。同时，通用矩阵针对波士顿矩阵坐标尺度过粗的缺陷，增加了中间等级。因而建立通用矩阵就是找出影响市场吸引力的产业增长率、市场价格、市场规模、获利能力、市场结构、竞争结构、技术及社会政治等因素以及影响企业实力的相对市场份额、市场增长率、买方增长率、产品差别化、生产技术、生产能力、管理水平等因素，然后对各因素加权，得出衡量企业内部实力因素和市场吸引力外部因素的标准，采用行业吸引力分析方法和企业内部评价矩阵，对市场吸引力和企业实力进行评价。

图 2-7 中标出了某企业的 A、B、C 三项业务所在位置，圆圈的大小表示这些产品的总体市场规模，圆圈中的数字表示企业产品的绝对市场份额，如产品 B 的市场规模大，企业的市场份额为 3/4。

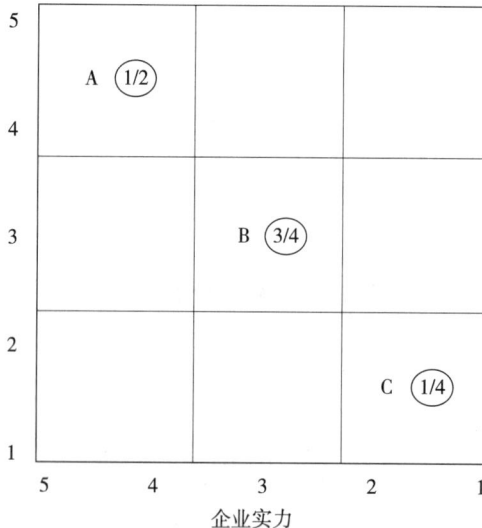

图 2-7　通用矩阵模型

4. 结构—行为—绩效模型（Structure-Conduct-Performance，SCP）

SCP 是 20 世纪 50 年代到 70 年代的主要分析方法。顾名思义，它主要由三个部分组成：行业结构（主要定义集中度、市场份额分布等）；公司行为（主要包括公司的价格设定、广告支出、技术等行为）；企业/行业的绩效（主要是从盈利方面衡量，这种盈利程度特别和市场力量程度有关）。模型主要探究三个元素之间的相互影响能力。

SCP 涵盖多种分析方法，包括波特的五种竞争力分析、4Ps 营销组合分析、价值链分析等。分析过程相对复杂，但运用的良好则可对行业及行业中的企业行为有清晰的认识。

5. 波特行业竞争结构分析模型

一个行业的竞争状态主要是根据五股基本竞争力而定的，这些力量汇集起来决定该行业的利润率和利润潜力，这种最终利润潜力是以投资资金的长期收益来衡量的。这五股力量是：现有行业的竞争强度、潜在的竞争者、替代品生产厂商、供应商和顾客。

行业内部现在竞争者间的抗衡。行业内部的抗衡是指行业内各企业之间的竞争关系与程度；对于一个行业来说，潜在的进入者或新加入者会带来新的生产能力，带来新的物质资源，从而对已有市场份额的价格更具有竞争力；替代品是指与本企业产品具有相同功能或类似功能的产品。在质量相等的情况下，替代品的价格会比被替代产品的价格更具有竞争力；买者的讨价还价能力，对于行业中的企业来讲，购买者是一个不可忽视的竞争力量；供应者的讨价还价能力，供应者通过扬言要抬高产品和劳务的价格或降低出售的质量，对作为购买者的企业进行威胁，以发挥他们讨价还价的能力。

迈克尔·波特在行业竞争五力分析的基础上制定了行业竞争结构分析模型，从而可以使管理者从定性和定量两个方面分析行业竞争结构和竞争状况，以达到分析确定五力中影响企业成败的关键因素，且使企业高层管理者从与这一集团相关的各因素中找出需要立即对付或处理的威胁，以便及时采取行动。

第三节　供应链战略与竞争战略匹配

一、企业战略理论

"二战"以来，物质产品空前丰富，世界范围内的市场逐步转化为多样化的买方市场，企业间的竞争日益激烈；科技发展日新月异，新产品大量涌现，企业面临的环境更加复杂多变。正确把握、主动适应复杂多变的经营环境已成了关系企业生存发展的重大问题。企业战略理论就在这一背景下应运而生。

1. 总成本领先战略

总成本领先战略即企业需要努力发现和挖掘所有的资源优势，特别强调生产规模和出售一种标准化的产品，在行业内保持整体成本领先地位，从而以行业最低价格为其产品定价的竞争战略。为了实现成本效益战略，公司需要有一套具体的政策，将购买高效率设备与积极寻找降低成本、紧缩成本、控制间接费用和降低研究开发、服务、广告成本的解决方案结合起来。

企业运用好总成本领先战略的条件有如下几点：

（1）准确分析企业实施总成本领先战略的行业结构及其自身的竞争地位。企业在做出总成本领先战略决策之前，应当详细分析所处行业的详尽结构，因为行业结构始终在各个方面影响企业的经营活动，甚至企业所采取的战略决策也与其息息相关；此外，还应当对自己在行业内所处的位置准确定位，找准自己在行业内的相对竞争地位。

（2）确定企业价值链，对价值活动进行成本分析。必须将企业所有的经营活动用价值链的形式表现出来，并将其细分为战略性相关的成本活动，确定企业价值链。这有助于更加详尽地观察和分析在企业所有经营活动中，哪些活动对于降低成本形成企业竞争优势做出了或能够做出巨大贡献，从而进行有效的管理和控制，以确保企业获取成本优势。

（3）获取持续性成本优势。企业选择总成本领先战略，目的就是在行业内使自己的整体成本低于竞争者的成本。如果企业进行所有价值活动的累计成本低于竞争者的成本，它就具有了成本优势。成本优势的战略性价值取决于其持久性。如果企业成本优势的来源对于竞争者来说是难以复制或模仿的，那么企业采取的总成本领先战略就具有了持久性。

2. 差异化战略

差异化战略是指通过对企业产品和竞争对手产品进行区分，从而形成不同特征产品的战略。这一战略的重点是对产品和服务的开发以及企业形象进行独特设计。实现差异化的途径包括产品设计、品牌形象、技术特点、销售网络、用户服务等。差异化战略的实施条件有如下几点：

（1）企业具有掌握顾客信息的有效机制。通过各种手段，企业能够及时、准确获取顾客变化的需求信息，并且能够使用某种手段获取顾客信息使用的文化和流程，即顾客信息使用的机制。对企业来说，创造价值的并非顾客信息收集，而是信息使用。为企业创造满足顾客需求的个性化产品或服务，依赖于企业是否建立了一套科学完整的顾客信息使用有效机制。

（2）企业具有动态能力。动态能力是指整合、构建和重置公司内外部的能力，以适应快速的环境变化的能力。当前全球化和科学技术的突飞猛进，顾客需求和偏好的变化愈发加快，企业原先具有的竞争能力特别是核心能力极有可能面临挑战。因此，企业必须使内部资源和能力与动荡的外部环境动态匹配，才能促进企业保持持续的竞争优势。

（3）具有与战略实施相适应的文化和组织结构。差异化战略注重出奇制胜，需要对外部环境变化做出及时快速的反应。企业文化决定企业的可持续性，也彰显企业的性格。实施差异化战略，要求企业文化能够鼓励组织内部所有成员对变革持开放态度，因此，企业文化应当服从战略的需要。

3. 集中战略

集中战略是指企业关注某一特定的买方群体或具有特殊用途的产品，抑或是某一地理区域，来决定其竞争优势和市场地位。由于资源有限，企业集中能力瞄准一定重点，以期产生巨大有效的市场力量。

集中战略的主要竞争方式有如下几种：

（1）以产品性能和质量为主要竞争方式。将重点放在研究、开发和生产设计精美、质量上乘、独具特色的产品方面，使企业的产品特色与竞争对手的同类产品相比具有绝对的优势。

（2）以产品的售前、售中和售后服务为主要竞争方式。按照市场需求和产品特点决定服务的种类和范围，充分发挥产品的整体功效，建立顾客心目中良好的企业形象，从而赢得市场竞争的胜利。

（3）以价格为主要竞争手段。灵活运用适合于不同市场情况和产品特点的价格策略，有效地降低产品成本，避免资源的浪费。实质上，这是集中化的成本领先战略的结果。

海尔集团从开拓家电市场之初就确立了建立与产品相应的服务策略，售前、售后服务都优于竞争对手，进而从产品和服务两个方面把对手甩在后边。

从整个市场发展诉求制定发展战略，海尔集团在发展初期，主要汇集科研力量开发某一单款产品。通过优势集中以及技术资源的密集投入让海尔冰箱在专利技术以及产品的综合性能等方面都达到了行业领先水平，使其在整个家电行业中树立了良好的口碑。

在之后的发展历程中，海尔集团逐步开始走向定制化发展道路。在保留原有家电优势的基础上，在液晶电视、洗衣机、电脑、微波炉等家用电器领域全面发展。逐渐形成了一极多元的发展格局。通过这种在发展层面的定制化布局，海尔集团产品积聚效应逐渐凸显，其所具有的综合竞争力水平也得到了很大的彰显与提升。

4. 三种战略的比较及选择

尽管集中战略往往采取成本领先和差异化这两种变化形式，但是三者之间仍有区别。

总成本领先和差异化战略一般是在广泛的产业部门范围内谋求竞争优势，而集中战略则着眼于狭窄的范围内，以获取竞争优势。

企业在确定竞争战略时首先要根据企业内外部环境条件，在产品差异化、成本领先战略中选择，从而确定具体目标、采取相应措施以取得成功。但因为这两种战略有着不同的管理方式和重点。适用于不同的企业经营结构，反映了不同的市场观念，所以企业一般不会同时采用这两种战略。在市场演进中，通常会出现这两种竞争战略循环变换的情况。

企业竞争战略由企业的产品和服务可以满足的顾客需求类型所决定，建立在顾客对产品成本、产品送达与反馈时间、产品种类和产品质量偏好的基础上。因此，企业竞争战略的设计必须以顾客偏好为基础，目的是提供能满足顾客需求的产品和服务。

要成功实行以上三种竞争战略，需要不同的资源和技巧，需要不同的组织安排和控制程序，需要不同的研究开发系统。因此，企业需要结合自身的优势和劣势，根据实际经营能力，选择最佳的可行战略。

二、战略匹配的含义

战略匹配是指竞争战略与供应链战略的目标是一致的。即满足顾客优先目标与供应链战略旨在建立的供应链能力目标的一致性。

任何一家企业想要成功，其供应链战略与竞争战略必须互相匹配。企业价值链上任何功能的缺失都可能导致整个供应链失败，失败既可能出现在两种战略相互协调或获取战略匹配的过程中，也可能出现在战略执行的过程中。因此，企业的成败与以下两个关键要素密切相关：

（1）竞争战略与所有职能战略相一致，才能形成一个协调的整体战略，每个职能战略都必须支持其他职能战略，帮助企业实现竞争战略目标。

（2）为了成功地实施这些战略，企业不同职能部门必须适应组织的流程和资源。失败原因是战略的不匹配，或者是流程和资源的组合没有产生支持预期战略的能力。不同职能战略将重点放在不同的客户群体上，使得不同职能战略的目标可能会发生冲突，这是因为各种流程和资源组合是用来支持不同职能的战略目标，战略目标之间的冲突可能会导致战略执行中的争议。

因此，寻求战略匹配已成为企业制定战略应遵循的原则。

三、战略匹配的要点与步骤

为了保证供应链战略与竞争战略的一致性，企业的竞争战略应明确说明：其希望满足的顾客群是一个还是多个，是在怎样的环境下满足顾客怎样的需求。企业必须确保供应链的能力足以支持他们为目标人群服务的愿望。

实现战略趋同的三个基本步骤如下：

1. 第一步：理解顾客

想要理解顾客，企业必须首先明确所瞄准的顾客群需要，帮助企业确定预期的服务成本和需求。事实上，不同顾客群的顾客需要主要在以下几个方面表现出不同的特性：

（1）所需产品的数量。顾客在不同时期出现不同需求，对产品数量的要求不尽相同，对此应当根据实际情况判断产品订货量。

（2）愿意等待的反馈时间。紧急订单所需的反馈时间可能很短，而一笔新订单所需的反馈时间可能很长。

（3）所需产品的种类。顾客愿意为从一家供应商处购进亟待使用的所有产品而支付高额订金，但对于并没有较强时限要求的新订单而言，情况却并非如此。

（4）要求的服务水平。发出紧急订单的顾客期望产品供给水平较高，如果不能很方便地买到订单上的所有零部件，就不会因此付出等待时间，而是选择到别处去购买。对于一般订单而言，这种情况不可能发生，较长的等待期是很可能的。

（5）产品的价格。发出紧急订单的顾客对价格的敏感度要比发出一般订单的顾客低得多。

（6）预期的产品创新周期。高端产品的顾客期望产品不断创新，快销产品行业需要不断出新，而类似于一般日常产品的顾客则对新产品创新敏感度不高。

特定顾客群中的每个顾客很可能会有相似的要求，而不同顾客群中的顾客也会出现不同的要求，企业应当采取系统的方法，使所有以上特性的变化情况被精准捕捉，这有助于界定供应链上首先应当完成的事情。

事实上，归根结底每个顾客的需求都可以转换成为潜在需求不确定性。潜在需求不确定性是指要求供应链满足的需求部分存在的不确定性。需求不确定性与潜在需求不确定性的区别在于，需求不确定性反映了顾客对某种产品需求不确定性的被称为需求不确定性，而潜在需求不确定性则是供应链不确定性的直接后果，即供应链必须予以满足的需求部分和顾客需求特点是不确定的。

表 2-1　顾客需要对潜在需求不确定性的影响

顾客需要	导致潜在需求不确定性
需求量增长	增大，要求的数量大幅度增加意味着需求变动增大
供货期缩短	增大，对订单的反应时间减少
要求的产品品种增多	增大，对每种产品的需求更加分散
获取产品的渠道增多	增大，顾客总需求分散给更多的供货渠道
创新速度加快	增大，新产品的需求会有更大的不确定性
需求的服务水平的提高	增大，企业不得不应对偶然出现的需求高峰

考虑到顾客的每一项需求都会对潜在需求不确定性产生重大影响，企业可以将潜在需求的不确定性作为区分不同类型需求的常用工具，甚至可以根据潜在需求不确定性来评审不同类型的需求。

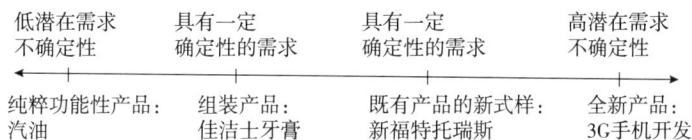

图 2-8　潜在需求不确定性图谱

我们以图 2-8 中低潜在需求不确定性的产品——汽油为例进行分析。汽油的边际效益较低，需求预测准确，产品脱销率低。这些特点与需求高度确定的产品特征十分吻合。

在图 2-8 的另一端，如边际收益高，需求预测不准确，高产品脱销率，产品销量大，是新型 3G 手机表现出的特征。

另一个案例涉及主机板供应商，其客户是两种不同类型计算机设备的制造商，其中一种是按订单生产计算机的制造商，如戴尔公司，该公司要求制造商在订购当天提供商品。供应商可能需要建立库存或者拥有弹性较大的生产系统，以便为戴尔公司某一天所订购的无论多大数量的产品做准备，以减少预测误差和产品处置率。因此，边际效益可能会更高。供应商的另一个客户拥有的计算机品种少，并要求提前说明所需求产品的数量和型号。这些信息使供应商拥有更长的供货期，以便降低预测误差和产品脱销率，边际利润可能很小。不同的客户群体对不同服务的潜在需求也可能存在不确定性。

显然，上述描述是关于潜在需求不确定性变动范围的一般概括。很多需求类型会包括上面所讨论的各种特点的组合，并成为两个端点之间的任一种形式。

2. 第二步：理解供应链

供应链战略的建立，是为了更好地满足企业目标客户群特定类型需要，是建立战略匹配的主要内容。

供应链主要有两类功能：物理功能和市场中介功能。物理功能即能以最低的成本将原材料加工成零部件、半成品、产品，并将它们从供应链的一个节点运送到另一个节点；市场中介功能即能对市场需求做出迅速反应，确保以合适的产品在合适的地点和时间来满足顾客的需求。一般意义上的供应链是在如上两种功能间的权衡。

同时，供应链响应能力是指供应链应对重大需求变化、满足较短供应周期要求、提供多种产品、生产创新型产品、满足较高服务需求的能力。供应链拥有的能力越多，供应链的反应能力就越强。

然而，应对能力是有代价的。比如，要提高应对需求快速变化的能力，就必须提高生产能力，从而增加产品成本。随着成本的增加和利润水平的降低，任何提高应对能力的策略都会增加成本，从而降低盈利水平。

如图2-9所示，成本—响应有效边界是一条曲线，它表示一定的响应能力所对应的最低可能成本。最低成本建立在现有技术的基础之上。并不是任何企业都能够在盈利边界上运营。盈利边界代表着最优供应链的成本—响应能力业绩。不在盈利边界上的企业，可以通过向盈利边界靠近，来改善其响应能力，降低成本，提高运营业绩。相反，位于盈利边界上的企业，可以通过增加成本、降低利润来提高其响应能力。因此必须在盈利水平与响应能力之间进行权衡。

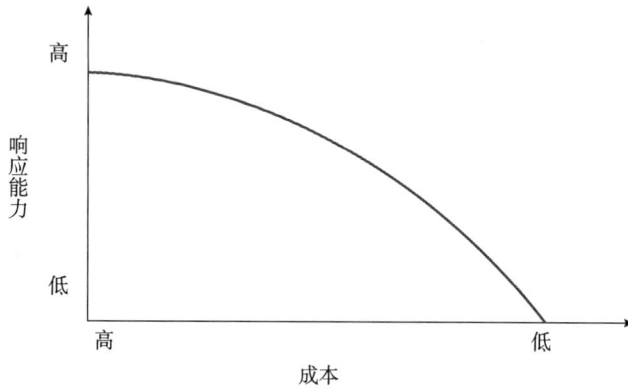

图2-9　成本—响应有效边界曲线

强调响应能力的供应链和强调盈利水平供应链的目的，都是以最低的成本生产和供给产品。多数供应链位于这两个端点之间。图2-10给出反应能力变动范围及一些不同类型的供应链在图谱中的位置。

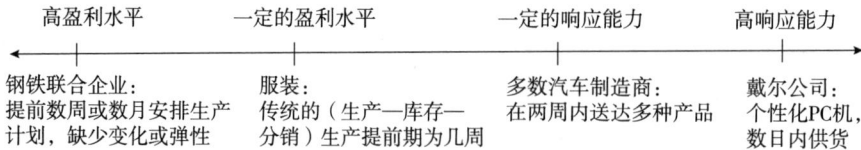

高盈利水平	一定的盈利水平	一定的响应能力	高响应能力
钢铁联合企业：提前数周或数月安排生产计划，缺少变化或弹性	服装：传统的（生产—库存—分销）生产提前期为几周	多数汽车制造商：在两周内送达多种产品	戴尔公司：个性化PC机，数日内供货

图2-10　响应能力图谱

3. 第三步：获取战略匹配

获取战略匹配是为了确保供应链的出色运营与目标顾客的需要协调一致。

戴尔公司的竞争战略所瞄准的顾客群，强调拥有最新款式的PC机，以满足其个性化的需求。而且这些顾客要求公司在数日内把PC机送到他们手中。假设PC机的款式很多，创新水平较高，戴尔公司的顾客需求就具有高度不确定性。戴尔可以选择设计一条高盈利水平的供应链，或一条应变自如的供应链。高盈利的供应链可以利用廉价但并不快捷的运输工具及生产的规模经济。如果戴尔公司做出这两种选择，它将难以支持其顾客对于快速送达多品种、个性化产品的要求。然而建立一条具有较高反应能力的供应链，戴尔便能够满足其顾客需要。因此，反应能力强的供应链战略最适于满足戴尔公司目标顾客群的需要。

面食是一种商品性产品，它拥有较稳定的顾客需求。面食的潜在需求不确定性低于戴尔的 PC 机。面食制造商能够设计一条具有高反应能力的供应链，根据顾客订单，面食是由顾客放入小烤炉里烘制而成，并通过快速运输方式送达。这种选择会使面食的价格高得惊人，结果便吓走了顾客。因此，如果设计一个盈利水平更高的供应链，把经营重点放在降低成本上，它的境况便会好得多。

综上所述，潜在需求不确定性越高，对供应链的反应能力要求就越强，只有这样才能实现战略匹配。随着不断提高的供应链反应能力，使得顾客潜在需求不确定性增大的风险得到弥补。在图 2-11 中，这种关系被表示为"战略匹配带"。为取得高水平业绩，公司应该把供应链战略调整到战略匹配带中。

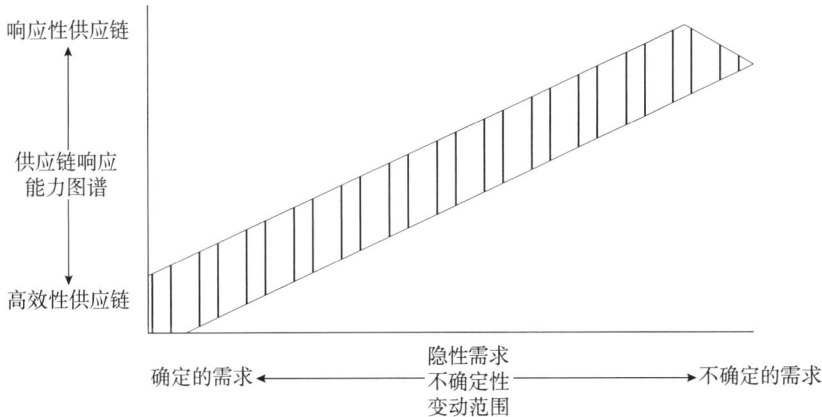

图 2-11 不确定性——响应能力曲线

将战略匹配带中的供应链响应能力与潜在需求不确定性进行调整，是获取战略匹配的最后一个步骤，价值链中的所有职能战略必须支持供应链的响应能力水平。对于大多数企业来说，如果获取战略匹配失败，那企业的失败也是不可避免的。

第四节　供应链战略匹配范围的拓展

战略匹配范围是指供应链中的各种职能和各个阶段，它们拥有一体化战略，共同的目标，每一种职能领域的运营都设计出自己独立的战略。但企业总是希望各职能共同努力、协同一致，实现企业业绩最大化。供应链匹配范围的拓展着力于如何改善供应链总体业绩，从供应商开始，沿着供应链前溯，直到顾客结束。

一、局部成本最小

战略匹配的最小范围是公司某个职能领域中的一个经营部门，即公司内、经营部门内范围。供应链各个阶段的每一个经营部门都独立设计自己的战略。然而，公司内、经营部门内范围，因各部门仅追求自身目标，如成本最小化，常导致不同经营部门和不同职能部门的目标之间发生冲突。

20 世纪五六十年代，有限范围的观点占据主流，供应链中各经营部门都努力使自身成本最小化。当站在局部成本的角度衡量各部门时，这种观点是成立的。

二、职能部门成本最小化

假设企业中的多个经营部门共同组成一个职能部门，随着时间的推移，管理者会认识到公司内部、经营部门内部存在的弱点。有了公司内、职能部门内范围的概念，战略匹配可以拓展到职能部门内部中的所有经营部门。在这种情况下，只有内部部门协同努力，开发一项共同的战略，才能使职能部门的成本最小化。

三、企业利润最大化

公司内、职能部门内范围的观点，其最大缺点就是不同职能部门的目标可能会互相冲突。随着时间的推移，企业逐渐认识到这个缺点，开始意识到将战略匹配范围拓展到公司内部所有职能部门的重要性。有了公司内、职能部门内范围的概念，战略目标是使公司利润最大化。为实现这一战略目标，所有的职能部门的战略必须相互协调，共同支持竞争战略。

四、公司间、职能部门间利润最大化

公司间、职能部门间的战略匹配范围有两大弱点：第一大弱点是顾客为商品付款时，供应链中只出现正的现金流。所有其他现金流仅仅是供应链内部核算的结果，并计入供应链成本。顾客支付的费用与供应链总成本之间的差值就是供应链剩余，供应链剩余即供应链中的所有公司共享的总利润。增加供应链剩余，就增加了供应链各成员共享的利润。公司间、职能部门间范围引导供应链的每个阶段都努力使其自身利润最大化，但这不一定导致供应链剩余最大化。只有当所有供应链阶段共享战略的时候，供应链剩余才会最大化。这种情况发生在公司间、职能部门间范围时，供应链的所有阶段共享所有职能战略，以确保最好地满足顾客的需要，并使供应链剩余最大化。

20 世纪 90 年代，速度成为供应链成功运营的关键驱动要素，此时，人们发现了公司内范围的第二大弱点。越来越多的公司取得成功，不是因为它们拥有最低价格的产品，也不是因为它们拥有最优品质或最佳性能的产品，而是由于它们有能力对市场需求迅速做出反应，并在适当的时间将适当的产品送达适当的顾客。而供应链在不同阶段之间的界面上会出现最大的延误，因此，管理这些界面就成为提高供货速度的关键。公司内的范围把战略关注点限制在供应链的每个阶段内，这样迫使供应链的每个阶段都考虑整条供应链，评价其行动对供应链其他阶段及界面的影响。

采取公司间、职能部门间战略匹配的观点，要求每家公司将其行动放在整条供应链中进行评估。在对整个供应链进行评估时，将重点放在具体行动上，以达成各个阶段可以共享的剩余规模的进一步扩大。

五、弹性公司间、职能部门间利润最大化

由于产品生命周期在缩短，各企业努力去满足不断变化的单个顾客的需求，现实社会中的战略匹配情况呈现出动态特征。在这种情况下，各个企业可以根据所生产的产品和要满足的顾客需求与许多不同的企业结成战略伙伴关系，战略匹配的范围也拓展到了弹性的公司间范围。

弹性一词是指当企业与供应链不同阶段的伙伴关系随着时间发生变化时，企业获取战略匹配的能力。必须依据供应链来考虑问题，公司的战略与运营必须具有足够的弹性，以便在不断变动的环境中维持战略匹配。且由于顾客的需要随着时间推移而变化，公司必须有能力成为新供应链的一部分以确保战略匹配。由于技术变化或竞争对手所采取的行动，顾客的需要会发生变化，弹性的公司间范围使战略匹配适应于一个变动的目标。随着竞争环境日趋动态化，弹性变得愈加重要。

第五节　供应链战略管理面临的挑战

一、供应链战略管理现状和存在的问题

第一，对供应链管理思想缺乏完整认识。供应链管理不可否认作为崭新概念出现在我国管理学领域，再加上我国企业保持着较低的管理思想水平，管理者对供应链管理难以否认，时常出现片面的和错误的认识。横向一体化、业务外包等管理思想对许多管理者而言较为陌生，他们习惯使用原有大而全的纵向一体化管理思想。更有人总是将供应链管理与物流管理、电子商务混淆起来，另外一些管理者则把供应链管理理解为供应管理。其实供应链管理中的一个组成部分可以称作物流管理，而电子商务则是供应链管理过程中部分环节实行电子化的形式，供应链管理涵盖的范围很广，其中一个环节实则是供应管理。

第二，对供应链战略缺乏足够重视。供应链管理对很多企业来说仅被作为一种管理方法，认为供应链管理是操作层面上的问题，是一种对企业的生产和供应进行优化的手段。即使在国外的很多企业中，供应链战略也未得到足够的重视。

第三，在供应链战略与其他战略的匹配上出现问题。供应链战略实质是一项职能战

略，需要与企业的竞争战略以及其他职能战略密切配合，才能成功实现供应链管理。但是在很多企业中，孤立的职能战略使企业不能从全局角度系统地考虑战略制定问题，在制定供应链以及相关战略的过程中，导致不同战略之间不匹配，进而在实施过程中难以发挥供应链管理的真正优势。

第四，供应链战略合作关系薄弱。供应链战略管理的重点和核心之一即建立战略性合作伙伴。供应链上各节点企业之间的联结和合作是供应链管理的关键，相互之间在设计、生产、竞争策略等方面应保持良好的协调。但很多国内企业与合作伙伴的关系还停留在旧模式下的合作关系之上，企业之间的关系尚不稳定，长期处于以价格作为唯一标准的关系下。难以在供应链上不同企业之间出现稳定的、有效信息资源共享、共同制定相关决策、利益共享的战略合作伙伴关系，企业之间的供应链战略合作关系有待建立和加强。

二、供应链战略管理对策

1. 充分认识供应链管理思想

企业必须建立正确的供应链管理思想，以供应链管理思想来指导供应链战略规划，才能保证供应链管理的成功实施。供应链管理的基本管理思想主要包括：提倡集中资源建立核心竞争优势的横向一体化管理思想；以顾客满意度作为目标的服务化管理而非核心业务外包；追求集成物流、信息流、资金流、工作流和组织流；使得信息技术成为实现目标管理的工具等。企业必须树立并在供应链管理过程中认真贯彻这些思想，才能保证供应链管理的成功实施。

2. 规划供应链管理应当站在战略高度

单纯地对生产和供应进行优化的方法并不能确保供应链管理的实现，这要求企业从战略层上来考虑问题。对传统企业内各业务部门间以及企业之间的职能，供应链管理要求从供应链角度进行系统的、战略性的协调，才能使得供应链以及每个企业的长期绩效得到提高。企业必须从战略上重视供应链管理，并对其进行战略上长远的规划。

3. 实现供应链及相关战略匹配的全面系统规划

企业需要通过全面规划相关战略，从系统的观点出发开展供应链管理，实现供应链战略、企业基本竞争战略以及其他职能战略之间的协调。企业的供应链战略和企业竞争战略相互之间必须实现匹配。有效性供应链战略和反应性供应链战略都称为企业供应链战略。其中，有效性供应链战略的要求是实现与低成本竞争战略相匹配；而反应性供应链战略需要与差异化或者目标集聚的竞争战略相匹配。另外，供应链战略需要与新产品开发战略以及市场营销等其他职能战略相互匹配，作为一种职能战略存在。新产品开发和营销战略都需要围绕提高反应能力来设计，是反应性供应链战略的特质：新产品开发战略需要使顾客和供应商及时参与新产品的设计和开发，提高企业的反应能力；市场营销策略需要建立完整零售网络，避免商品短缺，保持与客户的良好沟通，以及有效的广告和促销活动。对于有效性供应链战略，新产品开发和营销战略的设计应以降低成本为中心，新产品开发战略应充分利用标准件和非标准件的设计来降低成本。营销战略的目的则要求在市场份额增加的基础上，尽量降低销售成本。

4. 建立供应链管理的战略支撑体系

在供应链管理过程中，国内企业必须建立相应供应链战略支撑体系，以保证其顺利实施。供应链管理的战略支撑体系关系到企业核心竞争力的提高、业务外包的实施和战略伙伴关系的建立。供应链战略规划、实施的基础和前提是核心竞争力，企业必须了解自身的竞争力，并将其作为规划和建设供应链的基础，并持续集中有限的资源以提高基本竞争力。业务外包是实施供应链战略的有效手段，正是因为创造竞争优势是供应链管理的目的，这就要求外包业务将资源集中在核心业务上，同时实现减少长期资本投资、合理利用资源以及有效平衡企业的关键能力，最终有助于实现这一战略。战略伙伴关系是供应链战略成功的保证。供应链战略超越了传统的战略规划，即不止关注企业的内部，而且为了使整个供应链的价值最大化，这要求建立供应链不同节点企业之间的联系与合作，相互之间实现设计、生产、竞争策略等方面的协调，也即建立战略伙伴关系。只有建立良好发展战略合作伙伴关系，才能实现供应链战略的目标。

本章小结

供应链战略是实施供应链管理的准备工作，战略制定的准确与否与供应链的成功息息相关。本章首先从供应链战略的概念入手，介绍了其产生的背景，详细说明了供应链战略是什么，包括了什么，要怎样进行制定。其次强调了供应链战略与企业的竞争战略应当一致，才能更好地发挥供应链战略的优点，以使企业效益最大化。最后论述了在当前企业供应链战略实施的情况下，遇到了哪些阻碍，应当怎样去解决它们。

案例分析

德邦物流多种盈利模式

德邦最著名的就是上市未果后进行的内部结构优化："快递、零担、运营"三合一的经营模式。可以说，德邦是物流和快递同时做得最好的企业之一。德邦创始于 1996 年，主营国内公路运输业务，年收入过百亿元，稳居中国零担行业领导者地位，这也变相体现了其直营模式的优点。

一、准确的用户定位

结合德邦擅长的流水线标准化操作模式，再经过数据分析，管理层果断将客户群体锁定在了广大的中小零担客户身上，分析结果显示，虽然这部分客户个体小，单均价低，单量会增大，但是德邦也发现这其实是最广阔的市场，只要规划有条，就可以在短时间轻松满足客户的要求。

二、直营模式成为客户喜爱的闪光点

大多数企业在行业竞争中都选择了加盟连锁的方式，这种方式确实可以使企业资本在短时间得到迅速扩大，在成本上也能形成较强的竞争优势，如顺丰的伙伴计划，还有圆通、申通的加盟连锁网点，都会造成服务质量参差不齐，经营水平、效益水平也会有比较大的浮动，而德邦在全国的5600多家店面只关门了三家。虽然直营网点的成本较高，需要大量的人力、财力和精力，但是却可以吸引更多的客户，企业的生死取决于市场的选择和客户的信任，前期的投入在短时间内赢得了客户的信赖，长远运营下来使直营逐步形成企业的标签，在这一点上，德邦无疑非常明智。

三、主盈利点在于包装和保险

德邦早期就关注企业的多种盈利模式，不局限于物流运输。而且，德邦的这两个盈利点定位为自身带来了巨大的优势，在包装和保险上下了大功夫的德邦在定位上就处于高端市场份额位置，从而避免了价格战，抢占市场份额时可以更加从容。同时虽然德邦的价格比同行高20%左右，但是德邦在物流产品上提供的是精准物流，即三天就是三天，不会出现三到五天的情况，借此优势又吸引了大批客户。德邦主要盈利点就是包装和保险，2014年，德邦精准卡航业务发货量为262.68万吨，精准城运发货量为27.12万吨，精准汽运业务发货量为166.26万吨，总体来说收入非常可观。

四、设计"德邦 e 家"，助力电商卖家生意拓展

传统的 B2B 已经无法满足客户的需要，客户需要直接的 B2C，从而保障自身的利润。德邦准确把握住了这一动态，利用自身20年的零担大件货物运送的经验与优势，一进入市场就吸引了大批客户。而且德邦致力于解决最后三公里的问题，实现无条件免费上楼的服务承诺，无疑给了商家一个无法拒绝的条件。依托德邦先天的全国性连锁网络优势，严苛的标准化管理，丰富的大件货物处理经验，解决了大多数商家的后顾之忧，做到了让买家放心、卖家安心的服务。

案例来源：李啸. 德邦物流多种盈利模式的讨论 [J]. 商场现代化，2017（21）.

【案例思考题】

1. 德邦物流是如何实现供应链战略与竞争战略相匹配的？
2. 以案例说明德邦物流的供应链战略如何在其他物流领域实现？

习 题

一、名词解释

1. 供应链战略 2. 推式和拉式供应链 3. 波士顿模型 4. 战略匹配

二、简答题

1. 实现供应链战略有哪些基本方法？分别有怎样的流程和特点？

2. 简述实现供应链战略与竞争战略匹配的流程。

3. 从企业自身出发，怎样进行供应链战略管理。

第三章 供应链合作伙伴选择

学习目标

1. 理解供应链合作伙伴关系的内容
2. 明确合作关系的含义、产生的原因及意义
3. 了解合作关系的形成及其制约因素
4. 掌握供应链合作伙伴的评价选择及合作关系建立的方法和步骤

章前引例

供应链裂痕如何补

2004年3月，家电连锁巨头国美正式进入了江苏省，将店址选在了有20亿元家电市场规模的无锡市。经营的产品门类齐全，从彩电、空调、洗衣机到手机、数码产品和电脑等，一个也不少。但出乎意料的是，手机却成为了无锡国美供应链管理的软肋。在"五一"黄金周期间，手机出现大面积的缺货，几乎所有品牌机型都不全，很多品牌只有少数几款机型有货。波导公司的一位销售经理说，国美曾保证每月销售其产品600台以上，但4月其实只销售了80台，而且销售的都是特价机型。其他品牌的手机也有类似情况。

第一，有厂商认为，造成缺货的一个原因是国美的账期。国美承诺的账期是16天，实际上由于国美内部审批手续的烦琐，往往造成从一线人员反映缺货到厂家收到货款周期在一个月以上。

第二，除了账期，供货渠道是另一个原因。虽然国美保证与厂商的现有渠道不发生冲突。但是，代理商和超级销售终端的并存经常导致摩擦。国美认为，和本地代理商合作从获利角度来说犹如鸡肋，希望能从厂家直接进货，但是厂商仍然需要代理商来缓解资金压力，如某手机经销商为在无锡市代理一个主流手机品牌就投入了两三千万元的周转资金，而国美则要占用厂商资源。

第三，价格因素。国美通常凭借占据全国5%的市场份额要求从厂家低价进货，而且压价很有一套。迪比特地方销售代理与国美在价格上发生了激烈的冲突。无锡国美从当地迪比特代理商进货，然后亏本卖出，引起了代理商不满，并被停货。

由于中国家电业整体陷入了严重的供大于求的困境，以国美、苏宁、三联为代表的强势连锁零售渠道商成为了多数中国家电厂家不可或缺的渠道力量。但是它们不断挑起价格战，甚至是擅自降价，拿企业价格策略不当回事，破坏企业的价格体系。

再有就是双方沟通不畅。无锡国美营业人员的空缺由大量的厂商驻点促销人员来填

补，但是国美对这些促销人员的管理却存在很大的随意性。厂商人员被要求长期加班，而国美营业员不必。如果出了问题，营业员有权向厂商人员开罚单。一位厂商人员说，"互罚"是双方长久以来形成的"企业文化"。据说，由于国美擅自降价，已被厂商罚款数十万元。

案例来源：https：//wenku.baidu.com.

第一节 供应链合作伙伴关系概述

一、供应链合作伙伴关系的含义

在传统的企业运营中，供销之间是一种敌对竞争的关系，系统协调性差。传统企业与供应商和经销商都缺乏战略合作伙伴关系。他们往往从短期利益出发，引起供应商之间的价格竞争，失去供应商的信任和合作基础。在目前的竞争环境中，企业都重视供应链的整合管理，所有环节都看作一个整体，链上的企业除了自身的利益外，还一同去追求整体的竞争力和盈利能力。许多成功的企业都开始与合作伙伴建立联盟的战略合作伙伴关系，不再是企业与企业的竞争，而是供应链与供应链之间的竞争。

所谓供应链合作伙伴关系，也就是供应链中各节点企业之间的关系，对制造业来说，主要是供应商与制造商的关系。可以理解为节点企业间为了实现降低成本、改善彼此之间的交流、实现同步化运作等目标，而形成的在一定时期内共享信息、共担风险、共同获利的战略性协议关系。马罗尼·本顿（Maroney Benton）对供应链合作伙伴关系（Supply Chain Partner-ship，SCP）的定义是：在供应链内部两个或者两个以上独立的成员之间形成的一种协调关系，以保证实现某个特定的目标或者效益。它可以是供应商—制造商（Supplier-Manufacturer）关系、卖主—买主（Vendor-Buyer）关系。

建立战略合作伙伴关系是供应链战略管理的重点，也是集成化供应链管理的核心。这种合作伙伴关系在为了达到特定目标和效益的企业之间产生，这种关系形成基于企业间的相互信任、密切合作和信息透明。许多大型制造商、批发商和零售商都在寻求新的合作方式，而不是简单交易关系，战略视野不是单一的组织，而是转向由多个组织建立起来的伙伴关系。伙伴关系形成的原因是减少供应链的总成本，减少供应链库存水平，提高企业之间信息共享的准确性，提高相互交流，让合作伙伴之间操作保持一致性，提高速度以响应客户需求。产生一个更明显的竞争优势，以改善和提高供应链各节点企业的财务状况、质量、生产、交货、客户满意和业绩。

供应链伙伴关系的建立，意味着不同企业将共同开发新产品和新技术、交流数据和信息、共同研究和发展的投资、共享的市场机遇和进行风险分担。选择供应链合作伙伴不再仅仅把优势集中在价格方面，而是集中在选择合作伙伴的优质服务、技术创新、产品设计等，且可有效合作。企业就可以更好地与用户、供应商和服务提供商实现集成和合作，在整个供应链的预测、产品设计、生产、运输计划和竞争策略等方面共同设计和控制其运作。

供应链合作伙伴关系发展的主要特征由以产品、物流业务交易为核心转向以资源集成、合作与共享为核心。供应链内每个参与者的行为都以供应链总利润最大化为目标，供应链内各阶段通过提高彼此的信任度，建立良好的合作关系，交易成本的降低及准确信息的共享，有助于缓解牛鞭效应。

供应链伙伴关系的潜在利益往往在建立后 3 年或更长时间才转化为实际利益或效益。企业应该对供应链合作带来的整体竞争优势采取战略眼光。

二、建立供应链合作伙伴关系的驱动力

市场竞争日益激烈，产品更新迭代愈加频繁，企业要在这样的竞争环境中占有一席之地，要善于运用外部资源取长补短，保持核心竞争力的独特优势。供应链伙伴关系既是保持和增强自身核心竞争力的需要，也是企业在其他领域利用其他企业核心竞争力以保持自身核心竞争力的有效手段。建立伙伴关系是企业内外许多因素共同作用的结果，如产品生命周期的缩短、客户需求的增加等，其主要驱动因素有三个：核心竞争力、不断变化的客户期望和外包战略。核心竞争力是维持和发展企业自身优势的内在动力，客户期望的不断变化是合作关系可能产生的外部压力，而合作关系是外包影响的深化。

1. 核心竞争力

核心竞争力是基于企业核心资源上的，反映了技术、产品、管理和企业文化的综合市场优势。核心竞争力是某个组织掌握一套互补技能和知识，在生产和服务中，它导致一个或多个企业有能力达到一流水平，在竞争领域或向其客户提供的一个特殊优势。

企业核心竞争力的特点如下：

（1）价值优越性。核心竞争力是企业与竞争对手相比，有创造价值和降低成本的独特竞争能力，同时为客户提供"可感知"的价值。

（2）难替代性。由于核心竞争力具有难以模仿的特点，以这些技能为基础的产品在市场上不容易被其他产品所取代。

（3）差异性。为了确定一种能力是否可以被描述为一种核心竞争力，它必须有其所长。这并不意味着它是企业独有的，但至少它必须优于其他竞争对手。核心竞争力是在一个企业的长期生产和运营活动中积累起来的，很难被其他企业模仿。

（4）可延伸性。企业的核心竞争力不仅可以为企业在当前市场提供特定的产品或服务，还可以帮助企业开发新产品或进入新市场。

从长远来看，企业竞争力来自于它们有比竞争对手更低的成本和更快的发展速度的能力，以及它们产生更高和更具竞争力的基本技能。由于企业可用的资源有限，不可能在所有活动领域都获得竞争优势，因此必须将有限的资源集中于若干核心活动。与其他公司合作是保持核心竞争力的有效途径。通过将非核心活动委托给合作伙伴，企业可以专注于发展其核心能力。供应链一个主要特征是资源共享，用以维持企业各自的核心竞争力，从而提高整个供应链的竞争力。每个企业都有其核心竞争力，该领域的企业具有其他企业没有

的优势。通过保持合作伙伴关系，供应链中的节点公司在非主要领域占据了主导地位，可以在一定程度上专注于核心企业，以获取更大的竞争优势。因此，供应链伙伴关系既是维持和加强其基本技能的需要，又是企业利用其他企业在其他领域的核心能力以获得主导地位的一种手段。

2. 不断变化的顾客期望

客户的需求是企业生产的引擎，只有当产品到达客户时，产品的价值才会真正实现。关注客户需求是供应链中所有成员的首要任务。消费者消费的合理化和消费品市场的发展，导致消费者的需求预期不断转变，主要表现在以下方面：

（1）产品设计个性化。产品的个性化设计在于，客户可以根据客户的要求修改产品的设计，直接确定成品的确切特性。随着市场的发展，差异化和个性化的产品越来越受到消费者的欢迎，根据客户需求量身定制产品已成为企业征服市场的一种方式。客户直接参与产品设计已经彻底改变了企业生产的本质。产品客户化的程度已成为许多公司的战略决策，定制产品要求企业生产具有更大的灵活性。

（2）产品选择范围广阔。客户变得越来越精明，他们开始想要直接或间接地影响生产商，使公司提供的产品更好地满足客户的需求。制造商不断引进新品种，导致产品开发的竞争不断，增加了产品品种的数量。网络技术的发展增加了客户的选择，质量、价格和服务水平的透明度给企业带来了不断改进产品的压力。与此同时，由于信息技术和网络的发展，任何产品优势都可以被复制和改进，因此产品差异化的优势不能长期保持。

（3）产品质量优异可靠。质量和可靠性是产品最基本的要求。质量的提高包括原材料的选择、合理的设计、加工精度和产品的外观。需要严格审查设计制造的每个环节来保障生产质量。

（4）顾客服务水平高。客户经常购买的不是单一的商品，而是商品和服务的"混合"。在大多数情况下，客户要求持续的售后服务和维护。提供优质的客户服务是赢得客户并使他们成为终身用户的重要途径。

（5）顾客要求快速满足。虽然不是所有的市场都需要立即做出反应，但在其他条件相同的情况下，更快的反应可以给客户留下深刻印象，使产品脱颖而出。从顾客需求到产品到达顾客的过程中，有许多时间被浪费掉了。消除这种浪费有三个好处：提高客户满意度、降低投资风险、增加竞争对手的压力。因此，尽可能缩短响应时间是明智的。在这方面，速度是一个重要因素。速度更快，同时技术创新可以更快地与实际应用相结合，使技术处于最前沿。

3. 外包战略

外包是指将不属于本企业核心能力范围的活动委托给其他集中精力于这些活动的公司。这种新业务概念的出现鼓励企业重组现有的业务模式，将所有资源集中在核心能力上，使它们获得绝对优势，并为客户提供无与伦比的价值。与此同时，可以通过外包次要活动来创造新的商业机会。外包优点在成本、质量、柔性、专业、核心竞争力等方面都有其长处。

（1）成本。每种产品的生产都需要在设备和专门知识方面进行大量投资，而专业供应商拥有这些资源，并通过研究和产品开发不断提高其生产水平和竞争力。由于专业供应商有多个买家，他可以比任何买家在自己的生产上节省更多的成本。

（2）质量。一个企业生产的组件越多，每个组件的质量提供就越慢，特别是那些需要不同技术的组件。时间和资源有限，企业不能同时提高各组成部分的质量。相反，专业零部件供应商有更多的资源，可以在他们的专业领域提供最好的产品。

（3）柔性。企业改变产品组合的时候，要花费更多的时间和精力重组生产资源。外包出去，只要向供应商发出新的订单就可以解决问题。

（4）专业。专业零部件供应商对产品和流程更精通。特定领域的研究和开发需要多年的时间，专业供应商能够集中资源，更好专注新技术。企业可以通过外包活动来分享专业化的好处。

（5）核心竞争力。企业集中精力于核心竞争力，通过外包把非核心业务交给其他集中精力做这些业务的企业。

综上所述，外包可以给企业提供更大的灵活性，尤其是在购买新技术、新产品风格或快速变化的复杂系统组件时。几个领先的供应商分别同时生产系统的多个组件，从而缩短了设计周期，并且每个供应商都拥有大量的专家和丰富的技术知识，可以提高专业设备的质量。同样，在开发组件和技术时，战略外包会使大量供应商分担所有组件研发计划失败的风险，企业也无须为每一个零部件系统投资或不断升级它们的生产能力。

供应链伙伴关系是外包战略的一种特殊形式。节点上下游之间存在某种形式的外包，例如，分销商为零售商管理库存、为制造商寻找销售渠道，这就是库存、销售外包的两种形式。

三、建立供应链合作伙伴关系的意义

先进制造技术和信息技术的广泛使用要求企业将自身业务与其合作伙伴业务集成在一起，缩小彼此之间的距离，站在整个供应链的视角考虑增值。建立供应链合作伙伴关系，合作各方都能受益，具体表现在良好的供应链合作伙伴关系可以实现供应链成本降低、库存水平降低、信息共享增强、保持战略伙伴相互之间操作的一致性、彼此间交流状况的改善，最终创造更大的竞争优势。

1. 缩短供应链的总周期时间

合作伙伴关系在整个供应链中如果得到广泛的应用，那么每个节点企业都能共享信息、节省时间、加快生产，从而获得更大的回报，共同获益。建立合作伙伴关系是供应链管理的核心，要求增强供应链各节点企业之间的连接和合作，确保各企业能协调设计、生产、竞争等方面的活动，形成整体的无缝连接。

速度是企业赢得竞争的关键所在。供应链中制造商要求供应商加快生产运作，为达到降低成本和提高质量的目的，需要缩短供应链总周期时间。要缩短总周期时间，主要依靠缩短采购时间、内向运输时间、外向运输时间和设计制造时间，需要制造商与供应商共同参与，显然加强供应链合作关系运作的意义重大。

2. 减小供应链上的不确定因素，降低库存

假如一个供应链企业间缺乏合作，从下游到上游，需求的不确定性被逐级放大，供给将远大于需求，即产生牛鞭效应。不必要的原材料、在制品和产成品将在供应链上产生库存，也可能导致超出生产能力影响供货准时性。

制造企业的库存可分为三类：第一类是外购物料库存，包括原材料、标准件和零配件；第二类是在制品库存，包括在制品、半成品和毛坯；第三类是成品库存，它是企业生产的成品库存。企业内部的生产控制系统不足是产生第二类库存的主要原因，供应链上各企业之间的合作存在缺陷是产生第一类和第三类库存的主要原因。

就企业内部的生产控制系统而言，其精确度在 MRP、JIT（Just In Time 准时制生产方式）等先进管理方法的使用中应达到较高水平。而企业间不确定性因素的影响远远超出生产控制系统本身，并且影响生产控制系统的调节和校正。因此，企业间的合作显得非常重要。企业间通过合作能使许多不确定的因素变得明确起来。以下是对库存影响很重要的两个因素：

（1）需求信息。战略伙伴关系是指企业有几个稳定的合作伙伴，下游企业可以在下单前为上游企业具体需求提供计划。更明确的需要减少了企业为了满足需求波动而设置的第三类库存。

（2）供给信息。战略伙伴关系的建立实际上反映了企业之间的相互信任，其特点是，合作从产品设计开始，到产品质量控制豁免结束。下游企业可以获得上游供应企业的生产计划和综合稳定经营情况的信息。通过这种方式，无论企业供货能力如何，需求企业都能做出相应的反应。第一类库存将通过提高供应方面生产信息的透明度而减少。

3. 快速响应市场

制造商通过与供应商建立合作伙伴关系，可以充分利用供应商的专长，将大量自己不擅长的零配件等的设计和生产任务，通过外包分给擅长于此的企业来完成，自己则集中力量于自身的核心竞争优势。这样既不必实施昂贵且风险巨大的垂直集成，又能充分发挥各方的优势。并能迅速开展新产品的设计和制造，从而使新产品响应市场的时间明显缩短。

当今消费者市场的需求迅速变化，制造商、供应商和分销商，甚至是零售商都必须做出及时反应来应对这些变化，以便在市场上立足并获得竞争优势。企业之间的竞争已经转移到供应链之间的竞争，而供应链的竞争力来自于企业在供应链各个环节的密切合作。这种合作企业去除隔阂，连接不同的信息孤岛，供应链如同一个企业般无缝连接，拥有所有企业的核心竞争力。传统的供应链无法匹敌，是因为链上各企业信息交流少，信息被扭曲，或者牺牲整链利益以保证自身利益，使整个链上企业对需求变化反应迟钝。

4. 加强企业核心竞争力

许多发达国家企业在经济全球化情况下，考虑成本和利润，由占领整个行业转变为抢占某个适应自身核心竞争力的具有高技术和高附加值的环节，其余环节留到有相应核心竞争力的其他企业。

供应链是以核心企业为中心，以核心企业与供应商及一切向前的关系，核心企业与用户及一切向后的关系形成的整体。供应链概念跟传统定义上供需完全不同，把供需及链上各企业看成一个整体，并从全局视角下考虑企业和产品竞争力。这种组合必然是具有各自核心竞争力企业间的强强组合。

竞争力的独特性是企业基本竞争力的关键，竞争对手不易模仿，处于竞争的前沿，具有持久的竞争优势。正是因为企业越来越注重自身的核心能力，强调自身的特点，一个企业的非核心活动必然由在这一领域具有核心能力的其他企业进行。拥有各自优势的企业为了共同的目标联合在一起，共同分享信息，降低总体成本，共担风险，分享利益。显然供应链管理离不开供应链企业核心竞争力，为强调和发挥公司的核心能力，获得有利竞争地位，需要以战略合作关系为基础的新管理模式。供应链管理强调战略合作伙伴关系就是强调要发挥合作企业各自的核心竞争力。

5. 用户满意度增加

用户满意度增加的原因主要有以下三个方面：

（1）精细的产品设计。伙伴关系不仅存在于供应商和制造商之间，而且存在于制造商和分销商之间。分销商更贴近用户的偏好，能为新产品提供更有价值的建议，这样就是用户拉动生产，而不是生产产品推动用户消费。在充分考虑顾客实际需求情况下设计生产出来的产品会有更高的客户满意度。

（2）精益的产品制造过程。提高供应质量，制造商可以在正确的时间、地点获得高质量的正确数量零部件，大大提高产成品的质量，生产周期也大幅度缩减。

（3）优质的售后服务。众口难调，有时在设计、生产上产生的问题会导致部分用户不满。当用户不满时，关键是供应链上企业齐心合力解决问题，做好售后服务，而不是推卸责任。

当供应链合作伙伴关系建立后，制造商也许会向供应商进行投资，以帮助其更新生产和配送设备，加大对技术改造的投入，提高物流质量。制造商往往会向供应商提出持续降低其供应价格的要求，虽然这种要求会给供应商带来相当大的压力，但是制造商的投资以及逐渐增大的市场份额和稳定的市场需求使供应商能够改进技术，实现规模效应。另外，一旦合同有了保证，供应商将会把更多的注意力放在企业的长远战略发展上去。

建立供应链合作伙伴关系，可以给供需双方带来的利益具体如表3-1所示。尽管存在这些利益，但供应链中战略伙伴关系的参与者仍将面临许多潜在风险。更重要的是，当一个伙伴不符合要求时，过度依赖一个伙伴可能会产生严重的后果。与此同时，由于缺乏对战略伙伴关系的控制、对自身的过度信任以及合作伙伴的过度专业化，企业的竞争力可能会下降。而且，企业可能对供应链战略合作关系的利益过于乐观而忽视了潜在缺陷的存在。所以企业必须对传统合作关系和战略合作关系策略做出正确对比，再做出最后决策。

表 3-1　供应链合作伙伴关系给供需双方带来的利益

对于制造者/买主	对于供应商/卖主	对于双方
·降低成本 ·实现数量折扣、稳定而有竞争力的价格 ·提高产品质量和降低库存 ·改善时间管理 ·缩短交货提前期和提高可靠性 ·提高面向工艺的企业规划 ·更好的产品设计和更快的对产品变化反应速度 ·强化数据信息的获取和管理控制	·保证有稳定的市场需求 ·对用户需求有更好的了解 ·提高运作质量 ·提高零部件生产质量 ·降低生产成本 ·提高对买主交货期改变的反应速度和柔性 ·获得更高的利润	·改善交流 ·实现共同的期望和目标，共担风险和共享利益 ·共同参与产品和工艺开发 ·减少外在因素的影响及其造成的风险 ·减少投机思想和降低投机概率 ·提高解决矛盾冲突的能力 ·订单、生产、运输上实现规模效益 ·减少管理成本 ·提高资产利用率

第二节　供应链企业间合作的理论基础

一、供应链企业间的委托—代理关系

委托—代理关系是为了研究股份制公司的管理体制问题而被提出来的。在股份制条件下，分离所有权与经营权，公司的经理阶层代表股东行使管理职能。经理比股东更了解公司的信息，当股东和经理层在利益上不一致时，经理可能做出损害股东利益的行为。

委托—代理关系是指在市场交易中，由于信息不对称，委托方处于信息劣势，代理方处于信息优势，二者相互博弈达成的合同法律关系。信息不对称是指，一方拥有另一方没有的信息，持有该信息的是代理方，缺乏该信息的是委托方。虽然供应链管理使各企业形成了一个利益整体，但由于各企业是独立法人，有属于自己的利益，信息不对称情况下难免在一定程度上产生委托—代理问题。该问题就是研究如何使企业在达到自身利益最大化的情况下，最大化程度实现供应链的利益。为了减少委托—代理中出现的问题，才实现节点企业间的合作博弈机制，但委托—代理关系不可能被完全消除。供应链管理，实际是应用委托—代理理论来加强企业间的合作。

二、供应链委托—代理关系的特征

供应链委托—代理关系存在以下四个特征：

1. 供应链企业间存在一种"合作竞争"的关系

供应链合作强调的就是发挥企业各自核心竞争力的合作，把非核心业务外包给具有相关能力的企业。与传统企业模式不同，供应链企业之间不再是竞争关系，企业从整个供应链的利益出发，为实现最终顾客满意的目标而进行协同生产。虽然强调合作，但是企业间合作与纵向一体化还是有差别的，各企业是独立的利益个体，要对各自投资人负责。企业之间也存在利益冲突，企业会为了分享合作的利益而进行竞争。因此，供应链企业的基础和目标是合作，但由于利益相关者的多样性，它们之间也存在竞争。供应链中企业之间委托—代理关系的研究包括利用代理理论来组织企业之间的系统，以实现利益共享和风险共担。

2. 供应链企业间的委托—代理问题是多阶段动态模型

与传统的委托—代理模型不同，强调一种持久稳定的关系建立在供应链企业间的合作中。传统的买卖交易，买者和卖者这一委托—代理关系是短暂的或者一次性的，双方为了实现自身利益最大化会采用多种方法，比如卖家以次充好或故意抬价，买家议价。在供应链的企业中，企业需要长期的交易，道德风险的问题相对较少。欺诈的企业可以获利，但这种做法并不适合长期，长期的利润远高于短期利润，短期欺骗会导致合作终结，得不偿失。但与此同时，正因为供应链中企业的委托代理问题是多阶段的、长期的，制度设计和激励的重要性尤为突出。

3. 企业间的委托—代理是多任务委托—代理

企业间传统的购买策略是价格战，企业选取提供最低的产品价格的供应商。但是随着竞争全球化，竞争优势不单是价格能带来的了。顾客需求变化多样，技术创新加快，市场也对产品质量、服务、交货期提出高要求。但是成本与提高质量和服务存在相悖，因此供应商在资源有限的情况下，需要在多目标间做出权衡再采取行动。供应商决策的依据就是采购商的评价和报酬标准。采购商应该建立综合性的评价指标和报酬机制，避免供应商重视某个因素而忽略其他。

4. 企业间的委托—代理是逆向选择和道德风险两类问题并存

在供应链管理中，核心企业作为供应链的组织者、协调者、控制者，与其他节点企业在信息上是非对称的。其他节点企业的履约能力如何、是否努力配合以及努力程度如何，核心企业很难做到完全掌握。供应链战略合作伙伴关系的本质是少数成员企业之间相对稳定的长期合作关系，在核心企业选择供应商、经销商等代理人时，由于核心企业对代理人信息不完全，如果代理人只有自己所掌握的信息，而后导致对自己有利和对核心企业及供应链整体效益产生影响，这种由于事前的信息不对称造成的现象就是合作伙伴的逆向选择问题。另外，在供应链构建之后，合作伙伴可能为了自己的利益，采取某些行为损害整个供应链其他企业的利益，这种由于事后的信息不对称造成的现象就是合作伙伴的道德风险问题。

三、供应链委托—代理存在的问题

供应链企业间的信息不对称引发委托—代理问题，从供应商—采购商的供求关系出发，将委托—代理问题分为两类：一是由于事前信息不对称引起的逆向选择问题，信息的非对称性发生在协议签订之前；二是由于事后隐藏行动或信息的道德风险问题，信息的非对称性发生在协议签订之后。

1. 逆向选择问题

在供应链合作伙伴的选择过程中，各成员企业是独立的，彼此之间存在着信息不对称，尤其是在合作伙伴关系建立之前。从供应链节点上数目众多的企业里区分优秀企业与不合格企业并非易事，因为核心企业在选择合作伙伴时，由于信息不对称，往往缺乏合作伙伴方的有关信息而面临着逆向选择问题。

当信息不对称发生在签约之前，逆向选择问题就出现了。供应链核心企业作为委托方，在面对众多供应商代理人时，供应商具有更多的私有信息，它知道自己的情况，比如生产能力、质量、仓储、运送服务等。核心企业一般能清楚地掌握各合作伙伴的报价，但是不了解或很少了解供应商的生产能力、质量等私有信息。供应商是独立法人机构，受追求自身利益最大化欲望的驱使，利用这一信息优势采取不利于核心企业的行为，如提供虚假资信证明来以劣充优、做空头承诺以获取投标等行为，严重干扰了核心企业的采购和生产活动乃至影响整个供应链的业绩，还导致"劣质合作伙伴驱逐优质合作伙伴"的现象。

供应商的逆向选择使得核心企业选择合格供应商变得十分困难，对供应链管理不利，导致当前供应链竞争力下降。另外，重新更换合作伙伴会提高交易费用，包括与原有合作伙伴解除协议时可能造成的违约损失、重新寻找合作伙伴并达成协议需要花的费用以及合作伙伴在更换过程中的机会损失等。

2. 道德风险问题

信息不对称是道德风险产生的前提条件，而追求自身利益最大化是其根本原因。在签订协议之前，核心企业面对可供选择的众多供应商，因为供应商迫切想进行合作并获得业务，此时供应商处于劣势地位，而核心企业处于买家优势地位。供应商为了获得业务，会努力追求与核心企业合作，积极承诺协议条款。但是，随着协议签订之后，由于核心企业和供应商处于相互依赖状况，一旦供应商退出，会给核心企业造成更大的损失，实际上此时供应商反客为主，处于优势地位。供应商道德风险是在签订协议之后，供应商利用自身的私有信息，降低履行协议的积极性和主动性，采取有损于核心企业利益的行动。供应商道德风险导致供应链管理低效率或无效。

根据非对称的信息内容划分，道德风险包括以下两种：

（1）隐藏行动的道德风险。引发这种道德风险的前提：代理人行动的努力程度和一系列不受委托人和代理人控制的外生变量共同决定代理行动的结果，外生变量有自然环境、经济环境、社会环境、技术环境、市场环境等。签约后，代理人选择最优化自身利益的行动，代理人的行动和外生变量一起决定某些可观测的结果。但委托人只能观察到这些结果而不清楚代理人背后采取的具体行动，信息是不完美的，代理人就可能实施对委托人不利的行动。当委托人追究责任时，代理人就将结果的不理想归咎于外生变量，如图 3-1 所示。例如，当中间产品配送延误时，物流服务商隐藏自身配送计划与实施的不合理，将责任归咎于气候条件或者交通状况的影响。

（2）隐藏信息的道德风险。引发这种道德风险的前提：外生变量首先决定代理方的行

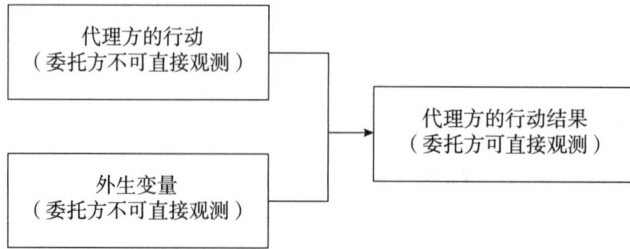

图 3-1　隐藏行动的道德风险成因

动选择，代理方不同的行动选择决定不同的行动结果。在供应链合作协议签订后，如图 3-2 所示，委托方可以观测到代理方的行动和行动结果，但不能观测到外生变量的实际发生情况，代理方可能选择不利于甚至有损于委托方的行动，并且隐藏外生变量信息。例如，制造企业制定了针对最终顾客的促销赠品政策。即有买有送，但是经销商可能利用客户不知情以及制造商不知道顾客具体购买情况，而将部分赠品挪作他用，但是制造商只看到赠品已发放。

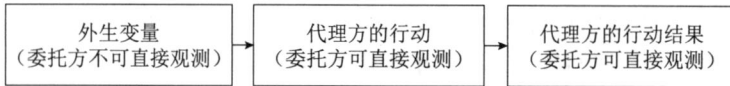

图 3-2　隐藏信息的道德风险成因

四、解决供应链委托—代理问题的对策

1. 信号传递机制与信息甄别机制

信号传递机制和信息甄别机制是解决逆向选择问题的两种不同方法。在信息甄别机制中，委托人提供的交易契约对不同类型代理人必须具有不同收益，从而能够产生分离均衡；在信号传递机制中，同一信号对不同发送者产生的交易成本也应不同，从而产生分离均衡。如此，委托人才能通过契约设计诱导代理人采取与其类型相符的行动。另外，两种机制的博弈次序不同：在信号传递机制中是代理人（有私人信息一方）先行动，而在信息甄别机制中是委托人（无私人信息一方）先行动。

（1）供应链合作伙伴选择的信号传递机制。信号传递机制是迈克尔·斯宾塞提出来解决逆向选择问题的一种方法，信号传递机制是一种不完全信息动态博弈。委托人不清楚代理人的类型，代理人通过发送信号告知委托人自己的类型，委托人在观察到代理人发送的信号后进行选择，双方签订契约。对于高质量的潜在合作伙伴，有必要通过各种信号将其质量优势传递给制造企业，而核心企业必须能够判断和分析所接收到的信号，区别出强弱，并评估每个伙伴的属性，以选择最优秀的供应链合作伙伴。在选择供应链中的合作伙伴时，以下关于潜在合作伙伴的一些变量可以作为质量水平的强信号。

1）质量承诺。对质量的承诺意味着潜在的合作伙伴用未来的维护成本或补偿成本来传递产品和服务的质量特征。这种信号传递机制要求政府通过制定有关法律和条例以确保企业遵守这些法律和条例，使违约成本远高于履约成本，企业选择履约，委托—代理问题将减少，这有利于良好的合作和企业发展供应链。

2）企业声誉。公司的声誉使我们能够确定潜在合作伙伴的质量水平。企业声誉的机会成本包括沉淀成本和未来的成本。企业往往会保留自己的声誉，因为破坏声誉的机会成本很高。一般来说，好声誉意味着高质量，特别是当公司的良好声誉与对质量的明确承诺相结合时。

3）第三方认可。政府或中介机构等的认可，是向企业传递质量信息的有效途径。如若一个潜在合作伙伴具有相关认可或者认证，当然是其质量水平高的强信号。

4）被优秀供应链接纳。如果潜在合作伙伴已经成为某世界知名企业的供应链成员，无疑表示它的质量有较强的可信度。

（2）供应链合作伙伴选择的信息甄别机制。在信息甄别机制中，代理人知道自己的类型，但委托人不知道。信息甄别是指委托人通过不同的契约甄别代理人的真实类型，使代理人按照自己的真实类型采取行动使自身利益最大化，同时也使委托人的利益最大化。在供应链合作伙伴的选择中，核心企业不知道各个潜在合作伙伴的真实情况，需要合理设计契约，诱导代理人采取与其类型相符的行动。例如在制造商和销售商之间存在信息不对称问题，销售商拥有更真实、丰富的产品需求信息，这些信息将影响制造商的生产和定价策略。制造商可以通过制定一系列目标销售量和相应的销售价格，让销售商从中选择对自己有利的契约。销售商选择目标销售量后，制造商即可知道其真实的销售能力，从而制定自己的生产和定价策略。

2. 供应链协议与合作伙伴的有效激励和信息共享

在供应链合作伙伴中，核心企业要改进供应链协议，以降低道德风险。为供应链中不同的合作伙伴提供有效的激励，以减少道德风险的激励。建立和加强供应链中的信息共享机制，以减少构成道德风险的信息不对称基础。

（1）有效激励。供应链上的某些合作企业往往会为了追求独立利益，而背离"利益共享、风险共担"原则，采取有损于其他合作伙伴利益的行为，严重影响了企业间的合作关系。在供应链合作过程中，代理方只有在委托方提供有效的激励条件下，才会放弃单独追求自身利益的行为，按照合作各方的共同利益行动。由此可见，有效激励可以弱化"道德风险"，有助于供应链企业间合作关系的稳定与发展。因此，必须建立供应链绩效评价体系，清楚地认识供应链中利益与风险分配，正确分辨各企业对整个供应链获利过程所做出的贡献，针对合作企业的各项表现进行相应的收益，进而激发其合作的积极性。

针对隐藏行动的道德风险问题。首先，由于合作伙伴的行动结果受其行动努力程度的影响，则根据合作伙伴的行动结果确定其收益。在制定供应链协议时，核心企业应努力确定每个合作伙伴的利润与其行动结果之间的对应关系，结果越有利，利润就越高。其次，由于行动结果受到外生变量的影响，合作伙伴的利益是根据外生变量对行动结果的影响来确定的。外生变量是供应链中所有企业无法控制的因素，因此在制定供应链协议时，核心企业必须提前为自己和每个合作伙伴预测风险因素，行动结果相同时，承受的风险越大，其收益越高。因此，各合作伙伴最后收益受到行动结果和承受风险的共同决定。高风险情况下获得行动一般结果，其收益不会太低；低风险情况下获得行动较好结果，其收益不会太高。

针对隐藏信息的道德风险问题。首先，收益的主要变量设定为合作伙伴的行动努力程度，努力程度越高，获得收益越多。其次，辅助变量设定为各合作伙伴的行动结果。很容易就能观测到合作伙伴的行为努力程度和行动结果，当行动努力程度与行动结果出现明显的非对称性，就要追究原因。这样可以在一定程度上使合作伙伴选择有利于核心企业的行动来应对外生变量。

（2）相互信任与信息共享。在供应链合作伙伴关系中，相互信任是合作的基础，缺乏信任的合作是短暂和不稳定的。核心企业对其他企业的信任是忠诚信任，即相信他们不会危害供应链的整体利益；其他企业对核心企业的信任是能力信任，即核心企业有能力使供应链在竞争中获利，并且分享收益。在信息共享中，各企业应该本着信任传达真实的信息，信息作为供应链上各企业沟通的载体，供应链各企业应该注意克服信息障碍，建立并完善供应链节点企业的信息共享机制，减少信息非对称现象。对于制造商而言，可以建立ERP系统，通过互联网来实现供应商、经销商、物流服务提供商甚至最终客户的信息共享。

第三节 供应链合作关系的形成及其制约因素

一、企业关系的发展历程

1. 企业供应链发展五阶段

（1）企业内部功能部门整合。企业重点放在内部功能部门和业务流程改进，即寻找最佳方式通过各功能部门执行供应链各个步骤。在这一阶段，几乎所有的企业都将最初的关注焦点放在了原材料采购和物流两大功能。大多数企业在这一阶段不能实现整个企业的均衡发展，他们只满足于由部分功能集成化带来的少量利润，认识不到功能一体化能够给企业带来的益处。

（2）企业内部全面协作。企业内部物流一体化，整个企业供应链系统的优化，把各项分散的物流功能集中起来作为一个系统管理。供应链持续在企业内部各部门间得以改进，企业已意识到用全局观点审视供应链管理和执行，以及由此带来的总成本降低。

（3）企业同外部伙伴协作。企业逐渐意识到产品的竞争力并非由一个企业决定，而是由产品的供应链决定，并开始与关系较近的合作伙伴实施一体化管理。企业利用各种工具和技术与重点供应商、客户协作，将企业同合作伙伴联系在一起，本着利益共享原则协作，有效共同利用资源，缩短产品生命周期，更快地占领市场，实现"双赢"。

（4）企业同合作伙伴之间的价值链协作。企业不仅要与重点供应商和客户协作，而且需要整合企业的上下游企业，将上游供应商、下游客户及服务供应商、内容提供商、中间商等进行垂直一体化的整合，构成一个价值链网络，追求系统的整体最优化。企业已成功建立起单个或多个供应链网络，同供应商和客户的合作关系更加举足轻重。这种稳固合作关系产生了所谓的价值链网络。在这一阶段，电子商务、网上交易和电子通信技术的应用对实现价值链可视化至关重要。

（5）完全供应链网络。这是供应链发展的最高阶段。所有供应链网络实现了无缝协作交流，信息完全电子化，最大限度利用协作和技术发挥供应链水平获取市场优势。

2. 供应链合作伙伴关系的发展

从历史上看，供应链合作伙伴关系的发展大致可以分为四个阶段，如图 3-3 所示。

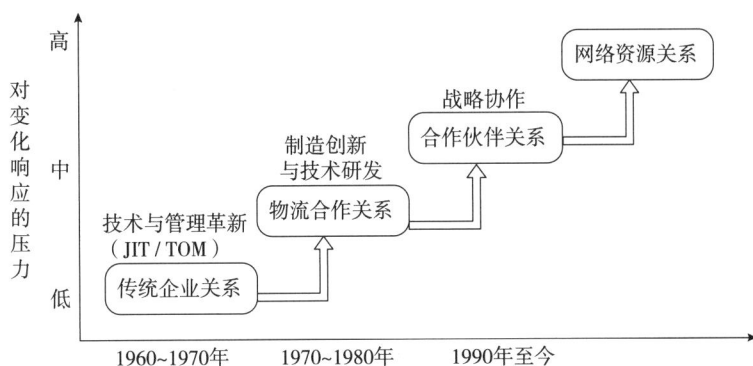

图 3-3 供应链合作关系发展

（1）传统企业关系。在传统的观念中，企业间是"买—卖"交易关系。买卖关系基于价格，买方引起卖方间价格的竞争，采用在卖方之间分配采购数量的方式对卖方进行控制。企业的管理理念是以生产为中心，不断进行技术与管理革新。企业之间是基于成本的竞争关系，相互间很少沟通与合作，更谈不上企业间的战略联盟与协作。

（2）物流合作关系。在 JIT 和全面质量管理（Total Quality Management，TQM）等现代管理思想的推动下，从传统的以生产为中心的企业模式开始向物流关系模式转变。以加强基于产品质量和服务的物流关系为特征，物料从供应链上游到下游的转换过程进行集成，注重服务的质量和可靠性，供应商在产品组、柔性、准时等方面的要求较高。企业之间进行作业层面和技术层面的合作，以实现生产的均衡化和物流的同步化运作，企业之间的合作度虽有所提高。属于合作性的竞争关系，合作层次较低，不能很好地适应激烈的竞争市场，企业需要更高层次的集成合作。

（3）合作伙伴关系。基于物流合作的企业间的透明性、协作性、同步性、集智性、柔性与敏捷性等方面都不能很好地适应愈发激烈的竞争市场，于是产生了基于战略合作伙伴关系的企业模型。企业与其合作伙伴在信息共享、服务支持、并行工程、群体决策等方面合作，强调基于时间（Time-based）和基于价值（Value-based）的供应链管理，从竞争走向竞合。

（4）网络资源关系。特点是集成化战略合作伙伴关系实现，信息共享的网络资源关系的形成。信息技术高度发展以及在供应链节点企业间的高度集成，供应链节点企业间的合作关系最终集成为网络资源关系。

3. 供应链合作伙伴关系与传统供应商关系的区别

传统上，大多数企业认为自己和其他企业之间是相互独立存在的，并且为了企业生存而与它们竞争。企业与上、下游企业之间经常是对抗多于合作，许多企业仍谋求成本降低或增加利润，最后成本都由市场转嫁给消费者。传统企业关系更多强调各自的利益。

在新的竞争环境下，供应链合作伙伴关系强调直接的、长期的合作，极度重视共有计划的共同实现，问题的共同解决，强调相互信任与合作。这与传统的企业关系有很大的区别。以供应商关系为例，具体比较如表 3-2 所示。

表 3-2　供应链合作伙伴关系与传统供应商关系的比较

比较项目	传统供应商关系	供应链合作伙伴关系
·产生基础	以交易为基础	以联盟为基础
·维系时间	短期	长期
·竞争关系	对手关系	合作关系
·相互交换的主体	物料	物料、服务
·供应商选择标准	强调价格	多标准（交货的质量和可靠性等）并行考虑
·关系稳定性	变化频繁	长期、稳定、紧密合作
·合同性质	单一	长期合同，具有开放性
·供应批量	小	大
·供应商数量	大量	少量（少而精，长期紧密的合作）
·供应商规模	小	大
·信息交流	信息专有	信息共享（电子化连接、共享各种信息）
·技术支持	提供	不提供
·质量控制	输入检查控制	质量保证（供应商对产品质量负全部责任）
·选择范围	当地投标评估	在国内和国外广泛评估可增值的供应商

供应链合作伙伴关系是长期稳定且紧密的，而不是短期且变化频繁的。从传统的竞争关系变化为合作关系，合作伙伴之间互相提供技术、管理等的支持。信息共享在供应链伙伴关系中发挥着重要作用：合作伙伴共享关于产品开发、成本和财务的信息，以快速响应市场需求，共同学习，共同进步。

二、供应链合作伙伴关系的类型

核心企业与关键成员企业发展合作伙伴关系更加有利于各自的长远发展。在供应链集成管理环境下，核心企业可以在全球市场范围内寻找最杰出的合作伙伴，为了能使选择合作伙伴的工作更为有效，可以把合作伙伴分为不同的类型，进行有针对性的管理。

供应链伙伴关系分为两个层次：重要伙伴和一般伙伴。重要的合作伙伴少而优，关系密切。一般的合作伙伴数量相对较多，但关系不密切。供应链伙伴关系的变化主要影响重要的伙伴，在较小程度上影响一般的伙伴。

1. 基于合作伙伴的增值性和竞争力的分类

基于合作伙伴的增值性和竞争力的分类矩阵如图 3-4 所示。图中纵轴代表的是合作伙伴在供应链中的增值作用，对一个合作伙伴来说，如果不能对供应链的增值做出贡献，它对供应链的其他企业就没有吸引力。横轴代表某个合作伙伴与其他合作伙伴之间的区别，主要是设计能力、特殊工艺能力、柔性、项目管理能力等方面竞争力的区别。

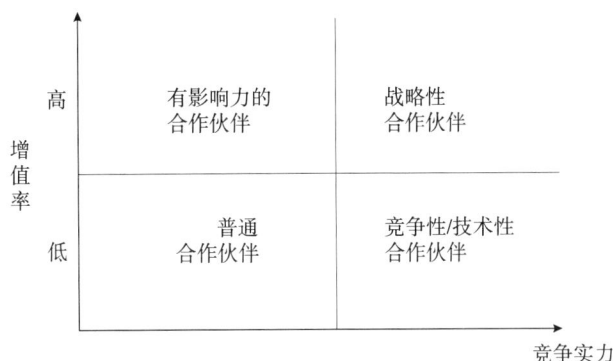

图 3-4 基于合作伙伴的增值性和竞争力的分类矩阵

（1）战略性合作伙伴。如图 3-4 所示，处于右上矩阵的合作伙伴关系，合作的增值率大，而且合作伙伴的市场竞争实力也强。这类合作是"强—强"联合，属于最理想的合作伙伴，需要考虑合作的持久性，建立战略性合作伙伴关系。

（2）有影响力的合作伙伴。处于左上矩阵的合作伙伴关系，合作的增值率大，但在它的专业领域中实力较弱，其市场竞争实力不足。这类合作是"强—弱"联合，也属于理想性的合作伙伴，其联合关系比较稳定，称为有影响力的合作伙伴。

（3）普通合作伙伴。处于左下矩阵的合作伙伴关系，合作的增值性较少，而且合作伙伴的市场竞争实力也不强。这类合作是"弱—弱"联合，不属于理想性的合作伙伴关系。对于普通合作伙伴，企业只需与他们保持供货交易关系，基于物流作业层面进行低层次往来，不必列为企业发展的合作伙伴，并希望更多的这类伙伴参与投标，从而选择价位上最有利的进行交易关系。

（4）竞争性/技术性合作伙伴。处于右下矩阵的合作伙伴关系，合作的增值性较少，但是合作伙伴的市场竞争实力强。这类合作是"弱—强"联合。合作的对方实力较强，组织管理能力和技术水平高，可能是理想性的合作伙伴，也可能将成为竞争对手。如果合作对方没有纵向一体化扩张的野心，由于它们的管理和技术都很好，在合作过程中，可以从它们那里学到很多有益的技术和经验，获得技术支持服务，也属于理想性的合作伙伴，称为技术性合作伙伴关系；但正因为合作对方的实力强大，如果它们倾向纵向一体化扩张，更多体现竞争性关系，属于合作性竞争，称为竞争性合作伙伴关系，合作关系的紧密程度应该降低，尤其要注重合作风险。

在实践中，企业根据不同的战略目标选择不同类型的合作伙伴。从长远来看，企业要求合作伙伴保持高水平的竞争力和增值率，因此选择战略合作伙伴是可取的；中期而言，可根据竞争力和供应链附加值的重要性，选择不同类型的合作伙伴；对于短期或短暂的市场需求，选择一个普通的合作伙伴就足以满足需求并保证最低的成本。

2. 基于合作时间和整合性质的分类

Cristina 和 Andrea（2000）根据合作关系涉及的时间和整合性质将合作伙伴关系分为四种：短期物流整合关系、长期物流整合关系、短期战略整合关系、长期战略整合关系，如表 3-3 所示。

表 3-3　基于合作时间和整合性质的分类矩阵

整合性质 合作时间	物流整合	战略整合
短期合作	短期物流整合型	短期战略整合型
长期合作	长期物流整合型	长期战略整合型

合作伙伴根据合作的时间可分为长期合作和短期合作两种类型。短期合作强调合作伙伴当前制造履行，体现在采购成本、质量、提前期、柔性、服务支持等与制造直接相关的属性。长期合作仅评价合作伙伴的当前制造履行是不够的，改变合作伙伴就意味着高的转变成本，所以还应该评价合作伙伴的技术实力和改进潜力。

合作整合性质分为物流整合与战略整合。所谓的物流整合就是指对合作伙伴物流职能履行的规划，如数量、服务支持交货期，要常用准时制生产方式物流战略。短期物流整合关系的合作时间较短，主要是物流职能层面的业务合作关系，涉及供应链下的物流仓储、运输、订单等作业定量信息的接收与处理。长期物流整合关系是合作时间较长，主要存在长期性的稳定供货关系，但合作层次不高，长期供货关系不等于战略合作关系。战略整合是指除具有明显物流特征之外的规划，涉及合作伙伴的技术实力，如新产品和新技术的联合开发。长期战略整合关系的合作时间长，合作层次高；而短期战略整合关系的合作时间不长，但合作层次、合作的起点很高。

三、供应链合作伙伴关系建立的制约因素

供应链合作伙伴关系的建立是一项复杂的系统工程，会受到许多因素的制约，主要有以下几点：

1. 高层态度

建立供应链的良好关系必须得到最高管理层的支持和协商。企业之间的良好沟通和相互信任关系只有在最高管理层赞同合作伙伴的情况下才能建立。

2. 企业战略和文化

在战略分析阶段，了解企业的相互结构和文化，克服企业结构、文化和态度之间的障碍是很有必要的，并对企业的结构和文化做出适当的改变。在合作伙伴之间建立一致的运作模式或制度，消除业务流程和结构的障碍。

3. 合作伙伴能力和兼容性

在供应商评估和选择阶段，总成本和收益的分配、文化兼容性、财务稳定性、合作伙伴的能力和地位、自然地理分布、管理兼容性等都将影响合作关系的建立。企业应加强与主要上下游合作伙伴的联系，增进对产品、流程、组织、企业文化等方面的相互了解，保

持一定的一致性。

4. 信任

在供应链战略合作关系建立的实质阶段，在供应链中有必要分析期望和需求，彼此密切合作，加强信息共享，为技术和设计提供支持。在实施阶段，相互信任至关重要。良好的意愿、灵活性、解决冲突的能力、绩效评估、有效的技术方法和资源支持都是重要的因素。

总之，建立合作伙伴关系需要企业全体成员的支持和认同。在战略分析阶段要了解企业的企业结构和文化，解决相关障碍。在供应商的评估和甄选阶段，有必要进行期望和需求分析，加强信息共享和相互密切合作，增加彼此之间的交流和提供技术援助与相关资源。在合作关系建立的实施阶段，秉持相互信任这一原则，提供合作的保证。

第四节　供应链合作伙伴的选择

一、供应链合作伙伴选择的评价准则

供应链合作伙伴的评价与选择作为供应链合作运营的基础，是企业间合作的第一步，也是关键一步，具有至关重要的作用。选择合适的合作伙伴才能为后续供应链合作伙伴间的良好合作提供保障。

1. 供应链合作伙伴选择的标准

企业所选的合作伙伴能否和整个供应链的步调保持一致、能否增强整个供应链的竞争力是企业需要考虑的问题，在选择供应链合作伙伴时要遵循一定的标准和原则。比如在选择供应商时，会受到许多因素的影响，企业最主要考虑的是价格、质量和交货提前期。但是企业间要建立长期稳定的合作关系，还需要考虑交货可靠性、品种柔性、供应商研发和设计能力、特殊加工工艺能力以及项目管理、库存水平等因素的影响。合作伙伴的评价选择对企业来说是多目标的，受到许多可见与不可见因素的影响。

供应商的选择标准总体上概括为两点：合作伙伴必须有自身的核心竞争力；拥有相同的价值观和战略思想。建立供应链伙伴关系的实质就是综合各企业在其领域的核心竞争力以获得更大的竞争优势，是核心竞争力的合作。相同的价值观和战略思想是良好合作的保证，保证价值取向、市场决策的一致性。实际中选择的原则有以下几点：

（1）工艺与技术的连贯性。供应链合作伙伴关系的展开必须在技术上保持一致的标准，包括产品设计和制造工艺上的连贯性。供应链集成是发展趋势，产品更新是企业的市场动力。在长期合作中，供应商也要有研发和设计能力，产品的独特性要求有特殊的加工工艺，在产品上保持一定的柔性，这样才能提高企业产品竞争力。

（2）企业的业绩和经营状况良好。企业在过去年度里的经营状况往往成为选择长期合作伙伴的重要考虑因素。在与某企业的交易过程中，该企业的产品价格、质量、交货状况决定其在供应商市场的信誉和声望。企业经营状况在供应链条件下的合作伙伴关系选择中显得更重要，经营状况好的一般容易被考虑。

（3）交货可靠性。交货可靠性是指供应商按照订货方所要求的时间和地点，将指定产品准时送到指定地点的能力。供应商的财务状况直接影响其交货和履约的绩效，如果供应商的财务出现问题，会造成供应不足，甚至出现停工的严重危机。财务状况稳定的供应商在未来风险的保障上能给企业带来更多的信息和安全感。如果供应商的交货可靠性较低，必定会对供应链带来巨大影响。

（4）供应商内部组织结构合理。供应商组织机构设置混乱，采购的效率与质量就会下降，甚至会由于供应商部门之间的互相推诿而影响供应活动及时、高效地完成。另外，供应商的高层主管是否将采购单位视为主要客户也很重要，如果采购单位不被视为主要客户，那么在面临一些突发问题时，便无法取得优先处理的机会。供应商组织机构的合理对供应链服务质量起着重要作用。

（5）有效的交流和信息共享。选择的供应商必须有与企业间进行相关信息共享的意愿。选择高效的供应商依靠所有参与者的积极参与以及有效的交流和信息共享。已有业务来往的供应商在信息交流方面比没有业务来往的企业有更多的优势。在选择供应商的过程中，只有加强交流，才能提供更多的战略信息，使评价过程和结果更具可信性和参考价值。

（6）少而精的合作伙伴。合作伙伴数量不求多，而重在优质。若漫无目的地选择合作伙伴，过多的合作可能造成资源、机会与成本的浪费。

2. 综合评价指标体系设置的原则

（1）系统、全面性原则。评价指标体系应全面反映合作企业目前的综合水平，并包括有关企业发展前景的指标。

（2）简明、科学性原则。评价指标设置讲究科学性，大小适宜，简明扼要。体系过大、指标过细，细小问题会吸引评价者。体系过小、指标太粗略，不能切实反映情况。

（3）稳定、可比性原则。评价指标制度的设计也应便于同其他指标体系进行比较。

（4）灵活、可操作性原则。为了使企业能根据自身实际情况灵活运用指标，评价体系要有一定的柔性。

对供应商来说，要想在所有的内在特性方面获得最佳是相当困难的，在实际的选择过程中必须综合考虑供应商的所有影响因素。

3. 综合评价指标体系的结构

根据企业调查结果，影响合作伙伴选择的主要因素有四种：企业环境、质量体系、生产能力和企业绩效。我们可以从三个层次上构建一个综合的评价指标体系：目标层包含以上四个主要因素；第二层次是影响合作伙伴选择的具体因素；第三层次是与之相关的细分因子。其中，第三层次的指标应该是可观测指标，通过定性或者定量的方法，得到客观评价值或主观评价值，然后再做进一步分析。合作伙伴综合评价指标体系的结构如图3-5所示。

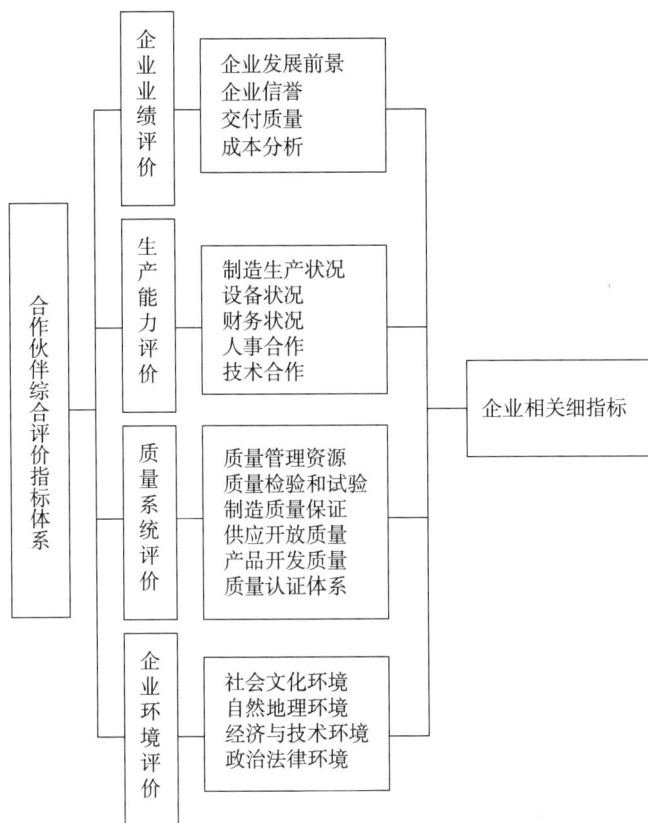

图 3-5　合作伙伴综合评价指标体系的结构

二、供应链合作伙伴评价选择的方法

目前选择合作伙伴的方法较多，越来越趋向于定性与定量相结合，多种方法组合使用。供应链中合作伙伴的选择通常是基于诸如供应单元的数量、对它们的了解程度以及供应所需时间的缺乏等标准。目前，国内外常用的方法有如下几种：

1. 直观判断法

直观判断法是一种基于咨询和调查结果以及个人分析判断的合作伙伴分析和评估方法。这种方法主要凭经验做出主观判断。这种简单但非常主观的方法经常被用来选择那些非主要原材料的合作伙伴。

2. 招标投标法

招标方式适用于订单量大、合作伙伴竞争激烈的情况。企业提出招标条件，各合作伙伴提交标书，企业决标，与提供最优惠条件的合作伙伴签订合同或协议。招标法分为公开招标和指定招标两种。公开招标不限制投标者的资格；指定招标是公司在提交投标书和选择投标书之前可以预先选择一些潜在的合作伙伴。招标采购法竞争非常激烈，企业可以从更广泛的角度选择合适的合作伙伴，可以获得供应条件较有利和较便宜的供应品。但是，招标法过于复杂和冗长，无法适应紧急订单的需要；订单的处理很差，有时没有充分了解投标者，双方也没有充分协调，这可能导致交货错误或交货延误。

3. 协商选择法

在供应商众多、企业难以选择的情况下，也可以采用协商选择方法。先选出较合适的几个潜在合作伙伴，然后在供应质量、交货时间和售后服务方面，通过良好的供需协调、谈判方法提供更好的保证。但是，由于选择的范围有限，就价格和供应条件而言，并不总是能够获得最有利的供应来源。谈判选择的方法比在期限短、投标稀少、竞争低、所订购供应品的规格和技术条件复杂情况下的协商选择法更为适当。

4. 采购成本比较法

当潜在合作伙伴都能满足质量和交货期的要求时，需要分析比较采购成本。采购成本一般包括售价、采购费用、运输费用等各项支出的总和。采购成本比较法是选择采购成本较低的合作伙伴。该方法只有采购成本被考虑，质量无法保证，可能选到与企业战略目标不一致的合作伙伴。

5. ABC 法

鲁德霍夫和科林斯在 1996 年提出基于活动的成本分析法，也称作业成本法。通过计算合作伙伴的总成本最小来选择合作伙伴。他们提出的总成本模型如下：

$$S_i^B = (P_i - P_{\min}) \times q + \sum_j c_j^B \times D_{ij}^B$$

其中，第 i 个合作伙伴的成本值为 S_i^B；第 i 个合作伙伴的单位销售价格为 P_i，合作伙伴中单价最小值为 $P_{\min}$；采购量为 q；因企业采购相关活动导致的成本因子 j 的单位成本为 c_j^B；因合作伙伴 i 导致的在采购企业内部的成本因子 j 的单位成本为 D_{ij}^B。分析企业因采购活动而产生的直接和间接成本的大小时使用该模型。一般来说，企业选择的合作伙伴 S_i^B 值最小。

6. 层次分析法

层次分析法（AHP）是由著名的运筹学家萨蒂在 20 世纪 70 年代开发的，韦伯等建议使用这种方法来选择合作伙伴。根据具有递阶结构的目标、子目标（准则）、约束条件、部门等来评价方案，判断矩阵由成对比较方法确定，然后判断矩阵最大特征向量的分量对应相应的系数，最后给出方案综合权重（优先级）。根据相对重要性函数表来两两对比重要性，可靠性高，误差小。但是在遇到大规模问题和许多因素时，例如在判断矩阵难以满足一致性要求并往往难以将其进一步分组时，该方法可能会产生问题。作为一种定性和定量相结合的工具，它现在被广泛应用于许多领域，是评估供应商选择最常用的方法之一。

7. 神经网络算法

人工神经网络（ANN）是一门新兴的学科，在 20 世纪 80 年代末迅速发展。ANN 具有自学习、自适应和非线性动态处理等特征，可以模拟人类大脑中的某些智能行为，如感知、灵感和意象思维。

在供应链管理环境下用 ANN 综合评价选择合作伙伴，目的在于建立一种定性与定量相结合的评价模型，使其更加接近人类的思维模式。通过获取评价专家的知识、经验、主观判断及对目标重要性倾向的定样本模式学习，当综合评价合作伙伴时，该方法可再现评价专家的经验、知识和直觉思维，使定性分析与定量分析的有效结合得到实现，同时合作伙伴综合评价结果的客观性也得到较好的保证。基于人工神经网络的综合评价选择合作伙伴的总体流程结构模型如图 3-6 所示。

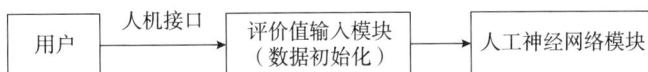

图 3-6 基于人工神经网络的综合评价选择合作伙伴的总体流程结构模型

选定评价指标组合，评价指标得到评价值。在用神经网络进行综合评价之前，为解决度量标准的统一，通过隶属函数的作用将评价值转换为 [0，1] 之间的值，无纲量化，再输入神经网络，以使 ANN 可以处理定量和定性指标。评价值输入模块处理功能结构如图 3-7 所示。

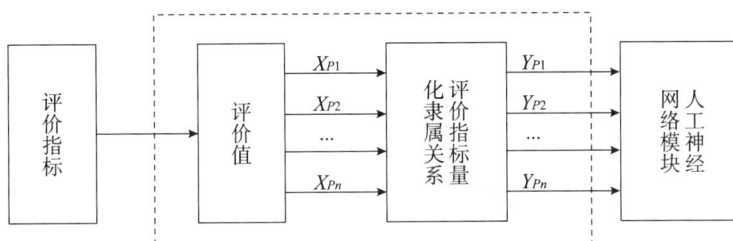

图 3-7 评价值输入模块处理功能结构

其中，X_{P_i} 表示第 i（$1 \leqslant i \leqslant n$）个指标的评价值（输入值），$Y_{P_i}$ 表示第 i 个指标经量化后的评价值（输出值），它是 B-P 人工神经网络（以下简称 B-P 网络）的输入值。

人工神经网络模块是综合评价系统的重要组成部分，由 B-P 网络组成，主要完成网络结构的定义、样本学习和利用 B-P 算法计算合作伙伴综合评价的功能。用于选择合作伙伴的 B-P 网络可以采用具有输入层、隐式层和输出层的网络结构。每一层有几个节点，每一层相邻的层只在一个方向上连接。

B-P 网络结构参数的选择是一项非常重要的工作，增加输入层和隐含层的数量将增强网络的表达能力，但也会影响网络的收敛速度。在网络开始运行前，可以定义 B-P 网络结构参数，并将相应的参数保存在网络结构文件中。通过计算获得网络的权重和阈值后，可以将初始化企业的估计值作为网络输入计算，以获得评估结果。

8. 数据包络分析法

著名运筹学家 Charnes 等在 1978 年正式提出了数据包络分析（Data Envelopment Analysis，DEA）法。数据包络分析法是一种系统的分析方法，它基于相对效率的概念，利用多类别投资者和多类别产品的数据，评估同一类型单位（部门或企业）的相对效率或效益。用数学、编程 DEA 可以评价具有多输入输出特征的同行业企业生产率，也可以应用于类似的部门或具备相对同质的单位，如政府部门、学校、医院、商店、银行分行等。该方法的非参数特性避免了主观因素，在简化算法和减少误差方面具有很大的优势。

设参与竞争的候选企业作为决策单元，共有 n 个候选企业，每个企业都有 m 种类型的输入（X）和 s 种类型的输出（Y），定义 h_j 为候选企业 j 的效率评价指数，适当的选取权系数 u_r 和 v_i，使其满足 $h_j \leq 1(j=1,2,\cdots,n)$，则有：

$$h_j = \sum_{r=1}^{s} u_r Y_{rj} \div \sum_{i=1}^{m} v_i X_{ij}(j=1, 2, \cdots, n)$$

现在对第 j 个候选企业进行效率评价，以权系数 u_r 和 v_i 为变量，以第 j 个企业效率指数为目标，以所有候选企业（包括第 j 个候选企业）的效率指数为约束，构成以下的分式规划模型：

$$H_j = \max\left(\sum_{r=1}^{s} u_r Y_{rj} \div \sum_{i=1}^{m} v_i X_{ij} \right)$$

$$\text{s.t.} \left(\sum_{r=1}^{s} u_r Y_{rj} \div \sum_{i=1}^{m} v_i X_{ij} \right) \leq 1(j=1,2,\cdots,n), u \geq 0, v \geq 0$$

DEA 方法的优点是，如果某个候选公司被认为效率相对较低，那么它就清楚地表明该公司在所有指标上都处于劣势。缺点是，会在一些指标上有优势，在许多指标上有劣势的企业相对有效。在应用 DEA 方法选择和评估合作伙伴时，应确保该方法仅适用于提供类似合作伙伴或执行替代功能的合作伙伴。

三、供应链合作伙伴评价选择的步骤

供应链合作伙伴关系有一定风险，一个企业的运作会影响到整个供应链所有企业的运作。企业必须确定不同步骤的开始时间，每个步骤都是动态的，企业可以自己决定先后和开始时间，每个步骤对企业来说都是业务改进的过程。综合评价选择合作伙伴的步骤（见图 3-8）可以归纳为以下几个：

1. 步骤 1：分析市场竞争环境（需求、必要性）

市场需求是企业所有活动的驱动力。建立一个基于信任、合作、开放交流的供应链长期合作，首先必须分析市场竞争环境，没有明确目标产品市场，就不能有效地发展合作关系。明确市场需求，确定产品类型与特征，了解客户需求并对合作伙伴关系建立的必要性进行评估。如果已经建立了供应链伙伴关系，则必须根据需求的演变和重新选择伙伴的需要来确认供应链变化的必要性。其次分析现有合作伙伴的现状，分析和总结公司面临的问题。

2. 步骤 2：确立合作伙伴选择目标

企业必须确定合作伙伴的评估程序、信息流程、负责人，并设定现实的目标。评估和选择合作伙伴不是一个简单的评估和选择过程，合作伙伴选择过程也是企业自身与其他企业之间业务流程重组的过程，执行良好，具有许多附加优势。

3. 步骤 3：制定合作伙伴评价标准

合作伙伴综合评价指标体系是企业综合评价合作伙伴的基础和标准，这是一个复杂的

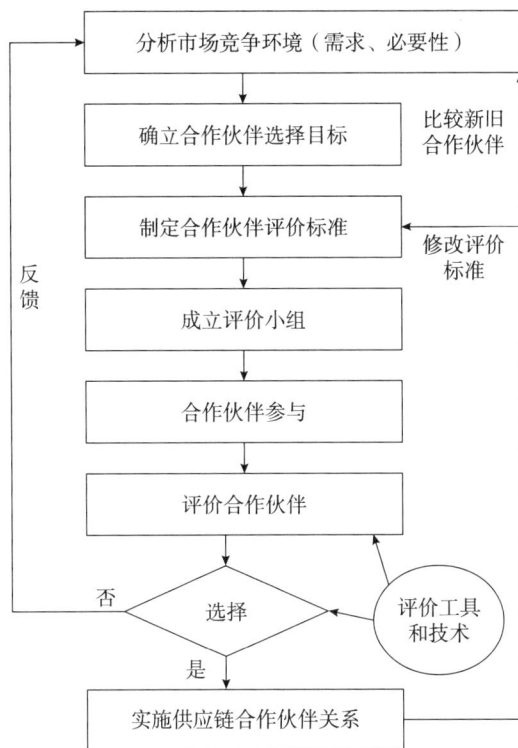

图 3-8　供应链合作伙伴评价选择步骤

系统，反映了企业本身的结构和环境。不同属性的指标是按从属关系和层次结构有序构建的集合。在综合供应链管理环境中，应根据系统的完整性、科学的简洁性、稳定的可比性和操作的灵活性等原则，为合作伙伴建立综合评价指标体系。部门、企业产品需求不同，不同环境下评价合作伙伴的标准不一样，但可能影响供应链合作关系的因素一般都涉及绩效、设备管理、人力资源开发、质量控制、成本控制、技术发展、用户的满意程度、供应协议等。

4. 步骤 4：成立评价小组

公司必须成立一支团队来组织和实施合作伙伴的评估。团队成员主要来自采购、质量、生产和工程部门，与供应链合作伙伴关系密切，加上外部评估专家。团队成员必须具备团队合作的能力和一定的专业技能。评估团队必须得到制造公司和合作公司最高领导层的支持。

5. 步骤 5：合作伙伴参与

企业一旦决定实施伙伴关系评估，评估团队应联系最初选定的合作伙伴，以确认他们在供应链中与企业合作的意愿，以及他们实现更高绩效水平的意愿。企业应尽早让合作伙伴参与评估设计过程。由于企业力量和资源有限，而且公司只能与少数关键合作伙伴密切合作，所以不应该有太多的合作伙伴。

6. 步骤 6：评价合作伙伴

评价伙伴的主要任务之一是进行调查，收集关于伙伴生产业务的全面资料。在收集合作伙伴信息的基础上，可以使用某些技术工具和方法评估合作伙伴。在评价过程的最后有一个决策点，根据某种技术方法选择伙伴。如果选择成功，可以开始建立供应链伙伴关系，如果没有合适的合作伙伴，回到步骤 2 重新开始评估。

7. 步骤 7：实施供应链合作伙伴关系

在供应链伙伴关系的实施过程中，市场需求会不断变化，合作伙伴的评估标准可能会根据实际情况及时修改，或者重新开始合作伙伴的选择。在重新选择合作伙伴时，要给合作伙伴留有足够的时间来适应变化。

本章小结

在 21 世纪，市场竞争日益激烈，产品更新迭代愈加频繁，客户对服务的要求越来越高。企业要在这样的竞争环境中占有一席之地，必须建立供应链战略合作伙伴关系，取长补短、善于运用外部资源，保持具有独特优势的核心竞争力。供应链合作伙伴的评价选择是一项复杂的系统工程，要有委托—代理理论、博弈论等相关理论的支撑，在建立综合评价指标时要遵循一定的原则和方法。评价选择合作伙伴要注意核心竞争力和企业文化等相关问题，根据本企业的实际情况，选择合适的方法组合进行分析评价，选择适合企业自身的合作伙伴。

📖 案例分析

风神汽车供应链

风神汽车有限公司是东风汽车公司、台湾裕隆汽车制造股份有限公司（裕隆集团为台湾省内第一大汽车制造厂，其市场占有率高达 51%，年销量 20 万辆）、广州京安云豹汽车有限公司等共同合资组建的，由东风汽车公司控股的三资企业。在日益激烈的竞争环境下，风神公司采用供应链管理思想和模式取得了好成绩。

通过与供应商、花都工厂、襄樊工厂等企业建立战略合作伙伴关系，风神汽车有限公司建立了自己的竞争优势。协同运作管理模式优化，合作伙伴间的信息共享实现，物流通畅，客户反应速度提高，在竞争中创造了时间和空间优势；通过设立中间仓库，实现准时化采购，各个环节库存量减少，减少了许多库存成本消耗；通过优化全球范围内合作，各个节点企业集中资源于核心业务，充分发挥自身核心能力，最大限度地减少了供应时间和空间距离，大幅度缩短订货的提前期，快速有效反映客户需求；通过战略合作充分发挥链上企业的核心竞争力，实现优势互补和资源共享，建立竞争优势。

一、风神供应链结构

核心企业风神汽车公司，总部在深圳，生产基地设在湖北的襄樊、广东的花都和惠州。供应链组织结构模式是"两地生产、委托加工"，形成既灵活又科学的公司组织结构。风神供应链一体化，有效连接所有企业，并和从原材料到向顾客按时交货的信息流相协调。同时，合作伙伴型的业务关系建立在所有供应链成员间，能协调进行供应链活动。

在风神供应链中，风神汽车公司通过自己的核心地位，协调整个供应链的运行信息流和物流，各节点企业（供应商、中间仓库、工厂、专营店）在需求信息的拉动下，通过供应链的有效职能分工与合作实现整个风神供应链不断增值。

二、风神供应链的结构特征

风神供应链中的供应商、产品（整车）制造商和分销商（专营店）被有机组织起来，形成了供应—生产—销售的供应链。供应商、制造商和分销商在战略、任务、资源和能力方面相互依赖，构成了十分复杂的供应—生产—销售网链。风神的供应商包括了多家国内和国外供应商和多家国外供应商，并且在全国各地设有多家专营店。风神供应链有以下特征：

1. 有层次性的供应链结构

从组织边界的角度来看，虽然每个业务实体都是供应链的成员，但是它们可以通过不同的组织边界体现出来。这些实体在法律上是平等的，在业务关系上是有层次的，这与产品结构的层次是一致的。

2. 表现为双向性的供应链结构

在风神供应链的企业中，使用某一共同资源的实体相互竞争合作，花都工厂为襄樊工厂提供冲压件，在备件、零部件短缺时，二者协调分拨保证生产的连续性，最终保证供应链系统的整体最优。

3. 多级性的供应链结构

供产销关系日益复杂，风神供应链的成员越来越多。如果把供应链网中相邻两个业务实体的关系看作一对"供应—购买"关系，风神供应链中这种关系应该是多级的，而且同一级涉及多个供应商和购买商。供应链的多级结构增加了供应链管理的困难，同时也提供了基础来优化组合，节省寻找合作伙伴的时间，在现有的合作伙伴之间根据实际情况组合。

4. 动态的供应链结构

物流和信息流联结供应链的成员，但关系是动态的。风神供应链中的节点企业需要根据风神公司战略转变和适应市场变化的需要动态地进行更新。而且，由于顾客需求的变化，供应链成员之间的关系也经常做出适应性的调整。

以上这些特征为基础，风神公司找到了管理的重点。例如，风神公司按层次区分供应链系统，确定供应链的主干和分支，建立起了最具竞争力的一体化供应链。另外，基于供应链的多级性特征，对供应链进行等级排列，进一步细分供应商或分销商，制定出具体的供应或者营销组合策略。基于动态性特点，建立风神公司适时供应链修正战略，能不断适应外部环境的变化。世界知名的耐克公司，全球化成功的关键在于其绝妙的多层次结构分析。供应链企业有效地采用了多级细分战略，风神也是如此，体现了掌握供应链以及适当管理策略的重要性。

案例来源：https：//zhidao.baidu.com.

【案例思考题】

1. 风神汽车供应链是如何取得竞争优势的？

2. 结合案例，谈谈你对供应链合作伙伴关系的启发？

习　题

一、名词解释

1. 供应链合作伙伴关系　　　2. 核心竞争力　　　3. 外包

4. 委托—代理关系　　　5. 逆向选择

二、简答题

1. 简述供应链合作关系的发展阶段。

2. 供应链合作关系建立的制约因素。

3. 建立供应链合作伙伴关系的驱动力有哪些？

4. 选择合适的供应链合作伙伴主要因素有哪些？

5. 如何选择合适的供应链合作伙伴？

第四章 供应链网络设计

学习目标

1. 了解供应链网络结构成员和特性
2. 熟悉供应链网络的几种结构模型
3. 掌握供应链网络设计的原则和步骤
4. 识别影响供应链网络设计决策的因素
5. 掌握与具体产品和企业环境相匹配的供应链设计策略

章前引例

宝洁公司网络设计

1993 年，宝洁公司（P&G）开始重新设计它的整个供应链网络，通过对网络进行再设计，而使得供应链成本降低。宝洁公司成立了两个独立的工作小组，一个小组沿着产品线组建而成，负责分析制造形势；另一个小组负责分析配送中心（DC）的位置并设计为（Distribution Center，DC）配送中心分配客户的方案。

宝洁公司的工程师与辛辛那提大学（Cincinnati）的教授们一起开发了一个进行选址决策的支持系统。为了分析配送中心的位置及顾客配送归属划分，他们运用了一系列数学解决方案，并同地理信息系统（Geographic Informatign System，GIS）组合在一起，以实现数据和方案的可视化，检查数据库中不易觉察的问题。据宝洁公司内部估计，当时对北美供应链网络系统的重新设计每年为宝洁公司节省 2.5 亿美元。

供应链不仅是产业链，而且应当是一个价值增值链，供应链成员通过联盟、合作，共享价值链增值绩效。供应链管理的效率、效益在很大程度上取决于供应链基础设施、运行机制、管理系统以及与商流、物流、信息流和资金流交互作用过程等的网络规划设计质量。

案例来源：https：//wenku. baidu. com/view/ec822e1bfc4ffe473368abeb. html.

第一节 供应链网络结构模型

一、供应链网络基本组成

从原材料到最终消费者，所有的企业都处在供应链中。供应链管理的难度取决于产品的复杂程度、有效供应商的数目以及原材料的利用程度等几个因素。

供应链的节点不同，供应链与其节点的关联程度也不同。因此，管理时需要选择适宜特定供应链连接的协作层次。在整个供应链中，并不是所有连接的协调和整合程度都很高，最适宜的联系是那些最能适应具体环境变化的联系。因此，供应链重点部分的确定必须要仔细地对企业生产能力和企业的重要性进行权衡。

对供应链网络结构的组成有一个明确的了解是至关重要的，供应链网络结构由以下三个基本方面组成：

1. 供应链成员

在确定供应链网络结构时，识别谁是供应链成员是非常必要的。但对成员进行全盘考虑很可能会导致整个网络的复杂化，这可能会引起混乱。因此，有必要对哪些成员在企业和供应链的成功中起决定性作用进行分类，以便对他们进行合理的资源分配。

供应链成员由与核心企业相关的组织组成。这些组织从消费的开始到结束都直接或间接地与他们的供应商或客户联系在一起。然而，为了让非常复杂的网络更加容易管理，有必要把基本成员和支持成员分开。基本成员和支持成员的定义是以成员的讨论内容以及Davenport 博士关于业务流程的定义为基础的。供应链的基本成员是指能够在为客户或市场提供专项产出的业务过程中开展增值活动的所有自主企业或者战略企业单位。相反，支持成员是指那些仅仅提供资源、知识和设施的供应链成员。

尽管供应链成员与参与供应链成员之间的区别并不明显，但这些微小的差异却可以简化管理并确定供应链的核心成员。在某种程度上，供应链成员的这种分类方法与迈克尔·波特（Michael Porter）价值链框架中基本活动和支持活动的区分类似。

供应链基本成员和支持成员的定义使供应链中起始点和消费点的定义成为可能。供应链的起始点和消费点出现在没有基本成员的位置，所有作为起始点的供应商仅是支持成员，消费点不会进一步产生附加值，并且还要消耗产品和服务。

2. 网络结构变量

在描述、分析和管理供应链时，存在三种最重要的网络结构，即水平结构、垂直结构和供应链中核心企业的水平位置，从而形成供应链网络的结构维度，如图 4-1 所示。第一个维度，水平结构是指供应链中的层级数量。供应链可能很长，有多层，也可能很短，只有几层。第二个维度，垂直结构是指每一层中供应商或者客户的数量。一个企业可能有相对狭窄的垂直结构，每层都有许多供应商或客户。第三个维度是指核心企业在供应链中的水平位置。核心企业最终位于供应源附近、终端客户附近或者供应链终端节点之间的某个位置。

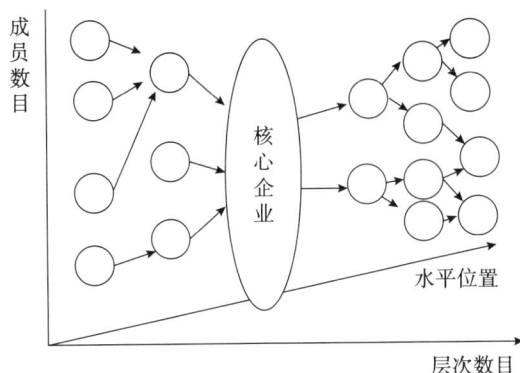

图4-1　供应链网络结构维数

核心企业除了要创造特殊价值，在很长一段时间内比竞争对手更好地控制关键业务任务外，还要协调整个供应链中供应商、制造商、分销商和最终客户之间的关系，控制整个价值链的运行。为了管理好整个供应链，核心企业必须成为整个供应链上的信息集成中心、管理控制中心和物流中心。核心企业要将供应链作为一个不可分割的整体，打破存在于采购、生产和销售之间的障碍，做到供应链的统一和协调。所以，供应链的组织结构应当围绕核心企业来构建。

一般来说，成为核心的企业要么向其他企业提供产品/服务，要么接受其产品/服务，或者在供应商和客户之间发挥连接作用。以核心企业为中心建立的结构包括以下内容：

第一，核心企业作为客户企业的组织结构。作为客户企业的核心企业，它拥有自己强大的销售网络和产品设计优势。销售和客户服务功能由核心企业自身的销售网络完成。因此，供应链组织结构的构建主要集中在供应商这一部分。供应链管理的中心转到供应商选择，以及信息网络设计、生产计划、生产运营计划、跟踪控制、库存管理、供应商和采购管理等。

第二，核心企业作为产品/服务供应商的结构。作为这样的核心企业，它拥有着供应和生产的特权，或者在制造和供应方面拥有独一无二的优势，如能源和原材料生产企业。然而，它在分销和客户服务方面没有竞争优势。因此，在该模型中，供应链管理主要集中在分销商和客户的选择、信息网络的设计、需求预测的规划和管理、分销渠道的管理、客户管理和服务等方面。

第三，核心企业既是产品和服务的供应商，也是客户。这种核心企业主要具有产品设计和管理的优势，但在原材料供应、产品销售和各种市场的客户服务方面缺乏足够的实力。因此，它必须通过寻找合适的供应商、制造商、分销商和客户来构建完整的供应链。供应链管理主要是协调采购、生产和销售之间的关系，如信息网络的设计、计划控制和支持管理、物流管理、信息流管理等功能。

第四，核心企业作为连接组织。这类核心企业往往具有良好的声誉和较大的规模，并拥有大量的行业信息资源。它主要是在众多中小型分销企业和大型供应商之间建立战略合作伙伴关系。供应链管理主要关注中小分销企业与大供应商之间的协调、信息交换，中小分销企业的控制等。

核心企业在供应链体系中的作用可以应用如下例子来说明：

日本的 MISUMI 公司是被世界认可的知名品牌，具有良好的信誉，其适时地根据企业外部环境的变化，从一家销售代理商转变为消费者购买代理商。MISUMI 替将近 3 万家企业从 280 余家商品生产企业购买商品和服务，形成了以 MISUMI 公司为核心的供应链。MISUMI 作为一家流通企业，对客户的需求十分清楚、敏感。公司所做的就是按客户的需求来要求生产企业保证优良品质、快速交货以及价格合理。MISUMI 的优势就在于它能从为消费者方便、及时地购买到价廉物美的所需商品出发，根据消费者客观需求来委托关系企业，客观上帮助了生产企业，附带的好处是大大减少链内企业销售费用。MISUMI 就是利用其品牌信誉成为供需双方信赖的伙伴。该公司巧妙地打破常规，在为众多客户带来相对丰厚利益的同时带动了其他生产企业的发展，也为自身带来了巨大的利益。

COMPUSA 是美国最大的个人电脑零售商，面对竞争激烈、技术和市场变化都十分迅速的个人电脑市场，其成功之处在于敏锐洞察市场技术的变化趋势，根据消费者的需求，与生产厂商密切合作，为消费者提供他们所需要的个人电脑。随着企业业绩和知名度的迅速提高，还通过原厂产品委托生产（Original Equipment Manufactures，OEM）方式推出了自有品牌的个人电脑，巧借他人之力，提高了自身的竞争力，而那些 OEM 厂商也因此获得了源源不断的订单。

此外，消费者熟知的耐克和阿迪达斯等公司也可以被当作是典型的核心企业。这些企业自身没有生产线，所有产品都来自分布在世界各地的相关企业，特别是来自中国等发展中国家。在这些国家生产产品不仅能降低生产成本，还能使公司专注于产品设计、品牌推广和市场开发，并通过不断改善和强化自身形象来促进供应链的生存和发展。通过这种方式，耐克、阿迪达斯等公司不仅自己获得了巨大的收益，还为缺乏产品设计和市场开发能力的企业提供了用武之地。

3. 供应链间工序连接的方式

在许多研究中，可发现不同的结构变量可以组合在一起。在这种情况下，供应商是一个又窄又长的网络结构，而客户是一个又宽又短的网络结构，但它们是联系在一起的。增加或减少供应商/客户数量都会对供应链结构产生一定的影响。例如，当一些公司从多源头供应商转变为单源头供应商时，供应链可能会变得越来越窄。因此，它们可能会增加供应链的长度和宽度，也会影响核心企业在供应链网络中的水平位置。

由于每个企业都把自己视为核心企业，对其供应链中的成员和网络结构都有不同看法，从表面上看，供应链与每个企业的目标不一致。然而，由于每个企业都属于供应链，掌握每个企业的地位关系和前景对每个企业的管理尤为重要。只有当每个企业都知道供应链的前景时，它才有机会成功地实现跨企业边界的业务流程重组和优化管理。

二、供应链网络结构特性

1. 层次性

从组织边界的角度来看，尽管供应链中的所有实体都是供应链的成员，但可以经由不同的组织边界来反映它们。供应链中的每个业务流程都是跨组织边界的，反映了多层业务实体之间相互依赖和合作的特点。

2. 双向性

从水平的角度来看，使用共同资源（比如原材料、零件、半成品或成品）的实体相互竞争和合作。从垂直的角度来看，供应链结构反映了从原材料供应商到制造商、分销商和客户的物流、信息流和资金流的整个过程。

3. 多级性

随着供应、生产和销售关系的复杂化，供应链成员的数量越来越多。若供应链中两个相邻业务实体之间的关系视为一种供求关系，那么这种关系是多级的，并且会涉及许多供应商和购买者。供应链的多层次结构一方面使供应链管理的难度提升，另一方面又有利于供应链的优化组合。

4. 动态性

供应链成员经由物流、信息流和资金流联系在一起。成员业务的任何微小调整将导致供应链整体结构发生变化。同时，由于客户需求的变化，也将适应性地调整供应链成员之间的关系以及供应链与供应链之间的关系。

5. 跨地区性

供应链中的业务实体已经突破了空间的限制，其在业务范围有了更加密切的合作，加速了物流和信息流流动，创造了更多供应链的整体利益。最终，来自世界各地的供应商、制造商和分销商将被连接起来，形成全球供应链（Global Supply Chain，GSC）。

6. 网络性

网络性实际上是由于供应链的相互交叉而产生的结果。同一企业往往在不同的供应链中扮演着不同的角色，以摩托罗拉公司为例，它既是移动电话、民用卫星和高精尖军用设备等多条供应链上重要的供应商和采购商，同时也是为它服务的人力资源企业、销售服务企业等供应链上的重要客户。这种复杂的企业间联系带来了供应链在管理上的难度，但由于企业在多条供应链上同时拥有自己的位置，也给它提供了进行动态调整的便利，因为网络中的"连接线路"是随着节点个数的增加而呈指数形式递增的。

7. 开放性

供应链结构的开放性主要表现在两个方面：

（1）理念上的开放。首先，参与供应链的企业要敢于向自己的合作伙伴开放企业内部的运作流程和信息，敢于向它们授权，这是供应链企业间紧密合作的客观要求。其次，在知识经济时代，技术变迁的不确定性耗费巨额的开发成本，这使得任何一个企业都不能独立地解决所有的问题，即使是竞争对手之间，也因各有所长，可能为了共同的利益而进行合作。从现实生活来看，由竞争走向"竞合"已成为不可抗拒的历史潮流。例如，日立公司和 IBM 公司在计算机主机市场上一直是两大竞争对手，但后来却成了合作伙伴。日立公司买进 IBM 公司的主机 CMOS 处理芯片，并制造 IBM 结构的主机（经 IBM 许可），然后打上日立的牌子销售。

（2）技术上的开放。这一点主要体现在供应链企业之间的网络互联上，最典型的是思科公司。思科公司的外部供应商可通过思科的内部网，对客户订单的完成情况进行直接监控，并在同一天的晚些时候将组装完毕的硬件送至客户的手中。

三、供应链网络类型

供应链网络结构尽管是分层、双向、多层、动态和跨区域的，且均包括生产设计部门、计划与控制部门、采购与营销部门等多个业务实体。然而，供应链网络的目标运作过程和成员的类型存在很大差异。为了便于管理供应链网络，使用七个指标把供应链网络划分成三种类型，包括制造模式、主要目标、产品区分、产品种类、装配过程、产品生命周期和主要库存类型，如表 4-1 所示。

表 4-1　三种供应链网络的特点

特性指标	供应链网络		
	集中型	分散型	适应型
制造模式	集中装配	分散装配	分散区分
主要目标	小批量生产	订货生产	适应外部环境
产品区分	较早	较晚	较晚
产品种类	较少	多	多
装配过程	集中在制造阶段	分散到分销阶段	集中在制造阶段
产品生命周期	数年	数月—数年	数周—数月
主要库存类型	产成品	半成品	原材料

1. 集中型供应链网络

在集中型供应链网络中，公司完成将零件组装成最终产品的制造过程，在各个业务实体中建立的零件库存产生了库存成本。为了减少双方的库存，供应商与制造商需要采用准时制技术进行密切合作。因为产品的制造过程使用资本密集型设备和许多不同类型的零部件，故最终产品实际上是在装配阶段制造完成的。这种过早的产品区分使供应商在采用库存生产策略的情况下很难满足客户的特殊需求。因此，当市场需求不确定时，成品库存成为主要库存。为此，集中型供应链网络设定了小批量生产目标，这要求供应商和制造商密切合作以控制最终产品的库存水平。它的突出特点为制造过程和组装过程集中在一个地方，许多独立的零件在一个操作现场装配为少量的最终产品。汽车工业、航空工业和机械制造业的供应链网就属于此类，其产品的生命周期为数年。图 4-2 是一家农机公司的供应链网络。

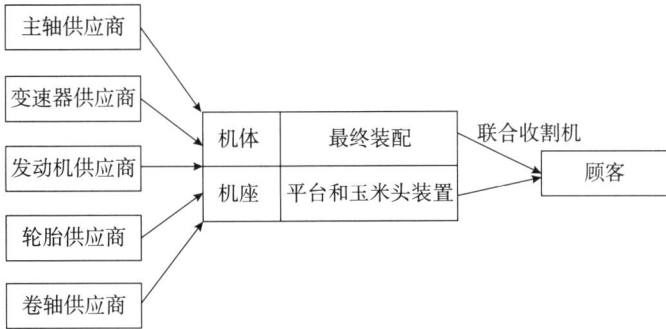

图 4-2　一家农机公司的供应链网络

2. 分散型供应链网络

在分散型供应链网络中，公司有最终产品的装配线以及分销机构。装配分为两个步骤：一是完成在工厂的通用产品复杂装配过程。二是完成在分销地点订购的产品简单装配过程。当大量订购产品时，这种延迟的产品差异化策略是合理的。完成复杂的装配过程后，制造商使用分散的装配方法，以不同的方式组装通用零件，以形成不同类型的最终产品。而库存对象主要是在步骤一中组装和生产的组件。因半成品和组件必须运输到不同的地点，以组装成客户所需的最终产品，故半成品的库存处于分散型供应链网络的每一部分。为了满足订购者的要求，公司经常使用订货生产方式。然而，这种生产方法会延长从订购到交付的时间，并可能降低客户满意度。因此，管理分散型供应链网络，最主要是应设计一种方法来减少时间。装备工业、电子工业和计算机行业中的供应链网络属于此类，其产品生命周期从数月到数年不等。图 4-3 是一家私人电脑公司的供应链网络。

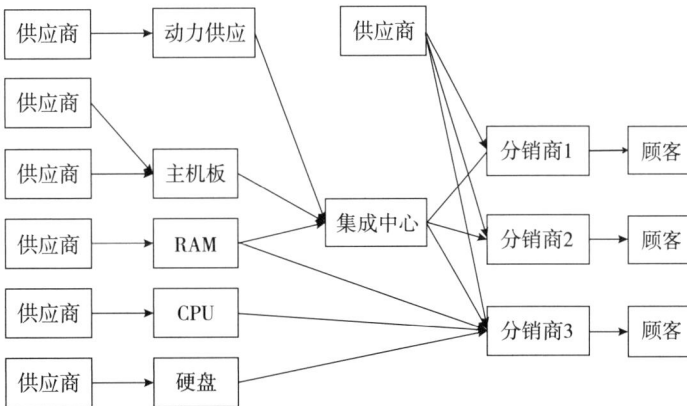

图 4-3　一家私人电脑公司的供应链网络

3. 适应型供应链网络

在适应型供应链网络中，公司有最终产品的装配线以及分销机构，但市场环境在不断变化。因此，适应型供应链网络必须在产品生命周期的投入阶段便收集和分析市场信息以达到迅速响应市场变化的目的。为此，公司会使用预测生产策略去尽可能准确地估算产品需求的变化趋势，再依据具体的预测结果进行生产。

因产品的主要制造过程采用分散式区分方法，故其在制造阶段会有所不同。产品的多样性和市场的多变性缩短了产品的生命周期，使在没有长期历史数据进行分析的情况下建立出科学、准确的预测模型变得更加困难。因此，管理适应型供应链网络，最主要是思考如何利用市场机会并满足不断变化的市场需求。服装业和制鞋业的供应链网络属于此类，其产品生命周期从数周到数月。图 4-4 是一家服装公司的供应链网络。

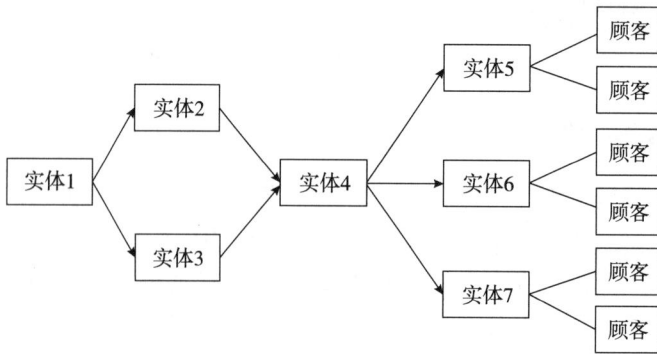

图 4-4　一家服装公司的供应链网络

第二节　供应链网络设计

一、供应链网络设计原则

在供应链的设计过程中，应遵循一些基本的原则，以保证供应链的设计和重建能满足供应链管理思想得以实施和贯彻的要求。

1. 自顶向下和自底向上相结合的设计原则

在系统建模设计方法中，有两种设计方法，即自顶向下和自底向上的方法。自顶向下的方法是从全局走向局部的方法，自底向上的方法是从局部走向全局的方法；自上而下是系统分解的过程，而自下而上则是一种集成的过程。在设计一个供应链系统时，往往是先由主管高层做出战略规划与决策，规划与决策的依据来自市场需求和企业发展规划，然后由下层部门实施决策，因此，供应链的设计是自顶向下和自底向上的综合。

2. 简洁性原则

简洁性是供应链的一个重要原则，为了能使供应链具有灵活、快速响应市场的能力，供应链的每个节点都应是精简的、具有活力的、能实现业务流程的快速组合。例如，供应商的选择就应以少而精的原则，通过和少数供应商建立战略伙伴关系，以减少采购成本，推动实施准时化采购法（JIT）和准时生产。生产系统的设计更是应以精细思想（Lean Thinking）为指导，努力实现从精细的制造模式到精细的供应链这一目标。

3. 集优性原则（互补性原则）

供应链各个节点的选择应遵循强强联合的原则，达到实现资源外用的目的。每个企业只集中精力致力于各自核心的业务过程，就像一个独立的制造单元，这些所谓单元化企业具有自我组织、自我优化、面向目标、动态运行和充满活力的特点，能够实现供应链业务的快速重组。

4. 协调性原则

供应链业绩好坏取决于供应链合作伙伴关系是否融洽，因此建立战略合作伙伴关系的企业关系模型是实现供应链最佳效能的保证。供应链合作伙伴关系的融洽程度，主要体现在是否形成了充分发挥系统成员和子系统的能动性、创造性及系统与环境的总体协调性。

5. 动态性原则（不确定性原则）

不确定性在供应链中随处可见，许多学者在研究供应链运作效率时都提到不确定性问题。由于不确定性的存在，导致需求信息的扭曲。因此，要预见各种不确定因素对供应链运作的影响，减少信息传递过程中的信息延迟和失真。降低安全库存总是和服务水平的提高相矛盾。增加透明性、减少不必要的中间环节、提高预测的精度和时效性对降低不确定性的影响都是极为重要的。

6. 创新性原则

创新设计是系统设计的重要原则，没有创新性思维，就不可能有创新的管理模式。因此在供应链的设计过程中，创新性是很重要的一个原则。要产生一个创新的系统，就要敢于打破各种陈旧的思维框架，用新的角度、新的视野审视原有的管理模式和体系，进行大胆的创新设计。进行创新设计要注意几点：一是创新必须在企业总体目标和战略的指导下进行，并与战略目标保持一致；二是要从市场需求的角度出发，综合运用企业的能力和优势；三是发挥企业各类人员的创造性，集思广益，并与其他企业共同协作，发挥供应链整体优势；四是建立科学的供应链和项目评价体系及组织管理系统，进行技术经济分析和可行性论证。

7. 战略性原则

供应链的建模应有战略性观点，通过战略的观点考虑减少不确定影响。从供应链战略管理的角度考虑，供应链建模的战略性原则还体现在供应链发展的长远规划和预见性，供应链的系统结构发展应和企业的战略规划保持一致，并在企业战略指导下进行。

二、供应链设计的步骤

1. 市场竞争环境分析

对企业所处的市场竞争环境的分析，就是分析企业特定产品和服务的市场竞争环境，了解市场需要什么样的产品和服务，知道哪些产品的供应链需要开发，现在市场需求的产品是什么，有什么特别的属性，对已有产品和需求产品的服务要求是什么。企业可以通过对市场各类主体，如用户、零售商、生产商和竞争对手的状况进行专项调查，了解到产品和服务的细分市场情况、竞争对手的实力和市场份额、供应原料的市场行情和供应商的各类状况、零售商的市场拓展能力和服务水准、行业发展的前景，以及如宏观政策、市场大环境可能产生的作用和影响等。

这一步的工作成果是产品的重要性排列、供应商的优先级排列、生产商的竞争实力排列、用户市场的发展趋势分析和市场不确定性分析评价的基础。

2. 核心企业现状分析

对核心企业进行现状分析的目的是分析和总结核心企业供需管理的现状。若核心企业建立了自身的供应链管理体系，那么应该分析已有供应链管理的现状，及时发现供应链运行过程中存在的问题或可能出现的不适应时代发展的端倪，同时挖掘现有供应链的优势。分析的目的应着眼于供应链设计的方向或者定位，而非评价哪些供应链设计策略更重要和更合适。

3. 供应链设计必要性分析

供应链设计的必要性分析目的是针对存在的问题分析重组供应链、进行供应链设计的必要性。

4. 供应链设计目标的确定

在对供应链设计目标进行确定时，有些目标之间在很大程度上存在冲突，不可能同时实现。有些目标是主要目标，有些目标是次要目标，这些目标的实现级次和重要程度随不同企业的具体情况而有所区别，在进行具体设计之前，要分清主次，注意这些目标之间的均衡。

5. 供应链组成分析

供应链的组成分析，主要是对供应链上的各类主体，如供应商、制造商、分销商、零售商、用户的选择及定位、确定选择与评价的标准。同时，对供应链上的各类资源要素，如原材料、产品、市场、合作伙伴与竞争对手的作用、使用情况、发展趋势等进行分析。在这个过程中要把握可能对供应链设计产生影响的主要因素，同时对每一类因素可能产生的风险进行分析研究，提出风险规避的各种方案，并对每类因素按照所产生作用的大小进行排序。

6. 供应链设计框架的提出

通过分析供应链的组成及确定供应链上主要业务流程和管理流程，就可描绘出供应链中物流、信息流、资金流、作业流和价值流的基本流向，提出组成供应链的基本框架。在这个框架中，供应链中各组成成员如生产制造商、供应商、分销商、零售商及用户的选择和定位是在这个步骤必须解决的问题，另外，组成成员的选择标准和评价指标应该基本上得到完善。

7. 供应链设计方案可行性评价

建立供应链设计框架之后，需要对供应链设计的技术可行性、功能可行性、运营可行性、管理可行性进行分析和评价。这是进一步开发供应链结构、实现供应链管理关键的、首要的一步。供应链设计的各种可行性分析与核心企业的实际情况以及对产品和服务发展战略的要求相结合，为开发供应链中技术、方法、工具的选择提供支持。同时，此步骤还属于决策过程，若分析表明该解决方案可行，则可以继续进行下一步工作；若该解决方案不可行，则需重新设计。

8. 新供应链的设计

供应链的设计方案确定以后，这一步可以设计与以往有所不同的新供应链。因此，这里需要解决以下关键问题：供应链的详细组成成员，如供应商、设备、作业流程、分销中心的选择与定位、生产运输计划与控制等；原材料的供应情况，如供应商、运输流量、价格、质量、提前期等；生产设计的能力，如需求预测、生产运输配送、生产作业计划和跟踪控制、库存管理等；销售和分销能力设计，如销售/分销网络、运输、价格、销售规则、销售/分销管理、服务等；信息化管理系统软、硬平台的设计；物流通道和管理系统的设计等。在供应链设计中，需要广泛地应用许多工具和技术，如归纳法、流程图、仿真模拟、管理信息系统等。

9. 新供应链的检验

供应链设计完成以后，需要对新设计好的供应链进行检测。通过模拟一定的供应链运行环境，借助一些方法、技术对供应链进行测试、检验或试运行。如果模拟测试结果不理想，就返回第 4 步重新进行设计；如果没有什么问题，就可以实施了。

10. 新旧供应链的比较

如果核心企业存在旧的供应链，通过比较新旧供应链的优势和劣势，结合它们运行的现实环境要求，可能需要暂时保留旧供应链上某些不科学或不完善的作业流程和管理流程，待整个市场环境逐步完善时再用新供应链上的规范流程来取代。同样地，尽管新的供应链流程采用科学规范的管理，但在有些情况下，它们取代过时的、陈旧的流程仍需一定的过程。所以，比较核心企业的新旧供应链，有利于新供应链的有效运行。

11. 新供应链的运行

在运行新供应链时，应该注意到供应链的出现将不可避免地导致供应链管理问题，不同特征的供应链，其管理特征、内涵、方法及模式也有所不同。

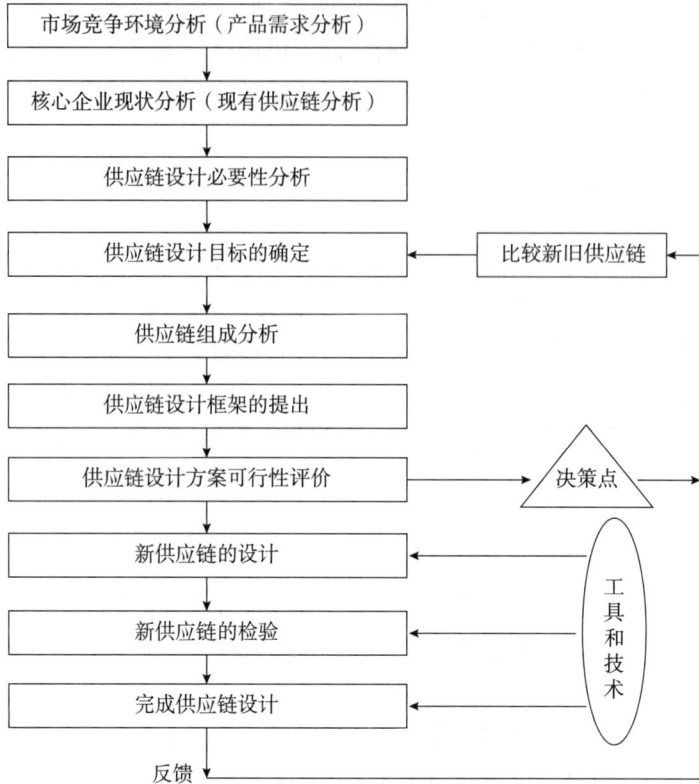

图 4-5 供应链设计的步骤

三、供应链网络设计决策的影响因素

1. 战略因素

企业的竞争战略对供应链中的网络设计决策有重大影响。关注成本领先的企业倾向于寻求其制造设施成本最低的布局，即使这样会导致制造设施离所服务的市场很远。例如，在 20 世纪 80 年代早期，很多服装生产商将它们在美国的所有制造都转移到劳动力成本低的国家中，以寻求降低成本。

关注响应性的企业倾向于将设立在更靠近市场的地方，甚至选择一个高成本的地点，因为这种选择可以使该企业能快速地响应变化的市场需求。ZARA 是一家西班牙的服装制造商，其产能的大部分设在葡萄牙和西班牙，尽管那里的成本相对较高。当地的产能使得该企业能快速地对欧洲变化的流行趋势做出响应。ZARA 公司对变化的流行趋势的响应性使其成为世界上成长最快的服装零售商之一。

便利连锁店将为顾客提供购物便利作为其竞争战略的一部分。所以，便利店网络会包括很多商店以覆盖一个地区，每个商店相对较小。相反，折扣店（例如山姆会员店）采用的是一个关注于提供低价格商品的竞争战略。所以，它们的网络包括非常大的商店，而顾客则通常需要走很远的路程才能到达一个商店。一个山姆会员店覆盖的地理区域可能包括几十个便利商店。

全球供应链网络通过在不同国家发挥不同作用的设施，能够很好地支持它们的竞争战略。例如，耐克在很多的亚洲国家设有生产设施。其在中国大陆和印度尼西亚的设施关注于成本，主要生产大量市场需求的价格较低的鞋。相应地，在韩国和中国台湾的设施则关注于顾客响应性并生产较高价格的新款产品。这种差异化使得耐克能够以最有利润的方式满足广泛多样性的需求。

2. 技术因素

可获得的生产技术特性对网络设计决策有重要影响。如果生产技术呈现出相当的规模经济性，则少数的高产能设施是最有效的。如计算机芯片制造，在该领域工厂需要非常大的投资。所以，大多数半导体公司通常建立少数的高产能设施。

相反，如果设施的固定成本较低，那么会推荐企业建立很多当地的设施，因为这样有利于降低运输成本。例如，可口可乐的装瓶厂的固定成本不是很高。为了降低运输成本，可口可乐在世界各地建立了很多装瓶厂，各自服务于当地的市场。

生产技术的柔性将影响网络中所能取得的合并程度。如果生产技术非常刚性，而且产品的需求在不同国家之间有差异，那么一个企业则不得不建立当地的设施以服务于每个国家的市场。相反，如果技术具有柔性，则会更容易将制造合并在少数几个大型设施中。

3. 宏观经济因素

宏观经济因素包括税收、关税、汇率和其他不属于一个企业内部单独的经济因素。随着全球贸易的发展，宏观经济因素已对供应链网络的成败产生了重要的影响。所以，企业在做网络设计决策时有必要考虑这些因素。

（1）关税和税收减让。关税指的是产品或设备经过国界、州界或城市边界时必须支付的税收。关税对供应链设施选址的决策有非常大的影响。如果一个国家的关税很高，企业要么放弃该国的市场，要么就在该国建立制造工厂以规避关税。高关税将导致供应链网络中有更多的生产地点，每个地点所分配的产能较低。随着世界贸易组织以及地区性协议（例如北美 NAFTA、欧盟以及南美的 MER-COSUR 等）的发展，关税得以降低，企业现在能够用位于一个国家之外的工厂来服务这个国家的市场而不用支付高额的关税。因此，企业开始合并它们全球的生产和分销设施。对于全球化的企业，关税的降低已导致制造设施数目的减少以及每个设施所具有的产能增加。

税收减让是指国家、州或城市为了鼓励企业将设施选址在特定的区域而通常提供的关税或税收方面的减免。很多国家不同城市之间的税收减让不同，以鼓励到较低经济发展水平的区域投资。这种减让对很多工厂来说经常是最终选址决策的一个关键因素。通用汽车在田纳西州建立其土星（SATURN）汽车分部，主要就是因为该州提供的税收减让政策。类似地，宝马在南卡罗来纳州斯帕坦堡市建立其美国工厂，主要也是因为该州提供的税收减让政策。

发展中国家经常设立自由贸易区，在那里只要生产是用于出口，那么其税收和关税都是放宽的。这会在很大程度上激励全球化的企业将工厂设立在这些国家中，以便利用其廉价的劳动力。例如，20世纪90年代在中国广州附近建立的一个自由贸易区吸引了很多全球化企业在那里建立生产设施。

很多发展中国家对培训、食品、运输和其他提供给劳动力的设施出台额外的税收减让政策。关税也可能会根据产品的技术水平而不同。例如，中国对高新技术产品是完全免税的，目的在于鼓励企业去那里安置并带来最领先的技术。摩托罗拉将一个大的芯片制造厂选址在中国，从而能利用减免的关税和其他对高新技术产品的优惠政策。

很多国家同样也设置了对本地化含量的最低要求以及对进口的限定。这种政策致使企业建立了很多设施并从当地供应商处采购。例如，一直到2004年，美国都限定了从各个国家的服装进口。结果，企业会在很多国家发展供应商以避免达到从任何一个国家进口的限额。2005年配额的取消导致了在中国、印度和其他一批国家的服装制造厂的整合。

（2）汇率和需求风险汇率波动是通常的情况，这种波动对服务于全球市场的任何供应链利润有着重要影响。例如，2002~2004年，美元与日元兑换一直在102~132波动。一个在日本生产而将产品销售到美国的企业将遭受日元升值的风险。生产成本以日元计算，而收入则以美元计算。所以，日元价值上升将增加按美元计的生产成本，从而减少企业利润。20世纪80年代，当日元升值时，很多日本制造商遭遇到这种问题，因为它们大部分产能放在日本。日元升值降低了它们来自巨大海外市场的收入（以日元计）和利润。大部分的日本企业对此做出响应，即在全世界建立起生产设施。

汇率风险可以采用财务手段来应对，以限制或预防由于波动造成的损失，然而，适当设计的供应链网络则可以提供机会来利用汇率的波动并增加利润。一个有效的方式就是在网络中建造一些过剩产能并让这些产能具有柔性以使其可以用于供应不同的市场。这种柔性使企业可以通过改变供应链中生产流来应对汇率波动，从而使利润最大化。

企业同样必须考虑由于不同国家经济变化而导致的需求波动。例如，1996~1998年，亚洲经济发展减慢，那些没有生产柔性的企业浪费了它们亚洲工厂的产能，而那些制造设施具有较高柔性的企业，则能够利用它们在亚洲工厂的这些额外产能来满足其他有高市场需求国家的需要。

当设计供应链网络时，企业必须建造适当的柔性以帮助其应对不同国家间汇率和需求的波动。

4. 政治因素

所考虑国家的政治稳定性在选址决策中起到了关键作用。企业更喜欢将设施选址在政治稳定的国家，在那里商业活动和所有权的规则比较完善。具有独立和明确法制的国家使企业感到在需要时可以在法庭上得到帮助，这使企业更容易在这些国家进行设施的投资。如果某一项因素量化起来很困难，企业通常会在设计其供应链网络时对这个因素做一个主观的评估。

5. 基础设施因素

优良基础设施的可获得性，是在特定区域进行设施选址的一个重要先决条件，差的基础设施会增加在一个特定区域从事商业活动的成本。全球化的公司在靠近中国上海、天津或广州的地方选址，是因为这些地方有好的基础设施条件，即使这些地方的劳动力或土地成本不是最低的。在网络设计中需要考虑的关键基础设施要素包括：地点的可获得性、劳动力的可获得性、邻近运输站点、有铁路服务、邻近机场和港口、高速公路入口、交通密集和当地的公共设施等。

6. 竞争因素

在设计供应链网络时，企业必须考虑竞争对手的战略、规模和布局。企业要做的一个重要决策是其设施的选址是靠近竞争对手还是远离它们。竞争的模式以及如原材料或劳动力的可获得性等要素会影响这个决策。

（1）企业之间积极的外部关联。积极的外部关联是指多家企业邻近选址对所有企业都有利的情形。积极的外部关联导致竞争对手选址时彼此靠近。例如，加油站和零售店倾向于彼此靠近，因为这样做能增加总的需求量，对所有的各方都有利。存在竞争关系的零售店聚集在一个购物中心，会使顾客非常便利，因为他们只需要驾车到一个地方就能找到他们想找的所有东西。这会增加来购物中心的总的顾客数量，从而增加位于那里的所有商店的需求量。

另一个积极的外部关联的例子是，竞争对手的存在可以导致一个待发展地区适当的基础设施条件的发展。例如，在印度，铃木是第一个在那里建立制造设施的国外汽车制造商。该公司花了相当大的努力建立了一个当地的供应商网络。由于在印度有了这个构建完善的供应商基础，因此铃木的竞争对手在那里也建立了装配工厂，因为它们发现在印度生产小汽车比进口小汽车到这个国家更有效。

（2）分割市场的选址。当不存在积极的外部关联时，企业选址是为了能够获得最大可能的市场份额，霍特林（Hotelling）首次提出的简单模型解释了这种决策背后的机理。

当企业不控制价格而是通过与顾客的距离来进行竞争时，它们能够通过彼此靠近的选址和分割市场方式使市场份额最大化。考虑以下的情形：假设顾客均匀分布在一个区间为 $[0，1]$ 的线段上，两个企业基于它们与顾客之间的距离来进行竞争，如图4-6所示。顾客会去最靠近的那个企业，而与两个企业距离相等的顾客在两个企业之间均匀分割。

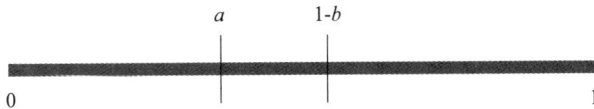

图4-6　选址在一条线上的两个企业

如果总的需求是1，企业1选址在点 a，企业2选址在点 $1-b$，那么两企业的需求 d_1 和 d_2 分别如下：

$$d_1 = a + \frac{1-b-a}{2} \quad 和 \quad d_2 = \frac{1+b-a}{2}$$

如果两个企业彼此靠近并选址在 $a=b=1/2$，那么它们双方的市场份额都最大化。

考察一下当两个企业都选址在线段中间，在这种情形下顾客必须走的平均距离为 1/4。如果一个企业选址在 1/4 位置，另一个企业选址在 3/4 位置，那么顾客必须走的平均距离为 1/8。然而这组选址不是一个均衡状态，因为它会给两个企业一个动机去进行尝试并通过将选址移到中间以增加市场份额。竞争的结果是两个企业将选址靠近在一起，即使这样做会增加与顾客的平均距离。

如果企业在价格上进行竞争并承担送货给顾客的运输成本，那么对两个企业来说，选址离得尽可能远可能是最优的选择，即企业 1 选址在 0，企业 2 选址在 1。选址互相远离可以使价格竞争最小化，并有利于企业分割市场，利润最大化。

7. 顾客响应时间和当地设施情况

定位于那些看重响应时间的企业，选址必须靠近顾客。例如，如果顾客不得不走很远的距离才能到便利店去，那么他们是不太可能到那里去的。所以，对便利店来说最好是在一个区域内建很多的商店以使大多数人就近就有一个便利店。相反，在超市大量购物的顾客愿意走较远的距离到达那里。所以，连锁超市倾向于建立比便利店更大的商店，但分布的密度低。大多数城镇拥有的超市比便利店要少。折扣店，例如山姆会员店定位的是那些对时间不怎么敏感的顾客。这些商店甚至比超市还大，在一个区域的数量更少。W. W. Grainger 公司在美国全境使用了约 350 个设施为很多顾客提供当日的 MRO 产品交付。它的竞争对手，McMaster-Carr 公司定位的是那些愿意等次日交付的顾客。McMaster-Carr 公司在美国全境只有 6 个设施，能够为许多顾客提供次日交付。

如果一个企业在交付其产品给顾客时采用的是一种快速的运输方式，那么它可以建立较少的设施并仍然能够提供较短的响应时间。然而，这种方案将增加运输成本。另外，在很多情形中，设施是否靠近顾客是非常重要的。例如，一家咖啡店可能吸引的是那些住在或工作在附近的顾客，快速的运送方式并不能替代它的作用，也不能吸引那些远离咖啡店的顾客。

8. 物流和设施成本

供应链中的物流和设施成本会随着设施的数量、布局以及产能分配的变化而变化。企业在设计其供应链网络时必须考虑库存、运输和设施成本。

库存和设施成本会随着供应链中设施的数量增加而增加。运输成本则会随着设施数量的增加而降低。如果设施数量增加到某一点导致内向规模经济效应丧失，则运输成本将会增加。例如，亚马逊公司因为设施较少所以其库存和设施成本比 Borders 公司（它有约 450个商店）要低。然而，Borders 公司的运输成本较低。

供应链网络设计也会受设施中所发生的转化的影响。如果加工处理的结果使原材料的重量或体积有很大程度的减小，那么将设施选址在靠近供应源的地方会比靠近顾客可能会更好。例如，铁矿石经处理后制造成钢，所产出的量只是所消耗矿石量的一小部分。将钢铁厂选址在靠近供应源的地方是首选的方案，因为这将减少大量矿石必须运送的距离。

总物流成本是库存、运输和设施成本之和。供应链网络中的设施应该至少等于使总物流成本最小化的设施数量。一个企业可能会增加设施的数量并超过该最小点以缩短对顾客的响应时间。如果通过缩短响应时间所带来的收入增加超过了额外设施所增加的成本，那么这种决策是合理的。

四、供应链的几个相关问题

1. 供应链构建的系统观

系统的概念来源于人类长期的社会实践。系统是由相互作用、相互影响、相互依赖的若干个部分，按一定规律组成的具有特定功能的统一体。根据系统工程理论中的"系统"的定义和特性，以及供应链管理的内涵和特性，可以发现：供应链管理是一种集成的管理思想和方法体系，它执行供应链中从供应商到最终客户的物流计划和控制等职能。供应链是一个复杂的系统，它是由一系列相互关联的企业出于某种考虑结成的网络。这些企业为了达到快速响应市场需求的目的，形成一个虚拟企业联盟体系。供应链中的企业或相关部门之间相互作用、相互影响、相互制约，其组成和结构具有一定的规律，其运行也有一定规律。在进行供应链的构建分析与设计时，必须认识到供应链具有系统的一般特征，从系统的角度进行设计和优化。

2. 供应链设计与企业流程再造

供应链的设计或重构不是要推翻现有的企业模型，而是要从管理思想革新的角度，以创新的观念武装企业（比如动态联盟与虚拟企业、精细生产），这种基于系统进化的企业再造思想是符合人类演进式的思维逻辑的，尽管"业务流程重组（BPR）教父"哈默和钱贝一再强调其彻底的、剧变式的企业重构思想，但实践证明，实施业务流程重组的企业最终还是走向改良道路，所谓无源之水、无本之木的企业再造是不存在的。因此在实施供应链的设计与重建时，并不在于是否"打碎那个瓷娃娃"①，需要的是新的观念、新的思维和新的手段，这是在实施供应链管理时需要明确的。

3. 考虑环境因素的供应链设计

一个设计精良的供应链在实际运行中并不一定能按照预想的那样，甚至无法达到设想的要求，这是主观设想与实际效果的差距，原因并不一定是设计或构想的不完美，而是环境因素在起作用，因此构建和设计一个供应链，一方面要考虑供应链的运行环境（地区、政治、文化、经济等因素），另一方面还应考虑未来环境的变化对实施供应链的影响。因此，要用发展的、变化的眼光来设计供应链，无论是信息系统的构建还是物流通道设计都应具有较高的柔性，以提高供应链对环境的适应能力。

4. 供应链设计与物流系统设计

物流系统是供应链的物流通道，是供应链管理的重要内容。物流系统设计是指原材

---

① M.C. 杰克逊，金卫华等. 透过"新潮"管理法看系统管理学［J］. 系统工程理论与实践，1998，18（3）：72-84.

料和外购件所经历的采购入厂—存储—投料—加工制造—装配—包装—运输—分销—零售等一系列物流过程的设计。物流系统设计也称通道设计（Channel Designing），是供应链系统设计中最主要的工作之一。设计一个结构合理的物流通道对于降低库存、减少成本、缩短提前期、实施 JIT 生产与供销、提高供应链的整体运作效率是很重要的。但供应链设计却不等同于物流系统设计，（集成化）供应链设计是企业模型的设计，它从更广泛的思维空间——企业整体角度去勾画企业蓝图，是扩展的企业模型。它既包括物流系统，还包括信息、组织、价值流和相应的服务体系建设。在供应链的设计中创新性的管理思维和观念极为重要，要把供应链的整体思维观融入供应链的构思和建设中，企业之间有并行的设计才能在企业之间实现并行的运作模式，这是供应链设计中最为重要的思想。

5. 供应链设计与先进制造模式的关系

供应链设计既是从管理新思维的角度去改造企业，也是先进制造模式的客观要求和推动的结果。如果没有全球制造、虚拟制造这些先进的制造模式的出现，集成化供应链的管理思想是难以实现的。正是先进制造模式的资源配置沿着"劳动密集—设备密集—信息密集—知识密集"的方向发展才使得企业的组织模式和管理模式发生相应的变化，从制造技术的技术集成演变为组织和信息等相关资源的集成。供应链管理适应了这种趋势。

第三节 供应链设计策略

供应链设计不当会造成供应链运作困难，导致企业资源浪费，这将直接影响到供应链的绩效和企业的效益。因此，拥有一个高效的供应链运作体系，对企业来说是非常重要的。而选择一个合理的供应链设计策略，将直接关系到供应链设计的成败。不同的企业，产品类型不同，供应链设计策略也不尽相同。

一、基于产品的供应链设计策略

1. 辨别产品类型

不同的产品类型对供应链的设计有不同的需求。在设计供应链时，首先要区分不同产品的类型，设计围绕市场产品需要的供应链。根据产品生命周期、需求的稳定性和可预测程度等指标可以分为两类：功能性产品和创新性产品。两种不同类型产品的比较见表4-2。

表 4-2 功能性产品与创新性产品的比较

需求特征	功能性产品	创新性产品
产品生命周期	大于 2 年	1～3 年
边际贡献	5%～20%	20%～60%
产品多样性	低（每一目录 10～20 个）	高（每一目录上千个）
预订的平均边际利润率	10%	40%～100%
平均缺货率	1%～2%	10%～40%
季末降价率	0	10%～25%
按订单生产的提前期	6 个月至 1 年	1 天至 2 周

功能性产品通常用于满足客户的基本需求，变化不大，需求稳定且可预测，生命周期长，但边际利润低。为避免低边际利润的情况发生，许多公司在式样或技术上进行创新以寻求消费者购买并获得高边际利润。然而，对这种创新产品的需求通常是难以预测的，而且生命周期很短。

2. 基于产品的供应链设计策略

因功能性产品和创新性产品具有完全不同的需求特征，需要构建不同类型的供应链。

（1）匹配功能性产品的是有效型供应链（Efficient Supply Chain），其核心是消除一切形式的浪费，在整个采购、生产、运输过程中将成本尽可能降低，形成比竞争对手更加有利的价格优势。企业通常仅需制定一个合理的最终产品产出计划，并利用 MRP II 或 ERP 软件协调客户订单生产和采购，以最大程度地减少库存，提高生产效率，缩短提前期，从而提高企业供应链的竞争力。因此，对于功能性产品，应将供应商、制造商和分销商之间的信息进行充分共享，从而进一步降低企业成本。

（2）匹配创新性产品的是反应型供应链（Agile Supply Chain），其核心是提高产品的可获得性，以尽快满足复杂且不断变化的市场需求，并充分利用每个新的市场机会。创新性产品要求供应链具有更大的灵活性，库存管理和生产能力的重点也不仅在于降低成本，还在于供应链中安全库存和可用生产能力的灵活分配。两种供应链之间的比较见表 4-3。

表 4-3 两种类型的供应链比较

比较项目	有效型供应链	反应型供应链
基本目标	以最低的成本有效地满足可预测的需求	对不可预测的需求做出快速反应，以减少缺货、降价等，并使库存最小化
生产控制	有效控制生产成本，保持较高的平均利润率	配置多余的缓冲能力，容易实现产品的切换
库存策略	实现高周转而使整个供应链的库存最小化	配置零部件或成品的缓冲库存
提前期	在不增加成本的前提下尽可能缩短提前期	大量投资以缩短提前期
供应商选择	根据成本和质量选择	根据速度、柔性、质量选择
产品设计	绩效最大而成本最小化	用模块化设计以尽可能延迟产品差异化

当知道产品和供应链的特性后，就可以设计出与产品需求相一致的供应链。其设计策

略如表4-4所示。

表4-4 产品类型与供应链设计策略矩阵

	功能性产品	创新性产品
有效型供应链	匹配	不匹配
反应型供应链	不匹配	匹配

管理者可以根据产品和供应链的特点，判断出企业的供应链设计是否与产品类型相一致，也就是基于产品的供应链设计策略：功能性产品匹配有效型供应链，创新性产品匹配反应型供应链，否则就会产生问题。总之，在设计理想的供应链之前，必须先确定市场需要的产品的类型和企业供应链的类型，并与其相匹配，才能够实现企业产品与供应链间的合理组合。

二、基于成本的供应链设计策略

在基于产品的供应链设计策略之外，有关专家学者从供应链成本的角度提出了基于成本核算的供应链设计策略。这种设计策略包括供应链成本的结构及其函数定义、供应链设计的优化成本算法等。为了便于分析供应链成本，对供应链成本核算进行以下假设：

假设1 用 $i=1$、2、3、…、n 代表节点企业，$a=1$、2、3、…、A 代表供应链层次，$b=1$、2、3、…、B 代表一个层次上合作企业的序号，故 $A \times B$ 代表一个节点 i，如图4-7所示。

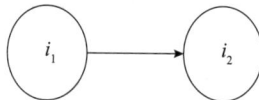

图4-7 节点企业

假设2 物料单位成本随累计单位产量的增加以及经验曲线的作用而降低。产成品、零件、产品设计、质量工程的改善都可能降低单位物料成本。

假设3 下一个节点企业的年初是从一个节点企业到另一个节点企业的生产转化时间。

假设4 当一个节点企业在年初开始生产时，上一个节点企业的工时和原材料成本依据一定的技术指数转化为此节点企业的初始值。

假设5 在全球供应链管理中，以核心企业核算成本，汇率、通货膨胀率等均以核心企业所在国家为标准。

1. 供应链成本结构及其函数

供应链成本主要包括物料成本、劳动力成本、运输成本、设备成本和其他变动成本等。其成本函数分别如下：

（1）物料成本函数（Materials Cost Function）如下：

$$M_{it} = m_i i m_{it} \int_0^{n_t} n^{f_i} dn$$

其中，M_{it} 代表 i 节点企业在第 t 年生产 n_t 产品的总物料成本；m_i 代表 i 节点企业第一个部件的物料成本（时间坐标轴的开始点）；m_{it} 代表 i 节点企业在 t 年物料成本的通货膨胀率；n_t 代表第 t 年内的累计产量；f_i 代表物料成本的经验曲线指数，$0 \leqslant f_i \leqslant 1$；$n$ 代表累积单位产量，$n = 1，2，3，\cdots，n_t$。

（2）劳动力成本函数（Labor Cost Function）如下：

$$L_{it} = l_i i l_{it} \int_0^{n_t} n^{g_i} dn$$

其中，L_{it} 代表 i 节点企业在第 t 年生产 n_t 产品的总劳动力成本；l_i 代表 i 节点企业的单位时间劳动成本；l_{it} 代表 i 节点企业在 t 年单位小时的通货膨胀率；n_t 代表第 t 年内的累计产量；g_i 代表劳动力学习经验曲线指数，$0 \leqslant g_i \leqslant 1$；$n$ 代表累计单位产量，$n = 1，2，3，\cdots，n_t$。

（3）运输成本函数（Transportation Cost Function）如下：

$$T_{it} = \sum_{m=1}^{M} s_{im} i s_{it} d_{mt}$$

其中，T_{it} 代表 i 节点企业在第 t 年生产 n_t 产品的总运输成本；s_{im} 代表 i 节点企业到 m 节点企业的单位成本；s_{it} 代表 i 节点企业在 t 年运输的通货膨胀率；d_{mt} 代表 m 节点企业第 t 年的累计需求；M 代表节点企业的总数量。

（4）设备成本和其他变动成本函数（Utilities and Other Variable Cost Function）如下：

$$U_{it} = (u_i i u_{it} + v_i i v_{it}) n_t$$

其中，U_{it} 代表 i 节点企业在第 t 年生产 n_t 单位产品总的设备和变动成本；u_i 代表 i 节点企业一个单位的设备成本；v_i 代表 i 节点企业一个单位的其他变动成本；u_{it} 代表 i 节点企业一个单位的设备成本通货膨胀率；v_{it} 代表 i 节点企业一个单位的其他变动成本通货膨胀率。

（5）供应链的总成本函数（Total Cost Function）如下：

$$TC(k) = \sum_{i=1}^{T} \left\{ \sum_{i \in k} (M_{it} + L_{it} + T_{it} + U_{it}) e_{it} p v_{it} \right\}$$

其中，k 代表在时间 T 内相关的节点 i 组成一个节点组合序列；e_{it} 代表 i 节点企业对核心企业的汇率。

2. 供应链设计的优化成本算法

可通过对供应链总成本的优化核算来找出最优的节点企业组合，设计出最优化低成本的供应链。具体是将多时段问题转化为网络设计，该算法流程如图 4-8 所示。

输入初始数据后，首先计算第一年第 i 个节点成本，当累计成本节点的数量没有超过 $(A \times B)^T$ 时，将判断它是否到达时间段的末尾，若 $t < T$，那么 j 节点第 $t+1$ 年的单位物料成本和工时取决于从第 i 节点到第 j 节点所有可能的生产转换。若 $t = T$，则只需计算最后一个节点的成本。当计算完所有节点第 t 年的累计成本后，需要重置 i 并计算 $t+1$ 年的累计成本。当 $t = T$ 时，最后对节点组合的累计成本排序，优化的供应链节点组合序列便是排序后的选择。

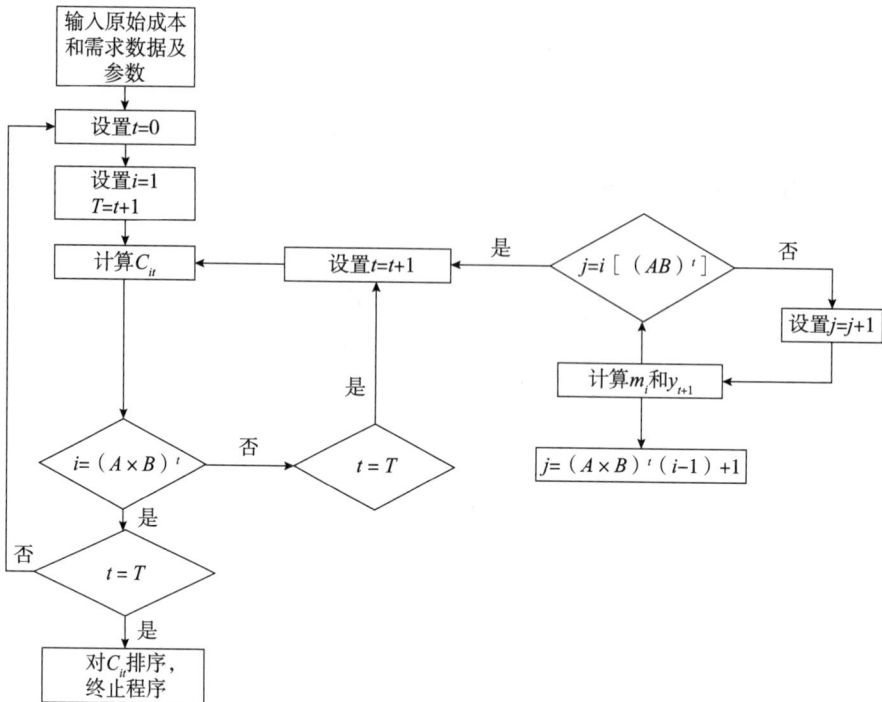

图 4-8　供应链设计的优化成本算法

本章小结

本章主要介绍了供应链网络结构、供应链网络设计以及供应链设计策略问题。通过对本章的学习，使读者对供应链网络设计有一定的认识。

供应链网络由供应链成员、网络结构变量以及供应链间工序连接方式三个基本方面组成。其结构具有层次性、双向性、多级性、动态性和跨地域性等特点，在管理上涉及生产设计部门计划与控制部门、采购与市场营销部门等多个业务实体，为方便供应链网络的管理，将供应链网络区分为集中型、分散型、适应型三种类型，网状模型更能说明现实世界中产品的复杂供应关系。

企业在设计供应链时必须遵循自上而下和自下而上相结合的设计原则、简洁性原则、互补性原则、协调性原则、不确定性原则、创新性原则和战略性原则。供应链包括满足顾客需求所直接或间接涉及的所有环节，其网络设计决策受战略、技术、宏观经济、政治、基础设施、竞争和操作等因素的影响，因此，供应链的构建应当对这些环节以整体最优化进行综合考虑，以达到其资源利用率的最大化以及整体经济效益的最大化。

不同类型产品对供应链设计有不同的要求。功能性产品的低成本特性要求选择有效型供应链，而创新性产品的上市速度与灵活性则要求反应型供应链与之相匹配。基于成本因素设计供应链时，要分别考虑到物料成本、劳动力成本、运输成本、设备成本和其他变动成本对总成本的影响，以最优的成本来进行供应链的设计。

案例分析

惠普台式打印机供应链设计

惠普公司（Hewlett-Packard Development Company, L.P., HP）总部位于美国加利福尼亚州的帕罗奥多（Palo Alto），是一家全球性的资讯科技公司，主要专注于打印机、数码影像、软件、计算机与资讯服务等业务。惠普公司是世界最大的信息科技（IT）公司之一，成立于 1939 年，总部位于美国加利福尼亚州帕洛阿尔托市。惠普下设三大业务集团：信息产品集团、打印及成像系统集团和企业计算及专业服务集团。

惠普台式机于 1988 年开始进入市场，并成为惠普公司的主要成功产品之一。但随着台式机销售量的稳步上升，库存也显著增长。公司有 5 个位于不同地点的分支机构负责该打印机的生产、装配和运输。从原料到最终产品，生产周期为 6 个月。在以往的生产和管理方式下，各成品厂装配好打印机之后直接进行客户化包装，为了保证客户订单 98% 的即时满足率，各成品配送中心需要保证大量的安全库存（一般需要 7 周的库存量）。产品将分别销往美国、欧洲和亚洲。

一、惠普台式打印机旧的供应链运作流程

惠普打印机的生产、研究开发节点分布在 16 个国家，销售服务部门节点分布在 110 个国家，而其总产品超过 22000 类。欧洲和亚洲地区对于台式打印机电源供应（电压分别为 110 伏和 220 伏，插件不同）、语言（操作手册）等有不同的要求。打印机的生产及客户化由温哥华的公司完成，包括生产、配电源、说明书等，然后通过北美、欧洲和亚太地区的分销中心来完成销售工作。这种生产方式称为"工厂本地化"。

二、惠普台式打印机新的供应链运作流程

惠普的供应链是一个由采购原材料、把它们转化为中间产品和最终产品、最后交到用户手中的过程所组成的网络，供应商、制造点（温哥华）、分销中心、经销商和消费者组成惠普台式打印机供应链的各个节点。主要的生产制造过程包括印制电路板组装与测试（Printed Circuit Board Assembly and Test, PCAT）和总机装配（Final Assembly and Test, FAT），由在温哥华的惠普公司完成。在 PCAT 过程中，电子组件（如 ASIC、ROM 和粗印制电路板）组装成打印头驱动板，并进行相关的测试；在 FAT 过程中，电动机、电缆、塑料底盘和外壳、齿轮印制电路板总装成打印机，然后进行测试。各个零部件原材料由惠普的子公司或分布在世界各地的供应商供应。在温哥华生产通用打印机，运输到欧洲和亚洲后，再由当地分销中心或代理商加上与当地一致的变压器、电源插头和用当地语言写成的说明书，完成整机包装后，由当地经销商送到消费者手中。这种生产方式称为分销中心本地化。

新设计的供应链改变了以前由温哥华总机装配厂生产不同型号的产品，保持大量库存以满足不同需求的情况，大大缩小了库存量。安全库存周期减少为5周，减少库存总投资的18%，使公司每年节省3000万美元的存储费用。通用型打印机的价值低于同等数量的客户化产品，从而进一步节省了运输、关税等项费用。客户化延迟使惠普公司实现了根据不同用户需求生产不同型号的产品，保证了产品最快速地反应市场需求。

案例来源：张变亚.浅谈惠普台式打印机供应链的构建［J］.赤子，2013（10）：213.

【案例思考题】

1. 惠普公司原有的供应链设计存在什么问题？
2. 对比惠普公司的新旧供应链方案，有什么不同？

习　题

一、名词解释

1. 核心企业　　2. 反应型供应链　　3. 有效型供应链　　4. 供应链设计

二、简答题

1. 简述供应链网络的结构特性。
2. 供应链设计的原则是什么？
3. 简述供应链网络设计的一般步骤。
4. 描述供应链设计决策的影响因素。

第五章 供应链采购管理

1. 了解采购的定义及其构成要素
2. 熟练掌握供应链下的采购特点及流程
3. 理解采购的各个控制要素
4. 掌握供应链下的几种采购策略
5. 了解准时采购（JIT）模式
6. 理解全球采购的运作模式

章前引例

永辉生鲜："鲜"从何来

在超市经营中，生鲜是公认的、最难经营的品类。一方面，生鲜商品是消费者必须反复购买的生活必需品，集客力非常强，属于超市中的"磁石"商品；另一方面，由于生鲜品对鲜度的要求非常高，如果措施不当会造成高损耗，使生鲜的毛利率降低甚至亏损。据统计，国内超市生鲜经营的平均毛利率仅为7%左右。

面对这块好吃却难啃的骨头，一些企业采用联营、租赁方式规避经营难题和风险，但联营方式也有与生俱来的缺陷。因此，生鲜品经营如何做到既新鲜又赚钱，成了许多超市多年未解的难题。

起家于福州的永辉超市，在生鲜品的经营上则非常大胆。从2001年创立伊始，他们不仅没有回避生鲜品的经营，反而将其作为市场切入点和最重要的卖点，并采用完全自营的经营方式。经过多年的探索和努力，不仅实现了生鲜品的"鲜"与"利"的双赢，还形成了一套独特的生鲜商品经营心得和管理模式，被业界誉为"永辉模式"。

对于零售企业来说，商品是所有经营活动的起点和基础。因此，如何采购到既符合顾客需求又满足企业经营目标的商品，是供应链管理的一个关键环节。

在永辉看来，源头"鲜"则卖场"鲜"，要想在卖场呈现最新鲜的商品，必须首先把控生鲜品供应链的入口。因此，它们通过整合农副产品的上游产地资源，采用源头采购的做法，把住"新鲜"第一关，同时，再以"量"为后期经营争取最好的获利空间。

传统上，生鲜品、农副产品的流通过程很长。从农户产出开始，经过产地、销地等多个批发环节，到达农贸市场或超市等零售终端，最后到达消费者。整个过程不仅环节多、加价高，且损耗大。为了解决这个问题，政府发起了"农超对接"项目，鼓励零售企业直接到田间地头采购。

但是，"农超对接"也带来了管理复杂度的挑战。因为生鲜商品的供应商以农户为主，高度分散、不易管理，而且农产品的种类多、个体差异大、标准化程度低，运输和保存的要求高、难度大。管理成本的高企在很大程度上抵消了采购成本的节约，所以从零售终端来看，很多企业"农超对接"后零售价格并未有明显的下降。而永辉超市经过多年的积累，凭借对商品本身、商品产地和集散地，以及采购流程的专业性，加之采购数量大和付款账期短的有利条件，取得供应链采购环节的低成本优势。

永辉的采购分为全国统采、区域直采、供应商采购三种模式。大批量、易保存的基础商品，如香蕉、大米等，采用全国统采；有当地特色、不易长时间保存的商品，如叶菜类，下放为区域直采，有的地方还聘请了采购代办，负责对零散农户的产品进行收购和集散；供应商采购是将部分小农户集中为合作社，扩大与专业合作社、大供应商合作范围，培育比较稳定的供应商，这里面还包括批发商、第三方采购。

永辉超市采购管理的另一个特点是"以销定采"，这在超市生鲜经营中很少见，其他大多数企业都是"以采定销"。每天，各个门店的生鲜订单以大区为单位汇总到生鲜管理部，由管理部对订单进行整合、调整和优化，再分解到各个采购团队手中。永辉超市还给采购团队配备了 iPad 等移动设备，采购需求或者采购的发货通知都通过系统在采购人员和管理部之间实时传递，大大提高了反应速度和效率。"以销定采"使供应链的采购环节和销售环节之间形成很好的衔接，有利于采购的准确性和商品的销售速度，从而提升整个供应链的效率。

另外，永辉超市生鲜采购的账期可以说是业界最短。早期永辉超市的采购很多是现金付款，因为与农户打交道就是需要现款现货，有时一天的采购金额能达到几百万元。由于每个单品的采购量都很大，与供应商已经形成了信任关系，很多时候可以做到当晚发货，第二天付款，减少了现金支付的风险性。但是，也有为了提前订货而需要预付款的时候。这样短的账期换来了价格进一步的压缩空间。

现金采购在给永辉超市带来了价格优势的同时，也给永辉带来了很大的现金管理风险。为此，永辉超市的采购团队采取"采付分开"的管理方式，一部分为专业买手，另一部分负责支付，减少了腐败的可能性。采购人员基本都是管理层比较信任的人：有的是与管理人员有亲缘关系，有的是有股份抵押，也有的是忠诚度非常高、经过管理层担保的老员工。一个采购人员首先要在门店工作两年以上，才有资格进入采购队伍。

案例来源：http：//www.docin.com/p-1572208907.html.

第一节　采购概述

一、采购定义及其构成要素

采购是物流管理的重点内容之一，负责生产的需要和物资的供给，它也连接了供应链企业间所需原材料和半成品的生产合作。加强采购管理的必要性在于它能使供应链系统实现无缝连接，同时提高供应链企业的同步化运作效率。

采购不仅是一个商流过程，也是一个物流过程，将资源从资源市场的供应者手中转移到用户手中的过程便是其基本作用。在这个过程中，一个商流过程，主要通过商品交易、等价交换来实现商品所有权的转移；一个物流过程，主要通过运输、储存、包装、装卸、流通加工等手段来实现商品空间位置和时间位置的完整结合，二者缺一不可。只有当这两个方面都完全实现时，采购过程才算完成。因此，采购过程实际上是商流过程与物流过程的统一。

在狭义上，采购可以被定义成为企业购买货物和服务的行为；在更广泛的角度上，采购可以被定义为企业通过交易从资源市场获取资源的过程。

一般来讲，企业可以看作一个将输入转化为输出的系统，如图5-1所示。

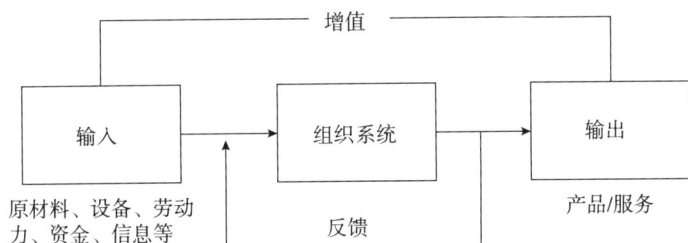

图5-1　企业输入输出系统

采购的五大要素包括供应商、时间、价格、数量以及品质。采购人员的工作便是要在合适的时间里，从合适的来源中以合适的价格、品质和数量获取物料或服务。这里"合适"二字是不断演变的。严格来说，应该解释为从"合适的"供应商（Right Supplier），在"需求的"时间（Right Time）内，以"合理的"价格（Right Price），取得"正确的"数量（Right Quantity）、"符合品质要求的"（Right Quality）物品与服务。

1. 供应商

对于"供应商"（Supplier）的选择，采购人员必须思考的是，是否一定要选择规模较大的供应商？一般人都会认为选择规模较小的供应商，交货品质与供货的稳定性不能得到保证，规模大的供应商较令人放心。但有时，规模大的供应商不能与企业采购需求匹配，采购人员就必须视情况来选择适当的供应商。此外，采购人员最担心的就是买不到货，一旦货源掌握在少数的供应商手里，采购的价格就会受制于他人。因此，为了取得合理的市场价位，采购人员必须尽可能地开发可靠的"替代性供应货源"，并寻求与制造供应商之间的良性竞争模式，以促进采购的绩效与价格之竞争。同时要发展与维系"良好的供应商关系"，使供应商愿意提供新点子、新产品，以及更优惠的价格与服务，达到买卖双赢的结果。对于采购的订单与合约，要保持良好的记录存档与控制，以提供稽核时的追踪，并保证采购作业的效率与诚实的运作。

2. 时间

对于"时间"（Time）的要求，可分为内部使用单位的需求时间与要求供应商交货时间两部分。然而是否可随时提供最好的货物，供应商交货期是否越短越好？其实也未必全然如此，因为供应商如果要配合短交期，采购价格也必须有所调整。

因此，采购人员应从缩短供应商前置时间（Lead Time）及周期时间（Cycle Time），以配合使用单位的需求时间与生产排程达成及时供货的目的，让生产线得以顺利运转而无断线之虑。而要保持"持续供货"，不使生产线断线则是采购人员的天职，就如同军人的天职是保家卫国一般。如果不能维持工厂的正常运作，采购人员再怎么努力也将是白费。

3. 价格

在"价格"（Price）的看法上，所必须思考的不是价格愈低愈好。采购人员切忌被便宜的单价数字所蒙骗，因为价格只是交易的显性部分，尚有许多隐性的成本必须注意，例如品质、服务的差异，如果采购人员在比价时，只选择最低单价的供应商，在总成本上不见得能得到什么好处。

采购人员必须在"符合品质要求"的情况下，以"最低价格"购买到所需的物品与服务才是正确的。符合品质要求是一个很重要的前提，如果没有满足这个前提，无论供应商提出多么低的价格，采购人员都应予以考虑。

4. 数量

关于"数量"（Quantity）的取得，大批量采购，可获得价格折扣，但库存可能增加；若采购批量少，库存少，无价格折扣，此外，会带来多次订购行为，增加行政作业成本。采购人员对内应顾及有效的库存管理，达成较高的存货周转率，减少不必要的储存持有成本。并且要致力于降低因为库存积压过多时，所带来的库存品损坏、过期、失窃等现象，而导致存货发生损失的情形，使维持存货的"持有成本"（Carrying Cost）保持在一个最经济的状况。采购人员对外则须协调供应商的经济生产批量，改进采购作业效率，以达到订购或制造产品数量的"最低总取得成本"。所谓"取得成本"（Acquisition Cost）是与取得订购、运输、搬运以及所有存货持有成本的总和。

5. 品质

至于对物品与服务的"品质"（Quality），是否应要求品质越高越好？当然，谁不喜欢品质好的东西，但是采购人员必须了解到过度的品质要求只会增加成本的负担，一味地追求最高标准的品质，对产品不见得真能增加其实质上的价值。因此，采购人员应该保持着要求符合所需的适当品质水准，减少不必要的品质要求，以取得与价格间的良好平衡。

另外，也必须保持"一定与一致之物料品质"，以达成生产的效率与效果。即除了品质须符合要求外，还必须要维持品质的一致性，也就是说，供应商每一次的交货品质不能有明显的差异，在降低外在因素后，也才能确保内部生产线上的品质易于控制。

除了物品的品质外，采购部门也必须致力于达成与"使用部门"的高度"合作与协调"关系。对采购人员的雇用、发展、激励、训练等方面保持高度的注意，因为人才是公司最宝贵的资产之一，在知识管理的年代，谁能掌握知识的来源并加以整合运用，谁就能在竞争的环境中脱颖而出维持优势。因此，提高采购部门"服务"的品质与"人"的素质是不可或缺的。

在传统的采购中，合适的价格指的是最低的价格，而战术性采购对"合适"的理解则是指最低的总持有成本。"合适"的品质已经从品质稳定演变成供应商的零次品率；"合适"的数量也从传统的经济订购量过渡到通过改善运输与配送计划来提高送货频率；"合适"的供应来源在过去指的是不断开发新的供应商，以对现有供应商造成价格等方面的竞争压力，而如今也已发展成为减少供应商数量，建立互惠互利的供应商策略联盟。但其中唯一不变的是"合适的时间"，因为它永远强调供应的连续性与一致性。

采购人员是要从"合格的"供应商，在"需求的"时间内，以"合理的"价格，取得"正确的"数量、"符合品质要求的"物品与服务。采购人员最重要的是要在这经常相互抵触的五个"合适"中，找寻出一个平衡点，以制定出能帮助企业完成自身使命，达到企业策略目标的采购策略与方法。

二、采购的作用

传统上，采购被视为服务于生产的职能，企业管理者对采购的关注程度有限。然而，随着全球竞争的不断深化，管理者认识到大批量的原材料采购和在制品库存对生产成本、质量、新产品开发和运送时间等都有着显著影响。明智的经理们开始从供应链的视角将采购视为关键战略业务流程加以重视，而不仅仅是将其作为辅助支持职能对待。

在供应链环境下，采购的作用日益显现。采购使公司把资源解放出来投入到销售、营销、分销，以及利润更高的产品上，从而改善公司的资产负债表状况。采购职能一直是影响公司盈利能力的关键因素，并直接影响到供应链的利润水平。采购对公司和供应链利润具有很大的杠杆作用。对很多制造企业而言，外部采购占据了公司费用的最大部分。从这个意义上说，采购是一种战略性的活动。

采购的作用在于以支持企业整体目标的方式，执行与采购相关的活动。采购通过其作为企业跨边界的职能之一的关键作用，对企业的成功做出了许多贡献。

1. 帮助企业重新修订战略

在采购过程中，通过与供应商的外部接触，可以获得有关新技术、潜在新材料或服务、新的供应货源和市场条件的改变等方面的重要信息。通过传递这些竞争信息，采购能够帮助企业重新修订企业战略，以充分利用市场机会。

2. 支持企业引领或创新市场

采购能够通过识别和开发新的和已存的供应商来帮助支持企业战略的成功。在新产品和服务开发的早期，获得供应商或是变更已有的供应商能够缩短开发时间。因为通过采购可发现并获得一些具有独特优势的供应商的支持，将他们的新技术和新思想融入新产品和服务开发中，这样可以压缩开发时间，提升产品和服务的性价比。将基于这种概念的产品和服务迅速带入市场，有可能使企业成为市场的领导者或创新者。

3. 为其他职能提供价值

采购的作用范围包括从支持作用到战略作用。一个精明的企业在认识到了采购的重要作用后，在供应链管理的重要决策中会考虑采购的影响，从采购方面获得更多的信息并基于这些信息进行前瞻性预测，以支持其他职能部门的需要。采购活动为其他职能领域提供了价值，反过来，这种支持将导致这些职能领域对采购活动价值的更大认可，并积极参与采购决策和支持采购活动。

三、传统的采购模式与存在的问题

1. 传统的采购模式

（1）询价采购。向选定的若干供应商发询价函件，让他们报价，采购商根据各供应商的报价选定供应商进行采购的方法。适用对象：数量少、价值低或急需商品的采购。

（2）比价采购。供应部门在自己的资源市场对三家以上的供应商提供的报价进行比较，将最理想的报价作为订货价格，以确保价格具有竞争性的采购方式。适用对象：市场价格较乱或价格透明度不高的情况采购。

（3）招标采购。指通过在一定期限范围内公开采购信息，说明拟采购物品或项目的交易条件，邀请供应商或承包商在规定的期限内提出报价，按既定标准确定最优惠条件的投标人并与其签订采购合同的一种高度组织化采购方式。适用对象：重大工程项目；寻找长期供应商；政府采购和批量采购。

2. 传统采购模式存在的问题

（1）凭经验采购。传统的采购管理模式决策上主观性比较强。在物资采购中经常存在凭经验和事后分析进行物资采购和管理的现象，这严重制约了生产成本降低和物资管理水平的提高。

（2）决策信息量不足。传统的采购管理模式在物资采购中还存在采购决策所依据的信息不足现象，有时可供采购的厂商达不到货比三家的需要，与阳光采购、廉洁采购距离较远。

（3）业务处理手段滞后。物资的需求计划手工上报，计划的汇总、平衡都由手工完成，不但加大了员工工作的业务量和工作量，更重要的是不能保证数据的统一性和数据的准确性。

物资采购的报价（询价、招标、零采）都是手工操作，不但增加了办公费用，还大大降低了工作效率，同时，还使得在物资采购中与供应商的联系沟通中环节增多，供需双方有时达不到永续交流，在一定程度上会加大物资的采购成本。

物资的验收单、出库单都是手工填写，极易出现人为差错，加之员工个体填写数据的不规范，不便于查询、统计，且会因人员调动、退休而致使数据丢失。

（4）管理不科学。物资采购合同、代储代销账、估价物资都没有电子文本，在日常工作中极不方便管理和查询。物资进出动态不能及时把握。要掌握物资进出情况，保管员必须手工做账和查询实物，不但增加了保管员和财务工作人员的业务工作量，也加大了办公费用。

部门间的业务传递都是人员到场并用手工操作的资料进行核算和管理，容易造成数据核算的差错，工作效率也大大降低。

第二节　供应链管理环境下的采购

一、供应链管理下采购的特点

在供应链管理环境下，企业的采购方式和传统的采购方式有所不同。这些差异主要体现在如下几个方面：

1. 从为库存而采购到为订单而采购的转变

传统采购模式中的采购就是为了补充库存，是目的简单的为库存而采购。采购部门的人员缺乏主动性，他们不去关注企业的生产过程，更不关心生产进度与产品需求的变化，因此，采购部门制定的采购计划难以适应制造需求的变化。为规避这些弊端，供应链管理下的采购活动是以订单驱动的，用户需求驱动了制造订单，制造订单进而驱动采购订单，再由采购订单驱动供应商。运用这种订单驱动模式使供应链系统能准时响应用户的需求，体现了准时化思想，进而达到降低库存成本、提高物流速度和库存周转率的目的，订单驱动下的采购方式有如下特点：

（1）由于供应商与制造商建立了战略合作伙伴关系，签订供应合同的手续大大简化，不再需要双方询盘和报盘的反复协商，交易成本也因此大为降低。

（2）在同步化供应链计划的协调下，制造计划、采购计划、供应计划能够并行进行，缩短了用户响应时间，实现了供应链的同步化运作。采购与供应的重点在于协调各种计划的执行。

（3）采购物资直接进入制造部门，减少采购部门的工作压力和不增加价值的活动过程，实现供应链精细化运作。

（4）信息传递方式发生了变化。传统采购中，供应商不了解制造过程中的信息，更不关注制造商的生产活动。供应链管理环境下的供应商会共享制造部门的信息，因此他们的应变能力提高，进而信息失真现象减少。在订货过程中信息反馈持续进行，不断修正订货计划，订货量与需求保持同步。

（5）实现了面向过程的作业管理模式的转变。由于采购供应链管理方式是由订单驱动的，大大简化了采购工作流程，沟通供应与制造部门之间的联系，协调供应与制造的关系，为实现精细采购提供基础保障成为了采购部门的主要作用。

2. 从采购管理向外部资源管理转变

以建筑行业采用工程承包制为例，为了对其进度与工程质量进行监控，负责工程项目的部门会派出有关人员深入到承包工地对工程进行实时监管。它也同样适用于制造企业的采购业务活动，这是将事后把关转变为事中控制的有效途径，即供应管理，或称外部资源管理。进行外部资源管理的原因是什么呢，我们如何进行有效的外部资源管理呢？前文已指出，传统采购管理的不足在于供应商与供应商之间缺乏合作，因而对需求快速响应的能力低。准时化思想的出现对企业的物流管理来说是一个严峻的挑战，需要企业对传统的单纯为库存而采购的管理模式做出改变，建立新的供需合作模式，进而提高采购的柔性和市场响应能力，增强与供应商的联系。在传统的采购模式中，第一，采购部门的需求不能得到及时的响应；第二，产品的质量控制只能进行事后把关，而不是实时控制，这使得供应链企业无法实现同步化运作。故供应链管理采购模式的第二个特点就是实施有效的外部资源管理。实施外部资源管理也是实施精细化生产、零库存生产的要求。

供应链管理中的一个重要思想就是在生产控制中采用基于订单流的准时化生产模式，使供应链企业的业务流程朝着精细化生产努力，即实现生产过程的几个"零"化管理：零缺陷、零库存、零交货期、零故障、零（无）纸文书、零废料、零事故、零人力资源浪费。外部资源管理是实现系统性、协调性、集成性、同步性，达到企业集成是这些思想的一个重要步骤。站在供应链企业集成的角度，这是其从内部集成跨越到外部集成的重要一步。

要实现有效的外部资源管理，制造商的采购活动应从以下几个方面着手进行改进：

（1）和供应商建立一种长期的、互惠互利的合作关系。这种合作关系保证了供需双方能够有合作的诚意和参与双方共同解决问题的积极性。

（2）通过提供信息反馈和教育培训支持，促进供应商之间改善质量。传统供应链没有对产品质量保障方面提供技术支持与信息反馈，为避免上述不足，满足现今顾客对产品质量的需求，通过事后把关不能简单地解决这个问题。故在此状况下，质量管理不仅依靠下游企业提供相关质量要求，还需将供应商的产品质量问题及时反馈到供应商一方，便于及时改进。

（3）参与供应商的产品设计和产品质量控制过程。供应链管理的又一个重要思想是同步化运营。要想使供应链各企业在响应需求上行动一致，增加供应链的敏捷性，需要实施同步化的供应链计划。同步化的实施是一个并行工程。制造商企业应与供应商一起制定有关产品的质量标准，参与到产品设计和质量控制中来，以方便需求信息在供应商的业务活动中体现。

（4）协调供应商的计划。当一个供应商同时参与多条供应链的业务活动时，因资源的有限性，会出现多方需求争夺供应商资源的状况。下游企业的采购部门在这种局面下应主动参与供应商的协调计划。通过资源共享，供应商不会因资源分配不公而出现抬杠的矛盾，保证供应链的正常供应关系，进而维护企业利益。

（5）建立一种新的、不同层次的供应商网络。对于供应商的数量，一般来说，数量越少越有利于双方合作。但企业产品所需零部件或原材料的需求是多样化的，不同企业供应商的数目是不同的，企业可根据自己的实际情况选择适当数量的供应商，通过建立供应商网络逐步减少供应商数量，仅与少数供应商建立战略伙伴关系，为更好实施外部资源管理，供应商要在以下几个方面进行配合与支持：

- 帮助拓展用户（下游企业）的多种战略。
- 保证高质量的售后服务。
- 对下游企业问题做出快速反应。

- 及时报告所发现的可能影响用户服务的内部问题。
- 基于用户的需求，不断改进产品和服务质量。
- 在满足自己能力需求的前提下提供一部分能力给下游企业——能力外援。

3. 从一般买卖关系向战略协作伙伴关系转变

供应链管理模式下采购管理的第三个特点，是供应与需求的关系从简单的买卖关系向双方建立战略协作伙伴关系转变。

在传统的采购模式中，供应商与需求企业之间是一种简单的买卖关系，因此无法解决一些涉及全局性、战略性的供应链问题，而基于战略伙伴关系的采购方式为解决以下问题创造了条件。

第一，解决了库存问题。传统采购模式下的供应链各级企业独立地采用订货点法做决策，不能做到共享库存信息，因此产生需求信息不对称的现象，供应链的整体效率较低。通过供应链管理模式，双方建立因合作伙伴关系而共享库存数据，决策过程更加透明，减少了信息失真状况。

第二，解决了风险问题。因供需双方建立了战略性合作关系，降低了由不可预测的需求变化带来的风险，比如运输过程的风险、信用的风险、产品质量的风险等。

第三，降低采购成本问题。建立的合作伙伴关系使供需双方降低了交易成本，减少了不需要的手续和谈判过程。由于信息共享，也减少了信息不对称带来的成本损失。

第四，消除了供应过程的组织障碍问题。战略性的伙伴关系更有利于实现准时化采购。

二、供应链管理下的采购流程

供应链采购管理包括三个基本任务：其一，要保证企业所需的各种物资的供应；其二，从资源市场获取各种信息，为企业物资采购和生产决策提供信息支持；其三，要与资源市场建立友好和有效的关系，为企业营造一个有效的资源环境。这些可以勾勒出采购过程中所包含的基本活动和流程，这些活动及流程都跨越了企业内部的功能边界，延伸在企业的供应链上。由此，基于供应链的采购管理模式也展现了新的内涵。

在相应的采购管理机构和管理机制以及自制与外包决策既定的基础上，供应链环境下采购的基本流程由以下几个方面组成。

1. 采购需求分析

弄清楚企业希望采购一些什么物资，采购数量为多少，什么时候需要什么样的物资等。掌握企业全面的物资需求，为制定科学、合理的采购订货计划作准备。

2. 资源市场分析

即根据企业所需的物资品种和采购类型分析资源市场情况，包括资源分布情况、价格情况、供应商情况、品种质量和交通运输情况等。资源市场分析的重点是供应分析和品种分析。

3. 制定采购计划

根据企业物资需求种类、采购类型、资源市场状况，制定出切实可行的采购订货计划，包括对供应商的要求、供应品种、具体的订货策略、运输策略和具体的实施进度计划等。

4. 供应商选择

根据采购计划和前几个步骤的分析，决定供应商选择的标准和数量。首先初步筛选符合要求的供应商，然后对初选的供应商进行考察和评估。这个过程主要了解供应商所处的市场类型。了解这些信息有助于采购专业人员决定供应商的数量、采购的方式，如谈判、竞争投标等。最后，在考察评估的基础上，通过与供应商的沟通互动，决定最终要选择的供应商。

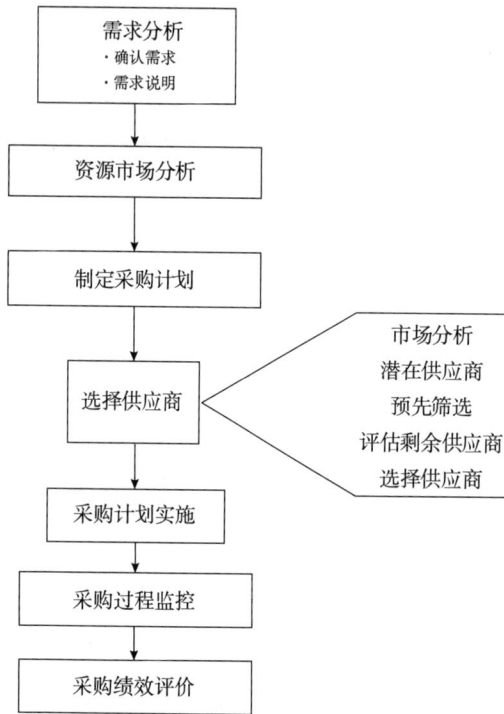

图 5-2　供应链采购下的采购流程

5. 采购计划实施

依据具体的采购计划来执行实施，包括联系指定的供应商、贸易洽谈、签订购货合同、运输进货、到货验收和支付货款等。

6. 采购过程监控

在整个采购过程中需要进行相应的监控工作，包括采购流程的效率和效能、采购资金的支付情况等。

7. 采购评价

在一次采购完成后应对本次采购进行评价，主要评估采购活动的效果，总结经验教训，寻找问题，提出改进意见等。

第三节　供应链下的采购控制

一、请购控制

提出货物和劳务的需要即请购，是采购环节上的第一步骤。控制请购可为采购提供一套管理方法，许多规模较大的公司，通常由熟悉市场的采购部门人员而不是由使用部门人员来决定货源和发出购货订单，这样可以增强管理控制力度，并能够有批量采购的规模经济效应。

不论何种形式的请购，采购部门在收到请购单后和在最终发出购货订单之前，都必须回答以下三个问题：①应订购多少；②向谁发出购货订单；③什么时候发出购货订单。采购的内部控制制度应该为合理地做出这些决定而制定。

1. 请购的类别规定

（1）对于原材料或是零配件的采购流程一般是生产部门根据生产计划或将要签发的生产订单提出请购单。材料保管人员根据请购单将材料保管卡上的库存数与请购单上的数目比较，认为生产数量超越库存数量时同意请购。

（2）临时性物品采购的流程一般是由使用部门直接提出。使用者对需采购的物品进行描述和解释，然后交由部门主管审批同意和资金预算负责人员同意签字，采购部门随即办理采购手续。

2. 请购单的核准权限

不同类别（原材料、固定资产、总务性用品）的请购单要由不同的主管核准，不同大小的请购额（用不同区间来表示）要由不同管理层次的主管核准。以原材料为例：

（1）请购金额预估在×万元以上者，由科长核决。

（2）请购金额预估在×万元至××万元者，由经理核决。

（3）请购金额预估在××万元以上者，由总经理核决。

3. 权责划分

（1）采购部。负责包括办公劳保用品、运输、生产及辅助材料委外加工等的采购。

（2）采购主管。负责编制采购计划、×万元以下订单的审核及×万元以上订单的复核、急需物料的跟催。

（3）采购员。负责订单的计算、下达和物料的跟催。

（4）仓储部收料组。负责所有有形物料、设备及办公劳保品的数量验收。

（5）质量管理部。负责所有生产及辅助材料质量验收。

（6）工程部。负责仪器设备的品质验收。

二、采购时间控制

定期采购是指按预先确定的订货间隔期间进行采购补充库存的一种方式。企业根据过去的经验或经营目标预先确定一个订货间隔期间。每经过一个订货间隔期间就进行订货，每次订货数量都不同。在定期采购时，库存只在特定的时间进行盘点，例如每周一次或每月一次。

当供应商走访顾客并与其签订合同或某些顾客为了节约运输费用而将他们的订单合在一起的情况下，必须定期进行库存盘点和订购。另外一些公司采用定期采购是为了促进库存盘点。例如，销售商每两周打来一次电话，则员工就明白所有销售商的产品都应进行盘点了。

在定期采购时，不同时期的订购量不尽相同，订购量的大小主要取决于各个时期的使用率。它一般比定量采购要求更高的安全库存。定期采购是对库存连续盘点，一旦库存水平到达再订购点，立即进行订购。相反地，标准的定期采购模型是仅在盘点期进行库存盘点。这就有可能在刚订完货时由于大批量的需求而使库存降至零，这种情况只有在下一个盘点期才被发现，而新的订货需要一段时间才能到达。这样，有可能在整个盘点期和提前期会发生缺货。所以安全库存应当保证在盘点期和提前期内不发生缺货。

定期订购是指订购时间或订购周期固定，而订购批量不确定的一种订购形式。定期订购的订购批量一般按下列方法进行计算。

订货批量＝订购周期需要量＋备运时间需要量＋安全储备量－现有库存量－已订未交量

第四节 采购策略

一、准时采购

1. 准时采购的基本思想

准时采购也叫 JIT 采购法，是一种先进的采购模式和一种管理哲理。JIT 的产生缘于1973 年爆发的全球石油危机及由此所引起的日益严重的自然资源短缺，这对于当时靠进口原材料发展经济的日本冲击最大。生产企业为提高产品利润，增强公司竞争力，在原材料成本难以降低的情况下，只能从物流过程寻找利润源，降低由采购、库存、运输等方面所产生的费用，这一思路最初为日本丰田公司提出并应用。随后，许多其他日本公司也采用这一技术，为日本经济的发展和崛起做出了重要贡献。

准时化采购的基本思想：在恰当的时间、恰当的地点，以恰当的数量、恰当的质量提供恰当的物品。准时化采购由准时生产发展而来，其目的是为消除库存和不必要的浪费而进行持续改进。准时化生产的进行离不开准时的供应，因此准时化生产管理模式必然要采取准时化采购。供应商的选择与质量控制是准时化采购的核心内容。准时采购包括供应商的支持与合作以及制造过程、货物运输系统等一系列的内容。准时化采购优点在于可以减少库存，还可以加快库存周转、缩短提前期、提高购物的质量、获得满意交货等。

2. 准时采购对供应链管理的意义

准时采购对于供应链管理思想的贯彻实施有重要的意义。供应链环境下采购模式和传统采购模式的差异在于采用订单驱动的方式。订单驱动的供应链运作模式使供需双方围绕订单运作，进而实现了准时化、同步化运作。要想实现同步化运作，采购方式就必须是并行的，当采购部门产生一个订单时，供应商立即开始物品的准备工作。与此同时，采购部门也开始编制详细采购计划，制造部门准备进行生产，当采购部门把详细的采购单提供给供应商时，供应商就能很快地将物资在较短时间内交给用户。即使用户需求发生变化，制造订单也能立刻驱动采购订单发生改变，迅速地改变需要准时化的采购方法使企业迅速响应复杂多样的市场需求。总的来说，准时化采购策略体现了供应链管理的协调性、同步性和集成性，供应链管理需要准时化采购来保证供应链的整体同步化运作。

3. 准时化采购的特点

从表5-1我们看出，准时化采购和传统的采购方式有许多不同之处，其主要表现在如下几个方面：

（1）采用较少的供应商。在传统的多头采购模式下，供应商数目较多，而准时化采购采用供应商较少，有时甚至单源供应。按照理论，单供应源优于多供应源，不仅便于管理各供应商，更能有效降低采购成本。另外，与供应商建立长期稳定的合作关系，有利于产品质量的稳定。采用单一供应源也存在一些弊端，若供应商可能因意外原因中断交货会对企业造成巨大损失，供应商也缺乏竞争意识。实际上，许多企业也不愿意成为单一供应商。一是由于供应商作为具有独立性较强的商业竞争者，本身不愿意将自己的成本数据披露给用户；二是因为供应商也不愿意成为用户的一个产品库存点。实施准时化采购，需要减少库存，但库存成本由原先的用户一边转移到供应商一边。因此用户必须意识到供应商的这种忧虑。

（2）对交货准时性的要求不同。准时采购的一个重要特点是要求交货准时，这是实施精细生产的前提条件。交货准时取决于供应商的生产与运输条件。供应商要想使交货准时，可在以下几个方面进行改进：一是不断改进企业的生产条件，提高生产的可靠性和稳定性，减少延迟交货或误点现象。供应商作为准时化管理的一部分，同样应该采用准时化的生产管理模式，来提高生产过程的准时性。二是在运输方面进行提升，提高交货准时性。在物流管理中，运输问题是一个很重要的问题，它决定准时交货的可能性。特别是全球的供应链系统，运输过程长，而且可能要先后经过不同的运输工具，需要中转运输等，故进行有效的运输计划与管理，使运输过程准确无误是准时化的重要一环。

（3）对供应商的选择标准不同。传统采购模式中的供应商选择是通过价格竞争实现的，供应商只与用户进行短期合作，当供应商不合适时可通过市场竞标的方式重新选择供应商。但在准时化采购模式中，由于供应商和用户一般是长期的合作伙伴，供应商的合作能力也会影响企业的长期经济利益，

故准时化思想下对供应商的要求更高，对供应商的选择要考虑多方面的因素，要对供应商进行综合评估。其中，价格不是主要的因素，质量是最重要的标准，这里的质量不仅是指产品的质量，还包括工作质量、交货质量、技术质量等多方面内容。高质量的供应商有利于建立长期的合作关系。

（4）制定采购批量的策略不同。小批量采购是准时化采购的一个基本特征。准时化生产需要小批量的生产，最终直至实现"一个流生产"，因此采购的物资也需要小批量。与此同时，小批量采购也意味着运输次数和成本的增加，这令供应商非常为难，尤其是供应商在国外等远距离的情形下，实施准时化采购的难度就更大。解决的办法可以通过混合运输、代理运输等方式，或尽量使供应商靠近用户等。

（5）对送货和包装的要求不同。可靠的送货是即时采购的前提。准时化采购下货物可直接送到生产线，货物接收程序更为简化。应采用小容器包装、标准化容器包装。

（6）对信息交流的需求不同。准时化采购要求供应与需求双方信息高度共享，保证供应与需求信息的准确性和实时性。由于双方的战略合作关系，企业在生产计划、库存、质量等各方面的信息都可以及时进行交流，以便出现问题时能够及时处理。

表5-1　准时化采购与传统采购的比较

项目	准时化采购	传统采购
采购批量	小批量，送货频率高	大批量，送货频率低
供应商选择	长期合作、单源供应	短期合作、多源供应
供应商评价	质量、交货期、价格	质量、价格、交货期
检查工作	逐渐减少，最后消除	收货、点货、质量验收
协商内容	长期关系、质量和合理价格	获得最低价格
运输	准时送货，买方负责安排	较低的成本，卖方负责安排
文书工作	文书工作少，有能力改变交货	文书工作量大，采购单多
产品说明	供应商革新，强调性能要求	买方关心，供应商没有创新
包装	小，标准化容器包装	普通包装，没有特别说明
信息交流	快速、可靠	一般要求

4. 准时采购的原理与方法

准时化采购方法与传统的采购方法之间存在一些差异。要实施准时化采购，以下三点是十分重要的：①选择最佳的供应商，并对供应商进行有效的管理是准时化采购成功的基

石。②供应商与用户的紧密合作是准时化采购成功的钥匙。③卓有成效的采购过程质量控制是准时化采购成功的保证。

那么，如何有效地实施准时采购法呢？下面的几个方法可以作为参考。

（1）创建准时化采购班组。寻找货源、商定价格、发展与供应商的协作关系并不断改进是专业采购人员一般应担负的三个责任。建立一个专业性强的高素质采购班组对于准时化采购具有重要意义。

（2）制定计划。在进行准时化的采购之前，为保证策略有计划、有步骤地实施，制定计划也是十分重要的一环，值得注意的是，需要与供应商一起制定准时化采购的计划，互相之间需保持持续的信息沟通。

（3）精选少数供应商，建立伙伴关系。更少的供应商能为企业带来更多好处，因此，在挑选供应商时需要精选少数，主要从产品质量、供货情况、应变能力、地理位置、企业规模、财务状况、技术能力、价格、与其他供应商的可替代性等方面进行充分考虑。

（4）进行试点工作。进行完备的计划后可寻找某种产品或某条生产线进行试点工作，值得注意的是，试点工作需要得到企业各部门的支持，尤其需要生产部门的支持。经历试点后才能总结相关经验，以便于更好地进行准时化采购的实施工作。

（5）搞好对供应商的培训，确定共同目标。实施准时化采购仅凭采购部门的努力是不够的，同时需要供应商的配合。准时采购是供需双方共同的业务活动，需要通过培训加深供应商对采购策略及运作方法的认识和理解，才能获得供应商的支持和配合，只有在目标上取得一致，才能更好地相互协调，达到准时化采购的目标。

（6）向供应商颁发产品免检合格证书。准时化采购的一大特点还在于买方不需要对采购产品进行比较多的检验手续。供应商要做到提供百分之百的合格产品，当其做到这一要求时，即发给免检手续的免检证书。

（7）实现配合准时化生产的交货方式。准时化采购最终是为了实现企业准时化的生产，因此要实现配合准时化生产的交货方式。

（8）继续改进，扩大成果。准时化采购不是一蹴而就的，需要不断完善改进，实施过程中需要不断总结经验教训，从而达到降低运输成本、提高交货的准确性和产品的质量、降低供应商库存等目标，提高准时化采购效率。

二、电子采购

电子商务采购也就是网上采购，是在电子商务环境下的采购模式。其基本特点是在网上寻找供应商、寻找品种，网上洽谈贸易、网上订货甚至网上支付货款，但是在网下送货进货。

电子采购是伴随信息技术的发展而产生演化的，电子采购能成为当今采购管理的重要趋势，在于通过互联网企业内部网以及其他外部网络技术，使众多的交易企业能实时地进行信息沟通，访问电子目录，从而以最低的采购成本获取经济利益最大的产品。电子采购的潜在运用还包括订单跟踪、资金转账、产品计划和进度安排、收据确认等，从而最终加速企业运作缩短前置时间，同时把大量的人力资源从烦琐的事务性工作中解放出来，全面降低企业采购管理的成本。

电子商务采购的优越性：应用范围广、透明度高、节约资金、提高效率、程序标准化等。电子采购能蓬勃发展，原因还在于它具有快速、低成本整合上下游资源和信息的能力。但是在充分认识这种采购管理巨大优势的同时，我们也应该看到这种采购趋势的局限性：一是采购管理是一个极为复杂的系统工程，既有成本控制、及时采购的要求，又有供应市场的伙伴关系建立等要求。不仅如此，作为企业价值链组成部分的采购活动往往又与企业其他管理领域发生各种交互行为。所以，合理采购体系的建立不是推行电子商务一方面就能解决的。相反，电子采购的顺利开展和绩效的体现，有赖于整个企业管理的规范以及竞争行为的规范，甚至行业宏观经营体制的健全。脱离了这些最基本的管理规范和良性经营环境，电子采购可能不仅不能发挥应有的作用，反而会加剧企业经营的难度和风险。二是电子采购尽管是当今企业采购领域的发展趋势，但是这并不说明电子采购完全适合于所有的行业和产品，因为基于公开竞价招标的采购形式不一定适应于高附加价值、供给不充分的产品。此外，电子采购还可能遇到安全问题（网络诈骗）、技术问题以及缺乏面对面沟通的信任问题等。

三、协同采购

传统的采购模式不能适应现代企业发展的要求，必须用新的采购模式——协同采购取而代之。协同采购是指企业内部各部门以及与外部协同进行的采购作业方式。这种新型采购模式强调协同的理念，改进了企业与供应商之间的关系。因采购品种、数量以及频率不断增加，实行协同采购的作用日益突出。

1. 企业内部协同

企业内部各业务部门的协同可使企业的采购行为更加高效，不仅需要企业设计开发部门、生产部门、销售部门、财务部门的配合，还需对物料、供应商、采购价格等数据进行适时维护，从而做到以合理的价格买到合格的物料、合适的数量。

2. 企业与外部的协同

除企业内部协同外，企业同样需要外部协同，与供应商共享各方面信息。因而可根据供应链的情况调整自身计划。供应商也可以相应调整其供应计划。

3. 实现从"为库存采购"到"为订单采购"的转化

在供应链管理中，采购活动是以订单驱动的，避免传统的以库存补充为目的采购方式的弊端，可以及时响应客户需求，降低库存成本。

4. 加强对外部资源的管理

通过企业间的协同实现有效的外部资源管理，规避传统采购方式的缺乏合作、响应慢等弊端，与供应商建立长期互利的合作伙伴关系。

第五节　全球采购

一、供应链下的全球采购

1. 全球采购与供应链管理关系

供应链管理利用计算机网络技术全面规划供应链中的物流、信息流和资金流，实施计划、组织、协调和控制，并采用系统的方法使供应商、制造零售商和零售商的业务流程集成，以此提高企业间的协作效率，是一种现代化的综合管理理念和方法。

全球经济一体化使全球范围的资源配置更加合理，也直接推动了全球采购和供应链的整合。由于全球经济一体化发展迅速，各国经济发展更加依赖资源的比较优势，而不仅仅依靠本国知识、资源及设施，资源在全球范围内重新配置，超越了地理边界以追求最佳的配置。

现代信息技术的迅猛发展推动了供应链的整合，各个生产经营环节由分散变为相互连通，进而变成一个有机整体。生产者、流通者及物流等各方信息共享的实现使得对应企业能根据市场的实际情况提供更优的产品和服务，同时做到生产经营活动的协调一致，信息技术在欧美发达国家已成为供应链整合和全球采购的一个核心技术。

2. 供应链管理模式下全球采购主要运作模式

自20世纪90年代以来，供应链已成为国际上一种新的企业组织形态和运营方式，拉式供应链运作模式指从客户（或消费者）的需求开始，经历设计、生产、批发等环节，将产品送到最终用户手中，形成各项制造和商业活动的网链结构，它与原有的推式供应链运作模式有极大的差异。不同于推式供应链运作模式，整个供应链共同创造的每一件产品价值、每一件产品的竞争力，真实地体现了整条供应链上各个环节的整体竞争能力。

3. 供应链管理环境下全球采购的影响

不论是对于供应方还是采购方，实行供应链环境下的全球采购模式对各方都实现了"双赢"。采购方的好处在于降低了其采购成本，不仅保持了稳定且具有竞争力的价格，还能提高产品质量，降低库存。因与供应商建立了合作关系，也提高了产品设计和产品变化的反应速度。供应方得益于合作伙伴关系，能更全面、及时地了解采购方的需求，改善产品生产流程，进而降低生产成本，获得更高利润，作为供应链管理中的一个重要环节，全球采购越来越受到企业的重视。

全球采购的一大优势就是降低成本，但同时也带来了资源浪费的现状，企业一方面会在各个环节囤积存货，以备不时之需；另一方面全球化采购使供应链的供货时间变长，导致企业更多的货物囤积，成本随即上涨，也带来存货的风险。因供应链信息不畅，供应链和成员缺乏协调，不能准确、快速响应市场需求，最终会导致供需之间需求逐步放大的牛鞭效应。故如何使供应链管理更完善，发挥主动优势是供应链中核心企业的关键问题。

二、全球采购对中国企业的影响

全球采购的迅速发展及其在中国市场日趋频繁的采购活动，对中国经济发展有着许多积极的影响。

1. 微观层面的影响

从微观层面来看，全球采购对中国企业的积极影响主要表现在以下三个方面：

第一，全球采购为中国企业提供了新的机遇，为以内销为主的多数国内企业提供了一个开拓国际市场、建立稳定的销售渠道、带动企业产品出口的机会。

第二，中国企业更快、更直接地了解国际市场的运行规则和需求，促使其对自身进行产品的升级优化，带来技术的创新，提高企业的全球竞争能力。中国企业在参与国际合作时，遵循国际市场规则，建立更加稳定的供销关系。

第三，中国企业目前面临着"走出去"的发展挑战，只有主动适应全球采购的资源配置方式才能在与国际对手竞争的过程中建立起全球化的生产网络和采购网络，进而真正提高在国际市场上的全球竞争力。

2. 宏观层面的影响

从宏观层面来看，全球采购也有着积极的影响和作用。

第一，全球采购对中国出口规模的扩大和出口结构的升级有巨大的推动作用。出口对于国家经济增长具有积极的推动作用，扩大出口不仅是基本国策，也是中国经济发展战略之一。作为一种新的贸易渠道和贸易方式，将持续推动我国产品走向国际市场。我国的出口结构长期处于依赖初级产品和资源性产品的阶段。我国的制造业产品已经形成了相当强的竞争能力，依靠传统的贸易公司和企业自营出口开拓市场，不仅难度较大，而且很难进入国际生产和国际市场的主流领域。故跨国采购活动和全球采购网络体系可以使我们更多有竞争力的制造企业进入国际市场，从而真正推动我国有附加价值的、具有竞争力的产品出口，进而推动我国出口结构的升级。

第二，全球采购对于我国经济产业结构调整具有积极作用。随着全球经济一体化的迅速发展，整个世界的经济结构都处于不断调整之中，新的国际分工格局正在形成。我国经济结构特征不仅要从自身经济发展的要求出发进行主动调整，还需要在国际分工新格局的形成过程中早做选择。因此，通过与国际企业合作并纳入全球采购网络，我国企业可尽快赢得一些有利的竞争地位，进而更有利于尽早占据全球性市场，我们的产业结构调整不仅能适应中国经济发展的要求，也能适应全球市场发展的新需求，为中国经济发展赢得更广阔的市场发展空间。

第三，对于促进和维持中国的竞争性市场结构，全球采购能发挥积极的促进作用。因为，全球采购进入中国市场，实际上是给过去在国内竞争的中国企业带来直接的国际竞争。那么，这种国际竞争将迫使国内企业主动采用符合国际市场规则的、更加规范的竞争手段寻求企业的长足发展，逐步走出以恶意价格竞争、依靠政府维持地区性或行业性的垄断而获得市场优势的低层次的竞争怪圈，进而使我国市场经济中的竞争水平得到提高，真正发挥市场机制对中国经济发展的促进作用。

本章小结

良好的开始是成功的一半。供应是一个企业的源头，有效的采购无疑成为企业绩效的制约因素，越来越多的企业开始重视自己的采购管理。尤其是在供应链管理环境下，虽然采购的基本过程是一致的，但是基于供应链的采购模式与传统采购模式依然存在很大的差别。在供应链管理环境下，采购模式重视从采购管理向外部资源管理的转变，强调从一般买卖关系向战略合作伙伴关系的转变。采购控制使采购更加井然有序，通过对采购数量和采购时间的控制，能有效减少采购的费用。

在互联网技术飞快发展的今天，电子采购成了当前采购管理的重要趋势。在供应链管理环境下，强调企业之间对市场需求的快速响应，准时化采购所强调的在恰当时间、恰当地点，以恰当数量、恰当质量提供恰当物品的思想，可以保证供应链运作的柔性和敏捷性，不但可以减少库存，还可以获得加快库存周转、降低提前期、提高购物的质量、实现满意交货等效果，体现了供应链管理的协调性、同步性和集成性，供应链管理需要准时化采购来保证供应链的整体同步化运作。在准时化采购思想的指导下，就必须更加强调供应商关系的管理，与经过有效评价选择的供应商实现相互之间的共赢。而在全球竞争加剧、全球化供应链趋势日益明显的今天，全球采购也将是采购管理的一个必然趋势。

案例分析

H 公司采购管理

H 公司是一家中外合资的现代化大型包装企业，成立于 1986 年，拥有从美国、英国、德国等国家引进的世界上最先进的 A 型罐、B 型罐、金属印刷和涂膜生产线，是目前国内规模最大，设备和技术最先进的制罐企业之一。

一、H 公司的采购组织

H 公司的组织结构是典型的直线职能式，公司的最高层是董事会，下设总经理，总经理下设两位副总经理，一位分管办公室工作，另一位分管财务部、采购部和销售部工作。生产部、研发部、品牌管理部、物料部（仓库）和法务部都为总经理所直接管辖。公司的采购部门依旧从属于或辅助于生产部门。就采购部门的内部职能而言，H 公司的采购组织仍然存在以下一些问题：其一，员工缺乏顾客导向的思想。采购部门的员工总是从自己部门的角度出发，只考虑本部门效率的优化和业绩的提高，以使其直接领导满意，很少考虑使顾客满意。这样导致的结果是不能提高整体效益和顾客满意度。其二，官僚氛围浓厚。随着组织规模的扩大，僵硬的指令传递模式和严格的规章制度所构成的直线职能型组织，导致 H 公司官僚作风蔓延，产生了僵化现象。其三，缺乏资源共享的信息平台。对 H 公司来讲，信息只存在于单个部门内部，分散在各个子系统，部门之间和子系统之间很少有信息传递，这样就形成了一个个的"信息孤岛"。H 公司拟定的采购组织优化目标——构建基于公共信息技术平台的采购组织。H 公司计划投入大量的人力、物力和财力来建立公共信息技术平台，把各种信息在平台上列出。各个部门可以从该平台上获取自己工作所需要的信息，同时也方便其他部门了解本部门工作的进度以及使用相关的资料。

H 公司构建基于公共信息技术平台的采购组织的目的在于通过现代信息技术理顺采购流程，进而提升采购效率，使企业的采购真正纳入到供应链管理中来。H 公司拟定构建的基于公共信息技术平台的采购组织具有如下优点：避免由于与其他部门的信息交流和沟通问题所造成的采购部门工作延误；使各部门工作同步进行，大大缩短生产周期，能使公司的效率得到提升。在信息交流方面，将供应商纳入到公司信息交流的平台中来，与供应商分享公司有关制造、开发、经营等方面的信息，使供应商可以参与到公司的实际运作中来，与供应商建立战略合作伙伴关系，共享利益，共担风险。

二、采购流程

1. H 公司采购流程包括的环节及职能

H 公司的采购流程包括八个环节，相关环节及其职能表现在以下方面：

（1）核对库存。即对设定了安全库存量的原材料或零部件，当其库存量达到或低于下限值时，由仓库管理员填写物资请购单。

（2）审批。即物资请购单经物料部经理审核通过后，报经总经理审批。

（3）供应商选择，即"物资请购单"经总经理审批后，递交采购员，采购员从"合格供应商名单"中选择 2 家以上的供应商，进行价格比较和全方位权衡。

（4）拟定采购合同。即选择合适的供应商，拟定"买卖合同"。

（5）订单审批。即经采购经理审核、副总经理审批后，下达采购订单。

（6）填写采购订单。采购员填写"采购订单"，确定订单物料的数量、单价、计划到货期等，采购订单上、应注明年度合同编号，以便财务部审查备案，采购订单经采购部门经理审核、公司副总经理审批后，传真给供应商，由采购员通过电话或电子邮件等方式与供应商进行确认，并将确认结果记录在"采购订单"的确认栏处，以保证采购订单得以顺利执行。

（7）合同跟踪归档。即采购员负责实时跟踪采购物料的到货情况，采购员需将月度、年度所负责原材料或零部件品目的采购订单加以汇总和归档，以备年度审核用。

（8）货物入库。即仓库人员根据《原材料进出库管理规程》办理入库手续。

2. H 公司原材料采购流程存在的问题

H 公司原材料采购流程似乎比较科学和合理，但仍然存在若干问题：每次采购都要经过同样的手续，造成资源浪费；每次采购的价格都只能随行就市，失去了大规模采购所带来的数量折扣等价格优惠；由于采购不及时，只能采取保留一定安全存货的应对措施，占用了企业大量的营运资金。

三、H公司拟定的原材料采购流程优化

H公司计划以供应链理论、VMI的基本思想为依据来进行原材料采购流程的优化再造。

H公司认为原材料采购流程优化的重要目标是选择战略供应商，与其建立良好的供应链合作关系，为实施VMI奠定基础。有鉴于此，H公司计划采取与供应商结成长期战略合作伙伴的策略，通过供应商择优机制，由采购部、财务部、生产部和品牌管理部等部门的代表人员组成供应商评估小组，对供应商的产品质量、生产能力、企业信誉、战略目标和持续发展能力等指标进行综合评估，从中择优，然后与供应商签订长期合同。

1. H公司原材料采购流程再造环节

制定了供应商长期战略合作伙伴策略后，H公司拟定实施如下的原材料采购流程再造环节：

（1）由采购部与供应商签订长期合同。

（2）供应商根据H公司物料部（仓库）的实时状况及时补充库存。

（3）生产部填写领料单，从物料部（仓库）中领取原材料进行生产；财务部定期与供应商进行结算。

2. 再造后的原材料采购流程具有的优点

（1）不需要人工对库存水平进行实时监测，计算机代替了纸张单据并简化了订货手续，因此，管理成本得以大幅降低。

（2）减少了安全库存水平和过时存货，加速了库存周转，从而加速现金流转，客观上增加了流动资金。

（3）VMI缩短了供货提前期，同时也减少了挂牌销售而仓库实际缺货的现象。此外，H公司认为，要保证再造后的原材料采购流程顺利运行，必须从现代信息技术着手，通过各种信息系统和合作协议来实现供应链的有效运行，提高供应链运营效率，节省运营成本。

3. H公司拟定的各种信息系统和合作协议

（1）建立情报信息系统。要有效地管理库存，使供应商能够实时获得库存的有关信息，H公司需要建立情报信息系统。把由H公司进行的需求预测与分析功能集成到供应商的系统中去，使供应商能够掌握库存变化的详细情况。

（2）建立供应网络管理系统。H公司要很好地管理库存，必须建立起完善的供应网络管理系统，保证自己产品的需求信息和物流畅通。要求供应必须保证自己产品条码的可读性和唯一性，并解决产品分类、编码的标准化问题，同时要解决商品存储运输过程中的识别问题。

（3）协商与拟定供应商与H公司的合作框架协议。H公司与供应商一起通过协商，确定订单处理业务流程以及库存控制的有关参数，如再订货点、最低库存水平等，并选择库存信息的传递方式。在拟定了采购组织和采购流程优化目标和具体过程后，H公司决定集中人力、财力和物力来加以实施，其实施前景令人期待。

案例来源：https://wenku.baidu.com/view/174f003fe2bd960590c677b0.html.

【案例思考题】

1. 结合案例，分析企业的采购效应有哪些？

2. 结合案例，分析 H 公司优化采购需要借助哪些信息技术？这种技术进步对于 H 公司的采购管理会产生什么样的影响？

3. 结合案例，分析采购管理过程包括哪些环节？

习　题

一、名词解释

1. 采购　　2. 采购管理　　3. 电子采购　　4. 准时采购　　5. 全球采购

二、简答题

1. 传统采购模式存在哪些弊端？

2. 供应链采购模式的主要特征是什么？

3. 电子采购的优劣势分别是什么？

4. 准时采购的特点有哪些？

5. 全球采购对中国企业有哪些影响？

第六章 供应链物流管理

1. 了解物流管理的发展史
2. 理解物流管理的基本概念
3. 理解物流在供应链中的地位
4. 了解企业物流包括的基本内容

日本菱食公司的物流发展

日本株式会社菱食公司是 1979 年由日本三菱商社的 4 个食品加工批发企业合并，发展成为综合食品批发商。后来主要经营调料、罐头、面等干物产品、饮料、冷冻产品、酒类和宠物食品等。尽管近几年批发企业生存空间大大压缩，但是菱食公司的绝对业绩和相对增长率都十分惊人。日本菱食公司的前端物流中心（Fromt Disturibution Center，FDC）、区域配送中心（Regional Disturibution Center，RDC）等新型物流系统已经成为获取竞争优势的源泉，"新物流"与"新经营"和"新管理"一起成为构筑日本菱食公司核心能力的三大支柱。

日本菱食公司的总体发展战略追求"以消费者为基点的流通系统"，将自己定位于"作为连接消费与生产的创造价值的桥梁"。日本菱食公司物流发展战略目标就是通过垂直联盟与合作有效地将从生产商出货到零售店的上货有机地联系在一起，真正实现产、销、物三者的结合。

在菱食公司中起着连接单品大量运输和面向零售企业分拣组合配送并具体开展物流活动的环节是物流中心，被称为 FDC。FDC 的主要功能是直接从生产商处接收进货，并进行相应的物流作业。但是，在 FDC 内进行的物流作业基本上是以整箱为单位进行，如果是小批量进货就需要从事进一步的备货、分拣等物流作业，这样无疑会大大降低 FDC 的作业效率。菱食公司将小批量分拣作业从 FDC 中分离出来，专门建立针对小批量物流作业的物流中心，即 RDC，目前在日本全国共有 8 处 RDC。RDC 的主要功能是对应多频度、少量物流，集中处理既花人力又花成本的小批量分拣作业，把各种商品集中放置在另一种特定商品的货箱中，可以说，RDC 中的配送货箱不是特定商品的货箱，而是特定店铺的货箱。RDC 完成物流作业后，将各店铺的货箱输送到 FDC，再由 FDC 实行大规模的集中配送，这样真正实现了物流管理的规模经济效益。所以，从某种意义上讲，RDC 是 FDC 的后方支援基地，通过这种物流中心，相对于统一作业的集中化物流，小批量物流作业也能实现效率化。

在物流管理体系上，除了 FDC 和 RDC 之外，菱食公司还专门针对特定零售商建立了专用物流中心，即 SDC。这种物流中心是专门为某一特定量贩连锁店提供自动化的小批量分拣作业，或者说它是零售商专有的将 RDC 和 FDC 功能结合在一起的物流配送中心，目前，菱食公司共有 7 处 SDC。

菱食公司还需要在 FDC、RDC 和 SDC 内部实行全面的验货，以防止商品配送上的差错。一般在商品进入物流中心时，菱食公司就实施商品的检查，同时决定是否用必要的机械设备进行搬运。在发货时，如果是大批量整箱出货，就利用人工验货，因为大批量整箱出货人工验货比较方便。如果是小批量分拣组合配送，验货管理主要依靠计算机来进行。此外，在库存管理上，菱食公司通过其计算机系统，在过去一两周零售店铺订货数据的基础上，对库存水准适时监控，如果低于安全库存，则自动向生产商订货。

通过实施这些物流发展战略，日本菱食公司物流效率取得了巨大的提升，公司也因此获得了成功。

案例来源：https：//wenku. baidu. com/view/8e0c6fe1680203d8cf2f2451. html.

第一节　物流管理介绍

一、物流管理的形成与发展

物流管理，英文原文为 logistics Management，是供应链管理中的一个重要组成部分，与传统的物料管理有着很大的区别。了解物流管理的形成和发展，对于理解供应链管理思想的实质以及供应链管理中物流管理的作用很有必要。

一般认为，物流管理理论与方法体系的形成是从商品配送与军事后勤管理中演变形成的。

1918 年，第一次世界大战时，英国犹尼利弗的商人哈姆勋爵成立了一个"即时送货股份有限公司"，公司的宗旨是在全国范围内把商品及时送到批发商、零售商和用户的手中，这一事件被认为是物流活动最早的文献记录。

1935 年，美国的销售协会最早对产品配送（Physical Distribution）下了定义："包含于销售之中，并伴随种种经济行为的物质资料和服务从生产地点到消费地点的流动过程，"国内有学者认为这就是关于物流的最早表述。

第二次世界大战期间，美国根据军事上的需要，在对军火进行供应时，首先采用了军事后勤管理（Military Logistics Management）一词。军事后勤管理在物流管理的起源和发展过程中扮演了重要角色。军事后勤管理最初起源于军事物资的供应管理，第二次世界大战后逐渐形成了一个独立的学科。到了 20 世纪 60 年代，源于军事上的后勤管理较为广泛地应用于企业管理之中，先后出现了物流工程（Logistics Engineering）、企业物流管理（Business Logistics Management）、物流配送（Logistics Distribution）等，直到形成了今天的物流管理概念，并统一用"Logistics Management"这一术语表达。

美国物流管理协会（Council of Logistics Management，CLM）1976 年在定义物流管理中指出：物流活动包括用户服务、需求预测、销售情报、库存控制、物料搬运、订货销售、零配件的供应、工厂及仓库的选址、物资采购、包装、废物的处理、运输、仓储等。

1998 年，CLM 又根据物流和供应链活动要素的关系，把物流管理定义为：物流是供应链过程的一部分，是以满足客户需求为目的，以高效和经济的手段来组织产品、服务以及相关信息从供应到消费的运动和存储的计划、执行和控制的过程。

物流管理是一个演变的过程，主要包括三个阶段：第一阶段为 20 世纪六七十年代的实物配送功能性管理；第二阶段为 80 年代企业内部的物流功能集成；第三阶段为 90 年代供应链系统中企业之间的物流综合集成。

在人们还没有认识到物流管理的作用之前，企业管理组织设置中没有一个独立的物流管理职能部门，物流被当成制造活动的一部分，没有专业物流管理人员和这方面的学术研究。直到 20 世纪 60 年代之后情况才发生变化：物流管理的重要作用和在企业中的地位得到了人们的认可，在有些企业中设置了物流管理部门。20 世纪 80 年代中后期，受到供应链管理思想的影响，出现了集成物流（Integrated Logistics）的概念，把企业的输入与输出物流管理以及制造过程、分销配送等活动集成在一起，与供应链管理的发展形成相互支撑之势。新型的物流管理模式使企业的管理视角从眼睛向内转向眼睛向外，物流活动也逐渐建立在供应链这一更大的平台上。

总之，目前物流管理已经扩展到整个供应链企业之间的活动。从这个意义上讲，物流是指包括企业生产和经营活动在内的、供应链范围内企业之间物料转移、转换（生产过程）和交换（流通过程）活动的支持系统。现代企业物流管理已经把采购与分销两个为生产和经营服务的领域统一在一起，形成所谓的供应链物流。

二、物流管理在中国

我国关于物流及物流管理思想形成的历史不是很长，一些先驱学者对国外物流管理理论研究后逐步形成有中国特色的物流管理理论体系——物流学。我国北方交通大学（现北京交通大学）、华中理工大学（现华中科技大学）、北京物资学院等学校都是比较早对物流进行系统研究和教学的单位。

20 世纪 70 年代以前，我国管理研究中很少见到物流管理一词。20 世纪 80 年代出版的《经济大词典》初次编入"物流合理化"这个词，1985 年出版的《经济与管理大词典》将"物流"解释为"在买方与卖方之间的实物形态的流动过程"、我国学者和企业界人士根据中国企业对"Logistics Management"的理解和现实环境，将其翻译为物流管理而不是后勤管理，因为后勤管理在中国企业中有特定的含义，一般是指与员工生活相关的服务，这显然不是 Logistics Management 的本质含义。

关于物流活动的内容，王嘉霖等认为，物流活动分为：企业内物流（微观物流），指原材料采购、临时性存放在工序之间、车间内、专业厂内以及它们之间的半成品、成品搬运到成品库的活动过程，仓库作业的入库、验收、存储保管、调拨、发放等；企业外物流，即分销物流；社会物流（大物流）。李振一认为，物流活动分为：生产物流，指企业制造活动过程中，原材料、在制品、半成品、产品在工厂范围内的流动，生产物流贯穿产品生产工艺流程的全过程；供应物流，为保证生产企业的物资供应，通过采购行为使物资从供应单位流转到购物单位形成的物流，它与生产物流的输入端相连接；销售物流，指生产企业在销售过程中，产品从生产企业到用户之间的物流。

销售物流和供应物流是对同一企业而言的，对不同的企业，供应企业的销售物流即为购货企业的供应物流。此外，还有表示回收物流和废弃物流的逆向物流。

《物流术语》国家标准将物流定义为：物品从供应地向接收地的实体流动过程，根据实际需要将运输、储存、装卸、搬运、包装、流通加工、配送、信息处理等基本功能实施有机结合。而对物流管理则定义为：为达到既定的目标，对物流的全过程进行的计划、组织、协调与控制。

本书采用了大部分研究人员对物流管理的诠释：物流是供应链的一个组成部分，物流管理是对供应链上各种物料（包括原材料、零部件、产成品）、服务及信息从起点到终点流动过程实施的计划、组织和控制活动的总称，它充分运用信息技术，将运输、仓储、装卸、加工、整理、配送等活动有机结合，为供应链运营管理提供支持，为用户提供一体化的综合服务。

三、物流的分类

按照不同的标准，物流可进行不同的分类。通常，物流可以按以下几种方式分类：

1. 按物流的范畴，可分为社会物流和企业物流

社会物流属于宏观范畴，包括物流设备制造、运输、仓储、包装装卸、配送、信息服务等，公共物流和第三方物流贯穿其中；企业物流属于微观物流的范畴，包括生产物流、供应物流、销售物流、回收物流和废弃物物流等，如图6-1所示。

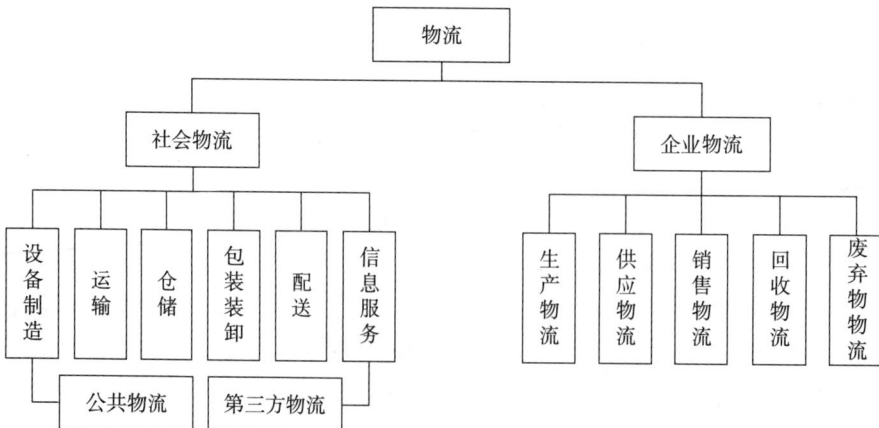

图6-1 物流的分类

2. 根据作用领域的不同，可分为生产领域的物流和流通领域的物流

生产领域的物流贯穿生产的整个过程。生产的全过程从原材料的采购开始，便要求有相应的供应物流活动，即采购生产所需的材料；在生产的各工艺流程之间，需要原材料、半成品的物流过程，即所谓的生产物流；部分余料、可重复利用物资的回收，就是所谓的回收物流；废弃物的处理则需要废弃物物流。

流通领域的物流主要是指销售物流。在当今买方市场条件下，销售物流活动带有极强的服务性，以满足买方的需求，最终实现销售。在这种市场前提下，销售往往以送达用户并经过售后服务才算终止，因此，企业销售物流的特点便是通过包装、送货、配送等一系列物流实现销售。

3. 根据发展的历史进程，可分为传统物流、综合物流和现代物流

传统物流的主要业务集中在仓储和运输与配送上，主要是为其他企业提供专业的仓储和运输服务，基本上不涉及或较少涉及其他服务。

综合物流不仅提供仓储和运输服务，还包括许多协调工作，是对整个供应链的管理，如对一些分销商的管理，还包括订单处理、采购等内容。由于很多精力放在供应链管理上，责任更大，管理也更复杂，这是它与传统物流的区别。

现代物流是为了满足客户需要而进行的从起点到终点的原材料、中间过程库存、最终产品和相关信息有效流动的计划、组织和控制的一体化、门到门的物流服务。

4. 根据提供服务的主体不同，可分为代理物流和企业自营物流

代理物流也叫第三方物流（Third Party Logistics，3PL），是指由供方与需方之外的第三方完成物流服务的运作模式。交易双方的企业将物流外包给第三方物流企业，由第三方物流企业承担交易双方的部分或全部物流功能。

企业自营物流是指企业利用自身的物流资源完成从原材料采购进厂、经过多道工序加工成零件并组装成产品，到最后交付给客户的过程。由于这一过程是企业自己组织和管理的，所以称为自营物流。

5. 按物流的流向不同，可分为流入物流和流出物流

流入物流是企业从生产资料供应商进货所引发的产品流动，即企业从市场采购的过程；流出物流是从企业到消费者之间的产品流动，即企业将产品送达市场并完成与客户交换的过程。

根据流入物流和流出物流对企业竞争力影响的重要性不同，又可分为单向物流和双向物流（或平衡物流），在单向物流的例子中，最典型的是汽车制造企业。流入物流管理水平的高低对这类企业竞争力的影响很大。例如，一辆轿车由上万种零件构成，从物流管理涉及的种类来说，上万种零件物流管理的难度显然要远大于一种型号的汽车。因此，世界著名的汽车制造商都十分注重供应链流入端的物流管理。

第二节 物流与供应链管理

一、物流在供应链管理中的地位

一般认为，供应链是物流、信息流、资金流的统一，那么，物流管理很自然地成为供应链管理体系的重要组成部分。物流管理在供应链管理中的重要作用可以通过价值分布来衡量。物流价值（采购与分销之和）在各种类型的产品和行业中都占到了整个供应链价值中的一半以上，而制造价值不到一半。在易耗消费品和一般工业品中，物流价值的比例更大，达80%以上，充分说明物流管理的价值。供应链是个价值链的增值过程，有效地管理好物流过程，对于提高供应链的价值增值水平，有着举足轻重的作用。

从传统的观点来看，物流在制造企业的生产过程中被视为辅助的功能部门。但是，现代企业生产方式的转变，即从大批量生产转向精细的准时制生产和定制化生产，这时的物流活动（包括采购与供应）也都需要随着企业运作方式的变化而变化。同时，对顾客需求的及时响应，要求企业能以最快的速度把产品送到顾客手中，以提高企业快速响应市场的能力。所有的这一切，都要求企业的物流系统具有和制造系统协调运作的能力，以提高供应链的敏捷性和适应性。因此，物流管理不再仅仅是传统的保证企业内部生产过程连续性的问题，而是要在供应链管理中发挥重要作用：

- 创造顾客价值，降低顾客成本
- 协调制造活动，提高履约水平
- 提供顾客服务，塑造企业形象
- 提供信息反馈，协调供需矛盾

要实现以上几个目标，物流系统应做到准时交货、提高交货可靠性、提高响应性、降低库存费用等。现代市场环境的变化，要求企业加速资金周转、快速传递与反馈市场信息、不断沟通生产与消费的联系、提供低成本的优质产品、生产出满足顾客需求的定制化产品、提高用户满意度。因此，只有建立敏捷而高效的供应链物流系统才能达到提高企业竞争力的要求。供应链管理是21世纪企业的核心竞争力，而物流管理又将成为供应链管理的核心能力的主要构成部分。

二、供应链管理下物流管理的特征

1. 供应链管理环境下的物流环境特点

在新的竞争环境背景下，公司管理的概念和供应管理理念是新的，环境是新的。新的竞争环境促进了公司竞争优势要素的改革。在20世纪70年代之前，是成本要素；20世纪80年代，把质量作为主要竞争优势；从20世纪90年代开始时，都是基于送货时间；到

21世纪初，竞争优势转移到敏捷性上。在当前环境下，企业要以最快的速度响应市场需求，并且需要更加多样化的业务。根据企业的实时需求，快速地生产高质量的产品。在激烈的市场竞争中，传统的单一企业竞争模式已经很难使企业在市场竞争中保持绝对的竞争优势。因此，需要打破企业之间的界限，建立一种超越企业界限的新型合作关系，通过这样可以为企业创造新的竞争优势。而供应链管理的出现正好迎合了这种趋势，它顺应了新的竞争环境的需要，使企业从资源的约束中解放出来，帮助企业创造新的竞争优势。

归纳起来，供应链管理环境下的物流环境特点见表6-1。

表6-1　供应链管理环境下的物流环境特点

竞争的需求	竞争特性	物流策略要素
对定制化产品的开发、制造和交货速度	敏捷性	通过畅通的运输通道快速交货
资源动态重组能力	合作性	通过基于互联网/物联网的信息网络获得信息共享、知识资源和资金资源支持
物流系统对变化的实时响应能力	柔性	多种形式的竞争网络、多源信息获取途径、敏捷的供应链系统
用户服务能力的要求	满意度	多样化的产品、亲和的服务、可靠的质量

2. 供应链管理环境下物流管理的新特点

由于供应链管理下物流环境的改变，使新的物流管理和传统物流管理相比有许多不同的特点。

（1）传统的物流管理的基本情况。图6-2为传统的物流供应链模型。在传统的物流系统中，需求信息和反馈信息（供应信息）都是逐级传递的，因此上级供应商不能及时地掌握市场信息，对市场的信息反馈速度比较慢，从而导致需求信息的扭曲。

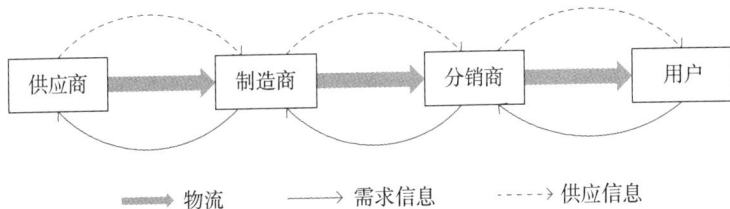

图6-2　传统的物流供应链

另外，传统的物流系统没有从整体角度进行物流规划，常常导致一方面库存不断增加，另一方面当需求出现时又无法满足。这样，企业就会因为物流系统协调不善而丧失市场机会。1994年，康柏公司就因为流通渠道没有跟上而导致了1亿美元的损失，康柏财务经理说，"我们在制造、市场开拓、广告等方面做了大量的努力，但物流管理没有跟上，这是最大的损失"。

简言之，传统物流管理的特点主要表现在以下方面：

■ 企业自我封闭的物流系统

■ 供需关系不稳定，缺乏合作

- 资源的利用率低，没有充分利用企业的有用资源
- 信息的利用率低，没有共享有关的需求资源，需求信息扭曲现象严重
- 和传统的物流模型相比，信息的流量大大增加

（2）在供应链环境下物流系统有三种信息在系统中运行：需求信息、供应信息、共享信息。

提高信息的共享程度对供应链管理是非常重要的。由于可以做到共享信息，供应链上任何节点的企业都能及时掌握市场的需求信息和整个供应链的运行情况，每个环节的物流信息都能透明地与其他环节进行交流与共享，从而避免了需求信息的失真现象。

对物流网络规划能力的提升，也反映了供应链管理环境下的物流特征。充分利用第三方物流资源来降低库存的压力和安全库存水平。

作业流程的快速重组能力极大地提高了物流系统的敏捷性。通过消除不增加价值的过程和时间，使供应链的物流系统进一步降低成本，为实现供应链的敏捷性、精细化运作提供基础性保障。

对信息跟踪能力的提高，可使供应链物流过程更加透明化，也为实时控制物流过程提供了条件。在传统的物流系统中，由于缺乏共享的实时信息系统，许多企业只能跟踪企业内部的物流过程，但没有能力跟踪企业之外的整个物流过程。

合作与协调是供应链管理的重要特征，但是如果没有物流系统的无缝连接，订购的货物很有可能会延期，就无法及时满足客户的需求，而且采购的物料往往会在途中受阻。供应链的协调大大减少。因此，无缝连接的供应链物流系统是实现供应链协调一致的前提。

灵活多样的物流服务，提高了顾客的满意度。通过制造商和物流服务商的实时信息交换，及时地把顾客关于运输、包装和装卸方面的要求反映给相关企业及相关的管理部门，可提高供应链管理系统对顾客个性化需求响应的能力。

归纳起来，供应链环境下物流管理的特点可以用如下术语简要概括：

- 信息——共享
- 交货——准时
- 过程——同步
- 响应——敏捷
- 合作——互利
- 服务——满意

第三节　供应链中的企业物流管理

一、企业物流管理概念

从企业的角度来看，其与物流的关系可以表现在两个方面：一方面，物流是企业赖以生存和发展的外部条件。企业的正常运转要保证按生产计划和生产节奏提供、运达各种原

材料，同时要将产品不断运离企业。这正是依靠物流及有关的活动创造和提供保证。另一方面，物流是企业本身必须从事的重要活动。企业生产过程的连续性和衔接性，靠生产过程中不断的物流活动，有时生产过程本身便和物流活动结合在一起，物流的支持保证作用是不可或缺的。

关于企业物流的内涵及范畴，可以认为，企业物流是以企业经营为核心的物流活动，是具体的微观物流活动的典型领域。

企业系统活动的基本结构是投入—转换—产出，对生产型企业来讲，是原材料、燃料、人力、资本等方面的投入，经过制造或加工使之转换为产品或服务；对服务型企业来讲则是设备、人力、管理和运营转换为对用户的服务。物流活动便是伴随着企业的投入—转换—产出而发生的。相对于投入的是企业外供应或企业外输入物流，相对于转换的是企业内生产物流或企业内转换物流，相对于产出的是企业外销售物流或企业外服务物流。由此可见，在企业经营活动中，物流渗透到了各项经营活动之中。

具体而言，企业物流包括以下几种运作内容：

（1）企业生产物流。它是指原料及辅料从企业仓库或企业"门口"进入生产线的开始端，随生产加工过程流过各个环节，直到生产加工终结，再流至生产成品仓库。研究重点是减少物流活动时间，缩减生产周期，节约劳动力。

（2）企业供应物流。它是指组织原料、辅料供应的物流活动，应关注如何降低这一物流过程的成本，解决有效的供应网络、供应方式及库存控制等问题。

（3）企业销售物流。它是指伴随销售活动，将产品所有权转给用户的物流活动。其特点是通过包装、送货、配送等一系列物流实现销售，这需要研究送货方式、包装水平、运输路线等，并采取各种诸如少批量、多批次、定时、定量配送等特殊的物流方式以达到目的。

（4）企业回收物流。它是指企业在生产、供应、销售的活动中总会产生各种边角余料和废料、循环包装材料的回收等，这些物品的回收是需要伴随物流活动的。如果回收物品处理不当，往往会影响整个生产环境甚至影响产品的质量，占用很大空间，造成浪费。

（5）企业废弃物物流。它是指对企业排放的无用物进行运输、装卸、处理等的物流活动。从环保的角度，关注对包装、流通加工等过程产生的废弃物进行回收再利用。

二、物流管理在企业竞争中的作用

显而易见，抓好企业物流管理对于提高企业在市场上的竞争力具有十分重要的意义。

一般来说，衡量供应链竞争力和运作绩效的指标很多，比较常用而且也是较为主要的指标包括：供应链对客户订货需求的响应周期、供应链运作的总成本、供应链上总库存水平、向客户承诺交货期的交付可靠性，以及对客户的服务水平等。对于这样几个主要指标，物流过程对其影响都是很大的。

因此，抓好物流过程的管理，就成为所有企业关注的事情。物流在企业获取竞争优势中的关键作用还可以体现在以下几个方面：

1. 物流过程对供应链响应周期的影响

物流过程对供应链响应周期的影响是对供应链竞争力影响最大的一个方面。供应链响应周期是指整个供应链从接到客户订单到最终交货的时间间隔。有调查表明，在供应链上总的生产周期中，真正花在生产过程的时间不到总周期的5%，剩余的95%都消耗在等待、存储过程中，这不但使响应周期延长，而且还增加了成本。据有关报道，美国一家食品公司的产品从原材料采购到加工生产再到市场，需要200分钟的时间，而其中真正消耗在生产中的时间只有60分钟。这个事实告诉我们，物流过程的控制对供应链响应周期的影响是巨大的。

2. 物流过程对供应链总成本的影响

物流过程管理水平的高低反映在供应链总成本上，可以从物流费用占总费用的比例看出来。在发达国家，如美国和加拿大，物流费用占总费用的9%~10%，而我国企业物流费用占总费用的比例则高达20%~40%（不同的统计口径得到的数据可能不一样）。仅此一点，就足以说明物流过程对供应链竞争力的影响了。美国研究人员对供应链绩效的研究发现，每1美元中就有0.85美元流向仓储和运输过程，这说明物流过程引起的费用之高。实践表明，如果供应链上的物流费用下降0.1%，就相当于生产效率提高10%，这是多么大的效益。这些数据都说明了物流过程对整个供应链竞争力的影响。在我国，企业物流费用之所以占总费用的比例很高，与物流过程在整个供应链中的组织水平有很大关系。由于企业在生产与物流的各个环节之间的组织协调很差，导致各种零部件及产成品的运输时间、交货时间、到货时间不同步，有的很早就生产出来了，而有的却很晚才交货，结果影响了整个装配进度。那些不能同步生产的零部件就形成等待库存，既消耗了时间，又占用了资金，增加了资金使用成本。

3. 物流过程对供应链总库存水平的影响

低水平的物流过程对供应链库存的影响，最典型的就是订货量在供应链上被逐级放大（长鞭效应）。这一效应会造成供应链上各级的库存越来越大，显著增加了库存成本，使供应链的总体效率下降。想要解决"长鞭效应"，就要把重点放在物流过程上。如果提高物流管理的水平，就可以使"长鞭效应"减弱乃至消除，供应链上总的库存水平就会下降。

4. 物流过程对供应链按期交付可靠性的影响

按期交付可靠性不仅是对企业整体信誉的一种衡量，也是供应链吸引客户的一种有力手段。按期交付可靠性高的企业，更容易得到客户的信任，就会收到越来越多的订单，反之不仅得不到新加的订货，还会逐渐失去现有的客户。在影响按期交付可靠性的因素中，物流是显而易见的关键因素。

5. 物流过程对供应链服务水平的影响

供应链管理的核心就是要满足客户的需求，为客户提供满意的产品。因此，客户服务水平是体现供应链竞争力的关键要素之一。而决定客户服务水平的最重要业务领域之一是被称为"分销渠道"的结构。由于物流过程的操作活动必须在任何时间，任何地方，在广阔的区域内进行，因此对服务水平的要求很高，因为大多数物流操作都是在主管的视野之外进行的。由于物流操作不正确而重做客户订单的成本远远高于第一次正确执行订单的成本。因此，物流过程不仅是供应链服务水平的主要组成部分，而且还是影响供应链总成本的因素。毫不夸张地说，它是决定一个供应链最终成败的业务战场。

由以上分析不难看出，物流过程管理水平的高低和物流能力的强弱，直接影响着供应链的整体竞争力。但是，用传统的物流管理供应链中的物流过程却难以满足以上要求，因而必须建立现代物流的理念。

第四节　供应链中的物流组织与管理

一、流入物流——企业供应物流

1. 流入物流的概念

流入物流指的是企业为保证本身生产的节奏，实现准时制生产或精益生产而对物料的准时化补充要求，进而不断组织原材料、零部件、燃料、辅助材料供应的物流活动。这种物流活动对企业生产的正常、高效运行起着重要的保障和支持作用，特别是对加工装配式企业。供应物流的组织还有一项重要任务，就是保证产品装配前的齐全配套性。流入物流组织的设计必须考虑整个流入物流网络（从供应商货仓门到生产线）的能力和成本，它的工作是围绕着降低供应链总成本展开的，企业的流入物流必须解决有效的供应网络、供应方式和原材料、零部件库存等问题。

有效流入物流组织应实现以下目标：

■ 降低运输成本

■ 降低库存水平

■ 减少零部件不配套现象

为了减少产品制造过程中因物流管理水平不高所导致大量零部件的库存现象，就要合理组织好流入物流组织和管理工作，其基本思想应是："在必要的时间，对必要的零部件进行必要的采购。"

2. 流入物流的过程

供应物流的过程不是一成不变的，它因不同企业、不同供应环节和不同的供应链而有所区别。尽管不同的模式在某些环节具有非常显著的差异，但供应物流的基本流程是相同的，其过程有以下几个环节：

（1）取得材料。取得材料是完成之后所有供应活动的前提条件。取得什么样的材料，这是核心生产过程提出来的，同时也要按照供应物流可以承受的技术条件和成本条件辅助这一决策。

（2）组织到厂的物流。需要的材料必须经过物流过程才能到达企业。在物流过程中，往往要反复运用装卸、搬运、储存、运输等物流活动才能使所需材料送到企业的门口。

（3）组织厂内的物流。如果企业外部的物流到达企业的"门"，则将"门"用作企业内部和外部之间的边界。例如，如果企业的仓库是外部物流的终点，则将仓库用作划分企业内部和外部的边界。这种从"门"和仓库开始，一直延伸到车间或生产线的物流过程称为供应物流的公司内部物流。

3. 流入物流模式

企业供应物流目前用得较多的有以下四种基本模式。

（1）委托社会销售企业代理。即供应商或社会销售企业送货上门，也称供应商代理形式。采用这种模式，企业可免除物流活动而致力于其核心业务，供应商则利用其熟悉的物流渠道为企业提供增值服务，并以良好的服务与企业共同结成战略联盟。供应物流的费用，可以列入物资采购价格内，也可单独由企业额外支付。

（2）委托第三方物流企业代理。这种供应物流方式是指在企业完成采购任务后，由相对于"第一方"发货人和"第二方"收货人而言的第三方专业物流企业来承担供应物流活动的一种物流形态。第三方物流企业通过与第一方或第二方的合作来提供其专业化的物流服务，它不拥有商品，不参与商品买卖，而是为顾客提供用合同形式来约束、以结盟为基础的系列化、个性化、信息化的物流代理服务。这种方式正逐渐成为供应物流的主导模式。

（3）自供与外协物流模式。企业自供模式，即企业上一生产环节的产品作为下一生产环节的原材料供应。外协是由生产企业向外协厂（即 OEM 厂商）提供所需产品的技术图纸以及产品质量要求，由外协厂组织生产并完成供应物流过程。

（4）供应链供应物流模式。这是近年来随着供应链理念和实践的拓展发展起来的供应物流模式。供应链体系将物料供应商、生产商、储运商、分销商及消费者组成供需网络链，供应商和企业结成最高层次上的联盟，在互利互惠、共享信息、共担风险和相互信任的原则下建立长期的供应合作关系。

在上述这些方式下，又各有层次高低不同的管理模式。目前诸如供应链供应模式、零库存供应模式、JIT 供应模式、虚拟仓库供应模式等，都是较高层次的供应管理模式，同时也是供应物流的发展趋势。

二、内部物流——企业生产物流

1. 内部物流的概念

企业生产物流涉及生产运作管理，指企业在生产工艺中的物流活动，也就是生产企业的车间或工序之间，其原材料、零部件或半成品，按工艺流程的顺序依次流过，使其最终成为产成品，送达成品库暂存的过程。这种物流活动是与整个生产工艺过程伴生的，实际上已构成了生产工艺过程的一部分。企业生产过程的物流大体为：原材料、零部件、燃料等辅助材料从企业仓库或企业的"门口"开始，进入生产线的开始端，再进一步随生产加工过程按照环节流动，在流动的过程中，本身被加工，同时产生一些废料、余料，直到生产加工终结，再流至产成品仓库，便终结了企业生产物流过程。

过去，人们在研究生产活动时，主要注重单个的生产加工过程，而忽视了将每一个生产加工过程串在一起，结果使得物流活动所消耗的时间远多于实际加工的时间。所以优化企业生产物流的组织，可以大大缩减生产周期，节约物流成本。

2. 内部物流的重要性

对应于供应物流的采购管理改善，在企业的生产物流组织中，关键的就是物料的配套管理。

材料的匹配是企业最关心的管理问题之一。从最早的 MRP 到后来的 MRP II 和 ERP，它们都非常重视如何有效地改善同步性，供应匹配和减少库存。在解决库存管理问题的过程中，物流管理是解决不合理库存结构的重要手段，也是 ERP 系统中的核心数据。可以说，正确的物流管理是解决产品结构不合理问题的基础。仅当物流数据准确时，企业才可以按需购买、按需存储和按需发放物料。

对物料实物管理水平的提高，需要依靠硬环境和软管理两方面协调配合，同时提高。硬环境主要是指仓库的厂房设施、设备状况等方面环境；软管理是指通过现代化的信息系统工具，及时发现和解决管理中存在的漏洞，提高管理水平。

3. 生产物流过程

企业生产物流过程大致为：原材料、零部件、燃料等辅助材料从企业仓库和企业的"门"开始，进入到生产线开始端，再进一步随生产加工过程各个环节运动。在运动过程中，本身被加工，同时产生一些废料、余料（进入逆向物流），直到生产加工终结，再运动至成品仓库终结了企业生产物流过程。

三、流出物流——企业销售物流

1. 流出物流的概念

企业销售物流是企业的流出物流，是将生产出来的产品向批发商、零售商传递的物流，它是企业为保证本身的经营效益，通过购销或代理协议，将产品所有权转给用户（或者说将产成品转移到流通环节）的物流活动。在现代社会中，大部分企业面临的是一个买方市场，销售物流活动必须具有很强的服务性，才能满足买方的需求，最终实现销售。因此，销售物流的空间范围很大，这也是销售物流的难度所在。在这种情况下，企业销售物流的特点，就需要通过包装、送货、配送等一系列物流活动来支持，这就需要研究产品的配送方式、包装规格、配送路线设计等，并采取各种诸如少批量、多批次、定时、定量配送等特殊的物流方式达到目的，因而，其研究领域是很宽的。

为了提高最终用户的体验水平和掌握销售物流的活动规律，不少企业会考虑构筑自己的物流系统，向位于流通最后环节的用户配送产品。企业自营物流体系中一个最明显的措施，就是实行企业物流中心的集约化，将原来分散在各地或中小型物流中心的库存集中在大型物流中心，通过数字化设备或信息技术实现进货、保管、在库管理、发货管理等物流活动的集成优化。物流中心的集约化缩减了与物流关联的人工费、保管费、库存成本等费用，从整体上提高了物流效率。当然，也有相当一部分企业采取销售物流外包的运营模式。

2. 流出物流过程

销售物流的起点，一般情况下是生产企业的产成品仓库，经过分销物流，完成长距离干线的物流活动，再经过配送完成市内和区域范围的物流活动，到达企业、商业用户或最终消费者。销售物流是一个逐渐发散的物流过程，这和供应物流形成了一定程度的镜像对称。

3. 销售物流模式

销售物流有三种主要的模式：由生产企业自己组织销售物流；委托第三方组织销售物流，如某些供应链管理服务公司提供的销售执行业务；由购买方上门取货。

本章小结

本章介绍了物流管理的基本概念及其在供应链环境下的运营管理问题。物流管理作为企业运营的后勤保障支持系统，在企业竞争力的构成上具有重要的作用，特别是随着供应链管理的出现，物流的作用就更加突出了。在这一章，我们重点讨论了供应链中的企业物流管理，并就流入物流、内部物流、流出物流三部分展开了详细的介绍。

案例分析

海尔的供应链物流管理

海尔集团首席执行官张瑞敏在"海尔现代物流同步模式研讨会"上的发言中曾这样说：物流是什么。物流，我认为它就是两点：第一，它就是企业的管理革命；第二，它就是速度。

海尔的物流改革是一种以订单信息流为中心的业务流程再造，通过对观念的再造与机制的再造，构筑起海尔的核心竞争能力。在海尔，仓库不再是储存物资的水库，而是一条流动的河。河中流动的是按单采购来生产必需的物资，也就是按订单来进行采购、制造等活动。这样，从根本上消除了呆滞物资，消灭了库存。海尔集团每个月平均接到 6000 多个销售订单，这些订单的品种达 7000 多个，需要采购的物料品种达 26 万余种。在这种复杂的情况下，海尔物流自整合以来，呆滞物资降低了 73.8%，仓库面积减少 50%，库存资金减少 67%。海尔国际物流中心货区面积 7200 平方米，但它的吞吐量却相当于普通平面仓库的 30 万平方米。通过以上的数据分析，海尔的物流改革所节省的金额是巨大的。

海尔集团成功在制造企业中实施了以供应链管理为核心的精确物流模式，对物流内部工作流程实施了流程再造。业务流程再造是一种管理思想。它强调以业务流程为改造对象和中心，以关心客户的需求和满意度为目标，来对现行的业务流程进行根本的再思考和彻底的再设计，并且利用先进的制造技术、信息技术以及现代化的管理手段，最大限度地实现技术上的功能集成和管理上的职能集成，从而实现企业经营在成本、质量、服务和速度等方面的巨大改善。海尔的物流革命是建立在以"市场链"为基础上的业务流程再造。以海尔文化和 OEC 管理模式为基础，以订单信息流为中心，带动物流和资金流的运行，实施三个"零"目标（质量零距离、服务零缺陷、零营运资本）的业务流程再造。但最重要的是，可以使海尔一只手抓住用户的需求，另一只手抓住可以满足用户需求的全球供应链，把这两种能力结合在一起，从而在市场上可以获得用户忠诚度，这就是企业的核心竞争力。正是这种核心竞争力，加速了海尔向世界 500 强的国际化企业挺进。

海尔一路走来从弱小到强大，从濒临倒闭的小企业到世界大企业，从资金亏损到资金雄厚。海尔能有今天的成就绝对不是偶然，它得益于海尔推行的供应链物流管理。

案例来源：https：//wenku. baidu. com/view/73d936b469dc5022aaea0022. html.

【案例思考题】
1. 如何理解海尔的物流流程再造？
2. 阐述海尔的物流管理对企业实施供应链物流管理的启示。

习　题

一、名词解释
1. 第三方物流　　2. 企业自营物流　　3. 企业回收物流　　4. 流入物流

二、简答题
1. 什么是物流管理？
2. 简要概述供应链环境下物流管理的特点。
3. 企业物流主要包括哪几种内容？
4. 供应链中的物流组织包括哪三部分？
5. 请简述第三方物流企业在供应链中的作用。

第七章 供应链生产管理

1. 了解生产管理的含义
2. 熟悉传统生产管理与供应链管理思想的差别
3. 掌握供应链环境下的生产计划与控制方法
4. 掌握生产系统的总体流程
5. 识别供应链下生产系统的协调机制
6. 了解供应链下的生产组织新思想——延迟制造

H 公司物流管理之乱象

H 公司是国内一家著名的家用轿车生产制造商，经过十几年的快速发展，H 公司目前已具备发动机、变速箱、制动器等汽车核心零部件以及汽车整车的制造与研发能力。公司的制造系统由冲压、焊装、涂装、组装四大分厂以及物流部、生产部组成。为了提高物流能力，保证公司供应链的生产，公司采用了模拟第三方物流的运行模式将物流部从生产部独立出来。在离组装厂大约 10 米处是物流部所管辖的厂内物流中心，物流部的主要职责是将厂内物流中心的零部件及时、准确地送至组装厂的中转处，再由组装厂的物流科送至装配线相应的工位上去（组装厂分为 A、B、C 三个工段，每个工段大约 100 多个工位）。厂内物流中心的仓库是租借给供应商的，在供应商的零部件送至仓库之后，物流部负责组织相关人员卸货后将零部件存放在相应的库区，并为供应商保管这些零部件，公司按每平方米 15 元/月的价格收取租金以及货款 0.5% 的比例收取服务费。随着公司产量的逐年增加，特别是经历了 2009 年国内家用轿车市场的井喷之后。H 公司明显地感觉到原有的物流能力已经钳制了公司的发展，尤其是在供应链效率方面。

随着市场需求的不断增加，组装厂由于缺件而导致停线等待的平均时间达到了 24.3 小时/月，这给公司带来了巨大损失。最不可思议的是，仓库里居然有缺件物料的库存，物流部因此成为了众矢之的，饱受组装厂和生产部诟病。据调查，组装厂缺件停线主要集中在 C 工段。C 工段主要完成的是一些小件的安装工作，同一个工位需要安装品种繁多的小件。但是，目前物流部对于小件都是按照 1000 套的倍数送至组装厂的中转库，由于小件的消耗比例不一，这就导致了小件物料在中转库内的齐套性很差，可能由于一种小件的缺件而导致了整个生产线的停产。

公司与供应商的沟通方面也存在问题。目前，H 公司 80% 的零部件供应商集中在××省，而 20% 的零部件供应商分布在其他省份，这些供应商大多没有自己的运输车队，为了节省成本，它们一般将货运任务外包给一些规模非常小的物流公司。公司的采购价格已经包含了这些运输费用，H 公司的财务部门将其列为公司的制造费用。随着公司产量的增加，供应商送货量也在加大，但是，厂内物流中心的面积是有限的，经常出现的情况是供应商的零部件由于一次送货量太多而导致零部件无法存放在仓库，只好将其存放在其他露天场所，使一些精密零部件的质量难以保障。不仅给物流部的管理带来相当大的难度，同时也给产品质量造成影响。在物流部看来，这完全是供应商的素质问题，"它们为什么就不能少送点？一点也不配合主机厂的工作"。但是供应商则显得很无辜，例如，天津某制动机厂就反映，目前 H 公司不仅将采购价格压得很低，而且在货物送至公司 3~6 个月之后，才能拿到货款。供应商对公司模拟第三方物流运作模式的积极性不高。

面对这样的问题，H 公司为了提高物流能力，决定将公司的物流业务外包给一家专业的、真正的第三方物流公司。

案例来源：https：//wenku. baidu. com/view/73d936b469dc5022aaea0022. html.

第一节　生产管理概述

生产活动是一个价值增值的过程，是一个社会组织向社会提供有用产品的过程。要想实现价值增值，向社会提供"有用"的产品，其必要条件是生产运作过程提供的产品，无论是有形的还是无形的，都必须有一定的使用价值。产品的使用价值是指它能够满足顾客某种需求的功效。人总是有多种需求的，这些需求的内容因人而异，当某种产品在人需要的时候满足了人的某种要求，则实现了其使用价值。因此，产品使用价值的支配条件主要是产品质量和产品提供的适时性。产品质量包括产品的使用功能（Functional Quality）、操作性能（Quality of Operation）、社会性能（Quality of Sociability，指产品的安全性能、环境性能以及空间性能）和保全性能（Maintainability，包括可靠性、修复性以及日常保养性能）等内涵，这是生产价值实现的首要要素。产品提供的适时性是指在顾客需要的时候提供给顾客的产品时间价值，如果超过了必要的时期，就会失去价值，在服务业中尤其如此。这二者就构成了生产价值实现必不可少的两大"功效"要素。而产品的成本以产品价格的形式最后决定了产品是否能被顾客所接受或承受。只有当回答是肯定的时候，生产价值才能最终实现。

由此可见，作为产品使用价值支配条件的质量和适时性，再加上成本，这三个方面就构成了生产运作价值的实现条件。这些条件决定了企业生产管理的目标必然或只能是"在需要的时候，以适宜的价格，向顾客提供具有适当质量的产品和服务"。

生产管理的根本问题，就是如何实现生产管理目标的问题。因此，从生产管理的目标与生产价值的实现条件就引申出生产管理中的三个基本问题：

其一，如何保证和提高质量。在此，产品的使用功能、操作性能等特性，相应地转化为生产管理中产品的设计质量、制造质量和服务质量问题——质量管理（Quality Management）。

其二，如何保证适时地将产品投放市场。在这里，产品的时间价值转变为生产管理中的产品数量与交货期控制问题。在现代化大生产中，生产所设计的人员、物料、设备和资金等资源成千上万，如何将全部资源要素在它们需要的时候组织起来，筹措到位，是一项十分复杂的系统工程，这也是生产管理所要解决的一个最主要问题——进度管理（Delivery Management）。

其三，如何才能使产品的价格既为顾客所接受，同时又为企业带来一定的利润。这涉及人、物料、设备、能源和土地等资源的合理配置和利用，涉及生产率的提高，还涉及企业资金的运用和管理，归根结底是努力降低产品的生产成本——成本管理（Cost Management）。

这三个问题简称为 QDC 管理。QDC 管理是生产管理的基本问题，但并不意味着是生产管理的全部内容。生产管理的另一大基本内容是资源要素管理：设备管理、物料管理以及人力资源管理。事实上，生产管理中的 QDC 价值条件管理与资源要素管理这两大类管理是相互关联、相互作用的，质量保证离不开物料质量、设备性能以及人的劳动技能水平和工作态度，成本降低取决于人、物料、设备的合理利用。反过来，对设备与物料本身，也有 QDC 的要求。因此，生产管理中的 QDC 管理与资源要素管理是一个有机整体，应当以系统的、集成的观点来看待和处理这些不同分支管理之间的相互关系和相互作用。

第二节　传统生产管理与供应链管理思想的差距

传统生产管理与供应链管理思想的差距主要表现在如下几个方面：

一、生产计划运行环境的差距

供应链管理的运行环境使市场需求的不确定性剧增，消费者水平愈发提高。政治、经济、社会环境发生重大变化、企业竞争加剧。"使企业能够适应剧烈多变的市场环境需要"是供应链管理的目的所在。环境的多样化，使企业生产计划运行的不确定性与动态性因素增加。供应链管理环境下的生产计划是在不稳定的运行环境下进行的，因而要求生产计划与控制系统具有更高的柔性和敏捷性。

二、企业管理思想的差距

"封闭纵向"是传统企业管理的思维方式，而"横向开放"的思维方式则为供应链管理环境所需要。企业必须建立面向供应链管理的生产计划管理系统，转变组织形式和管理职能，才能从传统的管理模式真正转向供应链管理模式，进而完成由传统计划管理向供应链环境下生产计划管理的转变。

三、信息共享程度的差距

传统的生产计划与控制针对信息的共享程度而言是非常低的，其中信息主要关系企业内部，且呈现分散化、零散化，企业间未将信息资源共享利用；而在供应链管理模式下，企业要将部分信息共享，尤其是计划和控制信息，从而实现供应链上企业的同步运作协调。

四、信息反馈机制的差距

企业的计划需要有效的监督控制机制作为保证，才能得到尽可能完美的贯彻执行。而要进行有效的监督控制必须建立一种信息反馈机制。

链式是传统企业生产计划信息反馈机制的方式，换句话说，信息反馈是企业内部部门间信息的直线性传递，由于存在递阶组织结构特性，信息传递一般从低向高进行反馈，形成同组织结构平行的信息递阶传递模式。供应链管理环境下企业信息的传递模式和传统企业的信息传递模式不同。以团队工作为特征的多代理组织模式使供应链具有网络化结构特征，因此供应链管理模式不是递阶管理，也不是矩阵管理，而是网络化管理。生产计划信息的传递不是沿着企业内部的递阶结构，而是沿着供应链不同的节点方向传递。为了做到供应链的同步化运作，供应链企业之间信息的交互频率也比传统企业信息传递的频率大得多，因此应采用并行化信息传递模式。

五、决策方面的差距

集中式决策是传统生产计划的决策模式，而供应链管理环境下的决策模式则为分布式的群体决策过程。各节点企业的生产计划决策均受到其他企业生产计划决策的影响，进而需要一种协调机制和冲突解决机制进行保障。当一个企业的生产计划发生改变时，需要其他企业的计划也做出相应的改变，这样才能使供应链获得同步化响应。

第三节　供应链管理下生产计划与控制

一、生产战略

供应链是一个跨越多企业、多厂家、多部门、多地域的网络化组织，"企业能快速响应市场需求"是一个有效的供应链企业计划系统所必须保证的前提，如图7-1所示。有效的供应链计划系统包含了企业所有的计划和决策业务，其中包括需求预测、库存计划、资源配置、设备管理、渠道优化、生产作业计划、物料需求与采购计划等。供应链是由不同的企业组成的企业网络，其中有紧密型的联合体成员、协作性的伙伴企业、动态联盟型的战略伙伴等。作为供应链的整体，以核心企业为龙头，把各个参与供应链的企业有效地组织起来，优化整个供应链的资源，以最低的成本和最快的速度生产最好的产品，最快地满足用户需求，以达到快速响应市场和用户需求的目的。这便是供应链企业计划最根本的目的和要求。

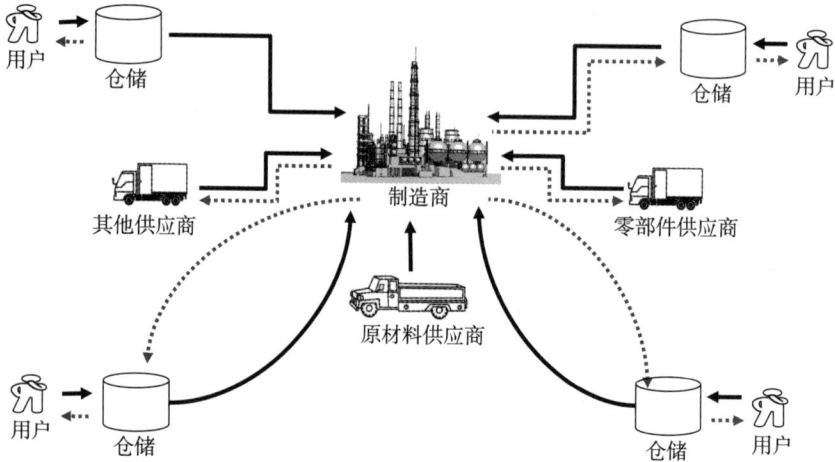

图 7-1 分布式生产计划与控制系统

生产战略近年发生了重大的发展和转变。组织已经从预测导向的生产战略转向了需求导向的生产战略。公司现在运用精益、柔性或者可调整的战略模式，等待顾客把产品拉向市场，依赖更小库存存储。这些战略概念与传统的从 20 世纪初期到 70 年代居于统治地位的关注效率和大规模生产战略有显著不同。表 7-1 给出了生产战略的时间演进和描述。

表 7-1 生产战略之发展

时间	20 世纪 70 年代	20 世纪 80 年代	20 世纪 90 年代	2000 年以后
战略	批量生产	精益制造	柔性制造	适应性制造
市场差异	成本 保险库存	质量 减少浪费	可得性 资源平衡	快速 实时管理
流程抉择	按库存生产	按订单组装	按订单制造 按订单设计	混合
资源流动	推动式	拉动式	拉动式	拉动式
绩效	产量	成本控制	市场份额	客户满意度

在大规模生产年代，生产战略关注效率和规模。大规模生产的战略选择是一个基于推动式的系统，依赖于长期的预测进行生产计划和决策制定。如果全年的需求具有有限的变化，这种方法工作的效果会很好。建立适用于稳定需求的生产流程就足够，不需要另外的防止额外需求的存储能力，生产就可以实现最大化。

实际上，很少有公司的产品会面临完美的稳定需求，保持水平生产的相关机会很快会失去。公司通常需要处理需求的变动。根据预测进行产品生产并存储，最终产品的库存以及生产的订货用来满足变化的需求。库存在需求低峰季节增长，在需求高峰季节降低。如果生产在高需求季节不能满足，订货单就会开始积累，并在订单下降的时候逐渐提供。

在关注现货供应、低成本和标准化商品的供应链中，推动式的战略工作效果较好。学校供应商、玩具和牛仔服等传统的服装业就是库存生产（Moke To Stock，MTS）的例子，它们适应这些标准。只要交易方在合理的数量下寻求较低价格的产品，生产者就可以运用这种战略盈利。

基于推动式的供应链不是没有挑战。基于供应链单方面预测的运营可能会限制生产方的反应能力。看不到最终消费者的需求，生产方将会减慢对市场变化的需求。结果可能会导致需求已经下降的产品甚至过时的产品继续生产，或者生产者不能识别变化的客户需求和停止市场需要的产品生产。最终结果会导致失去机会，无法弥补成本或者失去利润。

基于供应链单方面预测生产中的其他问题是潜在牛鞭效应的出现。到了20世纪80年代，强调需求环境的变化，以及批判基于推动式的和大规模生产战略缺点的精益年代到来。精益生产是一系列集成化的活动，强调在生产过程中减少活动、原料使用、工作流程和完工产品的库存。目的是在快速处理和流动的系统中使物料及时地到达需要的地点。精益的哲学基于丰田生产系统（TPS），丰田生产系统用来开发和重新设计生产流程，并去除掉过重的负担，平滑生产，消除浪费。

精益生产依赖于拉动式的系统来协调生产和分销以满足现实顾客的需求，而不是充满错误需求预测。在拉动式的系统中，生产者仅仅需要应对客户的需求。在订单到达之前或者购买行为之前，不需要进行任何活动。订货信号使得生产流程开始行动，迅速组装需要的组件，并把产品传递到最终端的需求点。

在拉动式的系统中采用精益生产的一个好处是减少浪费。制造商不需要基于需求预测区建立库存，也不需要有关客户订购的知识。这将会限制过度生产、过度库存以及不必要的生产流程。当供应链的所有相关方都基于顾客需求来运作，牛鞭效应便会降低。这有利于降低系统的变异性，缩短提前期。相较于推动式系统，拉动式系统还有提高资源管理能力和降低系统成本的好处。

戴尔与其他计算机公司依赖于拉动式系统生产电脑，而不是努力去预测会有多少订单。戴尔在订单通过其网络或呼叫中心到达之前，一直处于等待状态。需要的组件很快地从其供应商或第三方仓库获得，并组装成顾客指定的型号，以顾客要求的方式进行供货。戴尔没有浪费精力去生产电脑并将其储存到仓库，希望顾客在等待哪种型号。具有相同特征的组织也能从拉动式战略中获利。

在基于拉动式战略中有一些固有的挑战。在某些情况下，客户想立刻得到产品而不想等待或传递供货。按需求进行组装和按订单进行生产的产品运作很难获得规模经济效益。最后，在基于拉动式的系统中缺乏技术能力，使得在供应链中很难实现可视化和同步化。

二、供应链管理下的生产计划

在既定的战略或战略组合下，组织将会把注意力转向产品的计划方面。在计划流程中，运营经理为了不产生浪费，会持续不断地努力平衡输入、资源和输出。多余的输入和输出会产生不必要的库存，多余的能力会产生必要生产所需以外的更高成本。但单从一方来看，缺少输入会导致生产流程缺料而减少输出。能力的缺乏导致机器和劳动力过剩，也还可能会导致质量问题。

本节主要讨论两种类型的计划：能力计划（Capacity Planning）和原料计划（Materials Planning）。涉及三种计划框架：长期、中期和短期。

长期计划（Long Range Plans）涵盖一年及以上时间，关注与能力和累计生产计划相关的主要决策。

中期计划（Medium Range Plans）涵盖 6~18 个月的时间，包括雇用及其相关的战术性决策。

短期计划（Short Range Plans）分布在几天到几周的长度，处理一些具体的和细节的问题，包括生产产品的数量、计划安排、排列顺序等。主要的计划活动如图 7-2 所示。

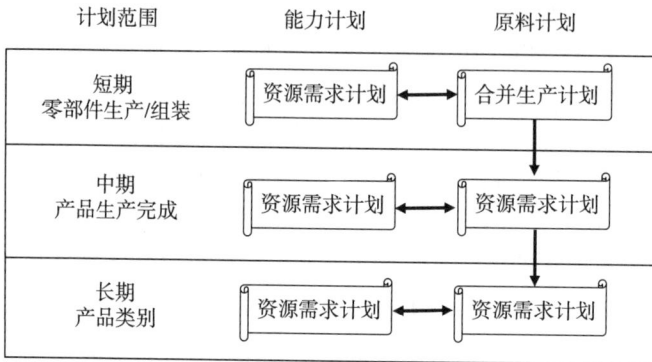

图 7-2　生产计划活动

能力计划关注制定有利于公司获取竞争能力的生产水平。能力（Capacity）是有利于一个组织在一段时间获取竞争的最大工作量。变化的顾客需求能够被满足或者矛盾存在，都有利于企业进行决策。能力和需求之间的矛盾会导致低效率，要么不能有效使用资源，要么不能履行客户需求。能力计划的目标就是减少这种矛盾。

资源需求计划是一个长期、宏观的计划工具。它能帮助运营经理判断累积的资源是否能够满足累积的生产计划。总的劳动时长和机器时长是这个计划的基本关注点。如果资源需求计划表明资源水平不足，能力就需要进行扩展，包括上新设施、新设备或者寻找新的资源。否则必须修订累积的生产计划，以使它适应可用的资源约束。

制定粗能力计划（Rough Requirements Plan）就是来核对主生产进度表的可行性。中期的粗能力计划参照主生产进度表，并把主生产进度表从生产转化为需要的能力，并同每个生产时段可用的能力进行比较。如果粗能力计划同主生产进度表同步，时间表便可以制定。如果不能同步，就可以通过加班、子合同、资源扩展或者路径柔性来调整能力，满足生产的需要。如此交替进行，时间进度表便可以修改好。

能力需求计划（Capacity Requirement Planning，CRP）用来核对物料需求计划的可行性。这个短期的能力计划技术详细地规定了用来完成产品需求的劳动力和设备资源的数量。即使粗能力计划表明具有足够的能力来执行主生产进度表，能力需求计划也可能会表明在不同的特定时间段有能力不足的情况。

一般而言，资源计划关注未来的供应和需求，它包括管理销售预测、创造主进度表以及运行物料需求计划等。

汇总生产计划（Aggregate Production Plan，APP）是一个长期的物料计划，可以把每年的业务计划、市场计划和预测转化成设备生产的生产计划。根据预期到的需求来设定设施的输出率、生产力规模、利用和库存以及订货水平。汇总生产计划的期间是一年或者更多，汇总生产计划是一年一年地往前滚动，允许公司基于当前的需求预测未来的能力。APP 的目标是开发一个计划，运用企业拥有的生产设施生产足够的产品，或者满足每阶段销售的目标。当然，APP 生产计划必须要受制于产品能力的限制，受制于雇用劳动力的财务资源成本、机器建造和运营的成本、库存成本以及相关花销。

主生产进度表（Master Production Schedule，MPS）是比 APP 更加详细的中期计划。主生产进度表打破了 APP 的局限，列出了特定时期详细的项目。也就是说，主生产进度表定义了用来满足来自顾客需求的产品数量，并且为所有时间阶段的最终产品提供基本的需要，包括产品、员工和库存等。它还作为物料需求计划的一个输入，计算需要的成本和组装件。因此有效地执行 MPS 能避免成本花销以及无效的分配资源。此外，MPS 能提供关于可用产品的重要信息。这些信息能帮助组织更有效地运用能力来应对变化的顾客需求，或者接受额外的订单来完成特定时间的供应。

物料需求计划是一个短期的物料计划，能把 MPS 中最终的信息转化成一系列时间段的要素和需求。物料需求计划关注进度表并制定依赖性的需求备件，使得依赖性的需求备件能及时制造并以恰当的数量提供。制定和接受这些备件的提前期必须成为物料需求计划流程中的要素。需求依赖性备件是最终产品的要素，包括原材料、配料成分和子部件，这些要素的库存依赖最终产品的生产水平。

而对于企业资源计划，提供有效的计划知识，需要以下信息：

依赖性的需求信息，MPS 定义了最终产品和要素的需求。

父元件关系（Parent Component Relationship）物料清单包括列出组成最终产品的所有要素成分和元件，包括计划因素和提前期信息。有效的物料清单提供要素数量的"处方"以及最终产品的备件次序。

最终产品和所有成分的库存状态，关于零库存要求的信息（全部要求减去手头库存）被收集，对需要的成分进行订货，确保订货能及时消除高水平的要素库存。

这些物料计划的最终目标，特别是物料需求计划，在于为运营决策的用户提供有用的信息。关于进度表的固定产品信息、手头库存、净需求以及订货发布都是有效集成运作所需要的，也是及时履行客户订单的需要。既需要有效的产品，也需要能力计划来使一个组织的生产战略成功。否则，将很难运用以最有效成本方式制造出具有质量保证的产品来满足顾客最低限度需要。

另外，供应链管理下的生产计划与传统生产计划存在显著不同的原因是，在供应链管理环境下，与企业具有战略伙伴关系的其他企业资源通过物流、信息流和资金流的紧密合作而成为企业制造资源的拓展。在制定生产计划的过程中，主要面临以下三方面的问题。

其一，柔性约束。柔性约束实则是对承诺的一种完善。承诺是企业对合作伙伴所做的保证，这是使企业间互相具备基本信任的前提条件，并且合作伙伴也因此得到相对稳定的需求信息。并且，由于承诺的下达在时间上领先于承诺本身付诸的行动，因此，即使承诺方一般而言都会尽力使承诺与未来的实际情况接近，但误差是在所难免的。而柔性约束的提出便为双方缓解了这一矛盾，使承诺方有可能修正原有承诺。可见，供应合同签订的关键要素是承诺与柔性并存。

其二，生产进度。企业检查生产计划执行状况的重要依据是生产进度信息，同时生产进度信息也是用于修正原有计划和制订新计划的重要信息。在供应链管理下，生产进度计划属于可共享的信息。其作用在于，供应链上游企业通过了解对方的生产进度情况从而实现准时供应。

企业生产计划是根据未来需求做出预测而制定的，它与生产过程的实际进度一般存在一定差别。供应链企业可凭借现代网络技术，为合作方共享实时进度信息。上游企业可通过网络和双方通用软件，了解下游企业的真实需求信息，并准时提供物资。在这种情况下，下游企业可以避免不必要的库存，而上游企业可以灵活、主动地安排生产和调拨物资。

其三，生产能力。上游企业的支持是企业完成一份订单的前提条件。因此，尽可能借助外部资源可以使得编制生产计划更为合理。任何企业凭借现有技术与组织条件均具备最大化生产能力，然后最大化生产能力与最优生产负荷并不等同。当上下游企业间稳定的供应关系形成之后，上游企业便会从自身利益出发，进行有针对性的辨别和筛选，以便使所有与之相关的下游企业在同一时期的总需求与自身的生产能力达到充分匹配。上游企业这种对生产负荷量的期望可以通过合同、协议等反映，即上游企业提供给每一个相关下游企业一定的生产能力，并允许一定程度的浮动。这样，在下游企业编制生产计划时就必须考虑上游企业在生产能力上的约束。

三、供应链管理下生产计划制订的要点

在供应链管理下，企业的生产计划编制过程有了较大的变动，在原有生产计划制定过程的基础上增添了新的特点。

1. 具有纵向和横向的信息集成过程

纵向是指供应链从下游到上游的信息集成，而横向是指同类型企业间的信息共享。其中上游企业的生产能力信息在生产计划能力分析中自成体系，并独立发挥作用。通过将粗、细能力平衡运用在主生产计划和投入产出计划中，上游企业承接订单的能力和意愿便会反映到下游企业的生产计划中。同时，上下游企业的生产进度信息也会一并作为滚动编制计划的凭据，其目的是为了保持上下游企业生产活动步调一致。

2. 拓展了能力平衡在计划中的作用

在一般的认知中，能力平衡只是作为分析生产任务与生产能力差距的手段。而在供应链管理下的生产计划过程中，能力平衡发挥了以下作用：

- 为主生产计划和投入产出计划修正提供依据
- 作为外包决策和零部件（原材料）急件外购的决策依据
- 对本企业和上游企业的能力状态进行实时更新，使生产计划具有较高可行性

四、供应链生产控制的新特点

供应链环境下的企业生产控制模式与传统模式不同，其特点如下：

1. 生产进度控制

生产进度控制目的是依靠生产作业计划，检查产出数量、产出时间、配套性和零部件的投入，从而保证产品按时交付。供应链环境下的进度控制与传统模式不同之处在于许多产品是协作生产或者外包，因而控制难度增大，必须建立行之有效的跟踪机制对生产进度信息进行跟踪和反馈。

2. 生产节奏控制

生产节奏控制就是需要解决供应链企业间的生产同步化问题，原因在于只有各节点企业间以及企业内部各部门间步调保持高度一致，才能实现供应链的同步化。供应链环境下的准时制生产系统，要求上游企业准时为下游企业提供必要零部件。若其中任何一个企业不能准时交货，都会使整个链条不稳定或中断，导致供应链的用户响应度下降，所以严格控制供应链的生产节奏对于供应链的敏捷性而言是十分重要的。

3. 库存控制和在制品管理

库存对于应对需求不确定性有着积极作用，然而它又是一种资源浪费。在供应链管理模式下，通过实施多级、多点、多方管理库存的测量，对提高供应链环境下的库存管理水平、降低制造成本有着重要意义。"基于 JIT 的供应与采购、供应商管理库存（VMI）、联合库存管理（JMI）等"是供应链库存管理的新方法，对降低库存都具有重要作用。

第四节　生产系统总体流程

一、集成生产计划与控制系统的总体构想

马士华教授在生产计划与控制系统的集成研究中，于 1995 年提出三级集成计划与控制系统模型，即把主生产计划（MPS）、物料需求计划（MRP）和作业计划三级计划与订单控制、生产控制和作业控制三级控制系统集成一体。该模型的核心在于提出了制造资源网络和能力状态集的概念，并对如何建立制造资源网络和生产计划提前期的设置提出了相应模型和算法，在 ERP 软件开发中运用了这一模型。

然而理论总要随实际需求而不断发展，随着集成供应链管理思想的出现，该模型对资源、能力这两个概念的界定都没有体现出供应链管理思想，没有体现扩展企业模型的特点。理论的发现和实践都要求我们提出新的体现集成化供应链管理思想的生产计划与控制

理论模型，以适应全球化制造环境下全球供应链管理企业生产管理模式的要求。

二、生产计划与控制的总体模型及其特点

供应链管理环境下的生产计划与控制系统总体模型如图 7-3 所示。

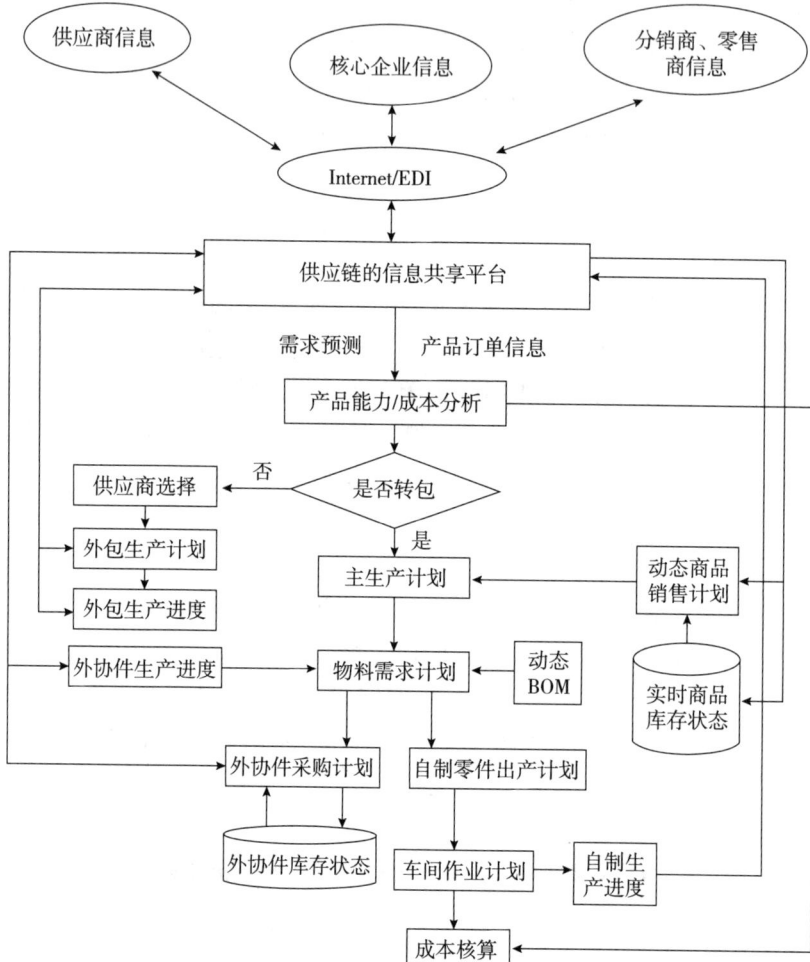

图 7-3 生产计划与控制系统总体模型

1. 生产管理组织模式

在供应链管理环境下的生产管理制度是以团队工作为组织单元的开放性多代理制。在供应链企业联盟中，企业间以合作生产方式进行，企业通过电子数据交换（Electronic Data Interchange，EDI/Internet）将生产决策信息实时地在供应链联盟中由企业代理通过协商决定，企业在互联网建立一个合作公告栏，实时同合作企业进行信息互通。

企业内部也是基于多代理制的团队工作模式，并由一名主管负责团队间的协调。协调是供应链管理的核心内容之一，供应链管理的协调主要有三种形式，即供应—生产协调、生产—分销协调、库存—分销协调。

2. 生产计划信息组织与决策特点

供应链管理下的生产计划信息组织与决策过程具有以下几个方面的特征：

（1）开放性。经济全球化使企业进入全球开放市场，不管是基于虚拟企业的供应链还是基于供应链的虚拟企业，开放性是当今企业组织发展的趋势。供应链是一种网络化组织，供应链管理环境下的企业生产计划信息已跨越了组织的界限，形成开放性的信息系统，决策的信息资源来自企业的内部与外部，并与其他组织进行共享。

（2）动态性。供应链环境下的生产计划信息具有动态的特性，是市场经济发展的必然。为了适应不断变化的顾客需求使企业具有敏捷性和柔性，生产计划的信息随市场需求的更新而变化，模糊的提前期和模糊的需求量要求生产计划具有更多的柔性和敏捷性。

（3）集成性。供应链是集成的企业群，是扩展了的企业，因此供应链环境下的企业生产计划信息是不同信息源的信息集成，集成了供应商、分销商的信息，甚至消费者和竞争对手的信息。

（4）群体性。供应链环境下的生产计划决策过程具有群体特征，是因为供应链是分布式的网络化组织，具有网络化管理的特征。供应链企业的生产计划决策过程是一种群体协商过程，企业在制订生产计划时不但要考虑企业本身的能力和利益。同时还要考虑合作企业的需求和利益，是群体协商决策过程。

（5）分布性。供应链企业的信息来源从地理上是分布式的，信息资源跨越部门和企业，甚至全球化，通过 Internet、EDI 等信息通信和交流工具，使企业能够把分布在不同区域和不同组织上的信息进行有机的集成与协调，使供应链活动同步进行。

第五节　供应链下生产系统的协调机制

一、供应链协调控制机制

供应链协调控制机制的建立，将有助于实现供应链的同步化运作。协调供应链目的在于使信息能无缝、顺畅地在供应链中传递，减少因信息失真而导致过量生产、过量库存现象的产生，从而使供应链能够与市场需求同步化。

供应链的协调控制机制有两种划分方法。根据协调的职能可分为两类：一类是不同职能活动之间的协调与集成，如生产供应协调、生产销售协调、库存销售协调等协调关系；另一类是根据同一职能不同层次活动的协调，如多个工厂之间的生产协调。而根据协调的内容划分，供应链的协调可划分为信息协调和非信息协调。

二、供应链协调控制模式

供应链的协调控制模式分为中心化协调、非中心化协调和混合式协调三种。

中心化协调控制模式是把供应链整体编入一个系统，以集中方式进行统一决策，因而忽视了代理模块的自主性，也极容易导致"组合约束爆炸"问题，并且对不确定性的反应不够敏捷，从而难以适应市场需求的多样性。

非中心化协调控制模式则过分强调代理模块的独立性，而共享资源的程度低，缺乏部门与部门之间、企业与企业间的通信与交流，很难做到供应链的同步化。

相比之下，经过各方权衡，比较好的控制模式是分散与集中相结合的混合式协调模式。各个代理部门一方面保持各自的独立性运作，另一方面参与整个供应链的同步化运作体系，从而保证独立性与协调性的统一。

三、供应链信息跟踪机制

供应链各代理间的关系是服务与被服务的关系，服务信息的跟踪和反馈机制可使企业生产与供应关系同步进行，消除不确定性对供应链的影响。因此，为了降低不确定性对供应链同步化的影响，应当在供应链体系中建立服务跟踪机制。

1. 跟踪机制的外部运行环境

跟踪机制的概念与对供应链管理的深入研究密不可分。供应链管理下企业间的信息集成主要从以下三个部门展开：

（1）采购与销售部门。采购与销售部门是企业与企业之间需求信息传递的接口。需求信息总是从下游沿着供应链传至上游，从一个企业的采购部门传向另一个企业的销售部门。

（2）制造部门。制造部门的任务不仅包括生产，还包括对采购物资的接受以及按计划对下游企业配套件的供应。在这里，制造部门实际上兼具运输服务和仓储管理两项辅助职能。

（3）生产计划部门。在企业集成化管理中，生产计划部门肩负着大量工作。企业生产计划部门集成了来自上下游生产计划部门、企业自身的销售部门和制造部门的信息。

2. 生产计划中的跟踪机制

（1）建立订单档案。在接到下游企业的订单后，建立针对上游企业的订单档案，其中包含了用户对产品的个性化要求，如规格、质量、交货期、交货方式等具体内容。

（2）外包订单跟踪分析。对于外包给合作企业的计划，要实时进行分析。根据计划执行情况采取相关措施。

（3）车间作业计划跟踪分析。车间作业计划用于指导具体的生产活动，具有高度的复杂性，在整个生产过程中实时地收集和反馈订单的生产数据，为跟踪机制的运行提供来自基层的数据。

3. 生产进度控制中的跟踪机制

生产控制是生产管理的重要职能，是实现生产计划和生产作业管理的重要手段。虽然生产计划和生产作业计划对生产活动已做了较为周密而具体的安排，然而随着时间的推移，市场需求往往会发生变化。此外，由于各种生产准备工作不周全或生产现场偶然因素的影响，也会使计划产量和实际产量之间产生差异。因此，必须及时对生产过程进行监督和检查，发现偏差、进行调节和校正工作，以保证计划目标的实现。

第六节　供应链下的生产组织新思想——延迟制造

一、延迟制造的思想

延迟制造的核心思想是制造商只生产通用化、模块化的产品，尽量使产品保持中间状态，以实现规模化生产，并且通过集中库存减少库存成本，从而缩短提前期，使顾客化活动更接近顾客，增强应对个性化需求的灵活性。其目标是使适当的产品在适当时间到达适当位置。

延迟制造可以分为成型延迟、时间延迟和地点延迟。成型延迟是指推迟形成最终产品的过程，在获知客户的精确要求和购买意向之前，仅制造出基础产品或模块化的部件，在收到客户的订单后，再按客户的具体要求从事具体产品的生产；时间延迟指的是最终制造和处理过程被推迟到收到客户订单以后进行；地点延迟是指推迟产品向供应链下游的位置移动，接到订单后再以供应链的操作中心为起点进行进一步的位移与加工处理。

延迟制造是三种延迟的综合运用。

二、延迟制造的基本思路

Anderson 于 1950 年提出延迟制造的概念，认为产品可以在接近客户购买点时实现差异化，即实现差异化延迟。一般制造企业的产品生产流程包括零部件生产和装配，而基于延迟制造的供应链流程尽量延长产品的标准化生产，最终的产品工艺和制造活动延迟到接受客户订单之后，在这一过程中，通过加上新的产品特征或采用通用模块装配个性化产品来实现定制化。表 7-2 将传统运作方式与延迟制造进行对比，可见，延迟制造不仅解决了市场不确定性问题，在品种和批量上实现了柔性，缩短了订货周期，而且降低了生产运作的复杂性，这与大批量生产（MC）要适应客户需求个性化、降低多样化成本和快速响应的目标是一致的。

表 7-2　传统运作与延迟制造策略的对比

比较项目	传统运作	延迟制造
不确定性	具有品种和数量的不确定性	通过延迟降低品种和数量的不确定性
批量	流水线生产，实现规模经济	定制化生产，批量柔性化
库存水平	零部件和成品库存水平高	通过模块化和柔性化降低库存水平
提前期	长	准确反映，不超过订货周期
供应链方法	限制品种，获取效率优势	降低运作复杂性，提高柔性

大批量生产（MC）环境下延迟制造的目标是将由客户个性化需求引起的活动延迟到接受客户订单之后，为实现这一目标，就必须"减少定制量"，这是延迟制造策略的基本思路。所谓"减少定制量"就是在保证满足个性需求的条件下，要尽可能地减少产品中定制的部分，即要求最大限度地采用通用的、标准的或相似的零部件、生产过程或服务等，从而实现大批量和定制的统一。

某涂料制造商在实施物料控制（Material Control，MC）之前，由本企业设计、制造、包装所有的产品，零售商只负责销售涂料产品，如图7-4所示。由于一个企业无论怎样增加花色品种，也无法满足客户的个性化需求，致使很多客户流失。后来，它们实施基于MC的延迟制造策略，制造商只负责大批量地生产配制各种涂料的基料，而将调色配制的工序下移到零售商那里，通过合作共同完成涂料的后续工作。零售商根据客户的爱好，完全个性化地（包括色彩和需要的数量）配制各种涂料，最大限度满足了不同客户的需要。制造商也从减少品种、增大批量、降低成本中获得了好处。

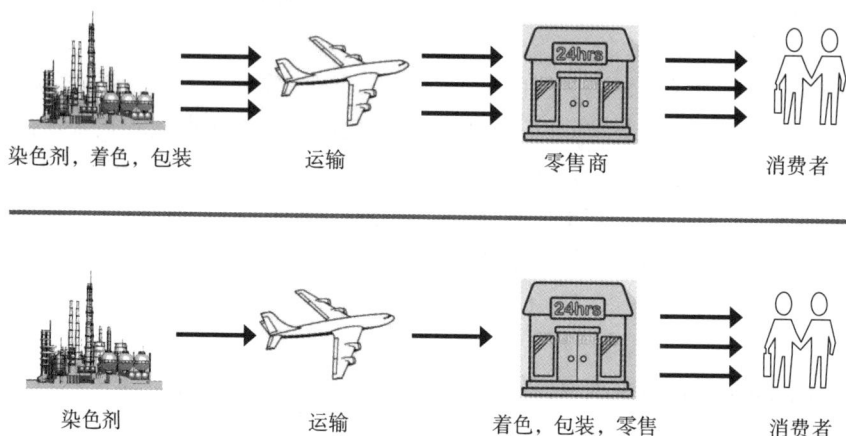

图7-4　延迟制造图

另外还有一些形式的延迟策略，如形式延迟策略和完全延迟策略。①形式延迟策略。改变产品的基本结构，重新设计某些零件或流程，使其标准化和简单化（也就是在使用时具有共性）以简化存货管理，使产品具有一致性、规模性的特点。②完全延迟策略。对于单一顾客特点需求的订单，直接由零售店传送到生产工厂执行，并直接运送给顾客或零售商。顾客的订购点已移至生产流程的阶段，生产和物流活动完全由订单驱动。

三、面向延迟制造的供应链设计

1. 延迟制造的实施条件

延迟制造生产模式尽管具有诸多优势，但它并非适用于所有行业。有些产品的生产方式与生产过程就决定了它不能采用延迟制造模式，除此之外，有些产品的属性使得即便采用延迟制造模式，所带来的收益仍然没法弥补生产过程复杂化所增加的成本。因此，推行延迟制造的企业一般来说，其生产与制造过程应当具有以下条件：

（1）可分离性。要实施延迟制造，首先要确定制造过程中产品能被分离为中间产品生产和最终产品加工两个阶段，这样才有可能保证在最终产品的加工阶段实行延迟制造。

（2）可模块化。应确保产品能分解为有限的各个模块，且各模块相互独立，这些模块经组合后能够形成多样化的最终产品；另一种方式则是产品由通用化的基础产品构成，基础产品经加工后，能提供给顾客更多多样化的最终产品。

（3）易执行性。这里的易执行性指的是最终加工过程。延迟制造将最终产品加工和中间产品的生产相分离，因而最终产品的加工有极大可能被安排在顾客邻近范围内执行。这就要求我们在进行最终加工过程时，技术的复杂性和加工的范围应当有限，易于执行，加工时间短且无须耗费过多的人力。

（4）产品规格在最终加工中增幅大。这里提到的产品规格指的是产品的重量、体积和品种。延迟制造会增加产品的制造成本，除非延迟制造的收益能弥补增加的成本，否则延迟制造没有必要执行。

如果产品的重量、体积和品种在最终加工中增加很多，那么推迟最终的产品加工成型工作能节省大量的运输成本和减少库存产品的成本、简化管理工作、减少物流故障，这无疑对延迟制造的实施更为有利。

（5）适当的交货提前期。一般而言，过短的提前期不利于延迟制造。因为延迟制造要求给最终的生产与加工过程留有一定的时间余地；所以过长的提前期无须实行延迟制造模式。

（6）市场的不确定程度高。市场的不确定程度高也是实施延迟制造的必要条件。细分市场多样化，顾客需求难以预测，产品销量、配置、规格和包装尺寸不能事先确定，这些均可以通过采用延迟制造来减少市场风险。

2. 延迟制造的分离点

我们通常将供应链结构划分为推动式和拉动式两种：

（1）推动式供应链企业根据对顾客需求的预测进行生产，然后将产品推向下游经销商，再由经销商逐级推向市场。在推动式供应链中，分销商和零售商处于被动接受的地位，企业间信息沟通少、协调性差、提前期长、快速响应市场的能力弱、库存量大，且往往会产生供应链中的存货数量逐级放大的牛鞭效应，但推动式供应链能利用制造和运输的规模效应为供应链上的企业带来规模经济的效益，还能利用库存来平衡供需之间的不平衡现象，如图 7-5 所示。

图 7-5　推动式供应链

（2）拉动式供应链模式通常按订单进行生产，由顾客需求来激发最终产品的供给，制造部门可以根据用户时间需求来生产定制化的产品，降低了库存量，缩短了提前期，能更好地满足顾客的个性化需求，可有效地提高服务水平和市场占有率。但其缺点是生产批量小、作业更换频繁、管理复杂程度高，难以获得规模经济，如图 7-6 所示。

延迟制造是上述两种供应链模式的整合，通过两种模式的结合运用，扬长避短。运用

图 7-6 拉动式供应链

延迟制造的生产过程可分为推动阶段和拉动阶段，通过对产品的设计与生产采用标准化、模块化和通用化的技术，产品可以由具有兼容性和统一性的不同模块组合而成。在推动阶段，制造商根据预测大规模生产半成品或通用化的各种模块，获得大量生产的规模效应。在拉动阶段，产品才实现差别化，根据订单需要，将各种模块进行有效组合，或将通用化的半成品根据要求进行进一步加工，从而实现定制化的服务。

我们将推动阶段和拉动阶段的分界点称为客户订单分离点（The Customer Order Decoupling Point，CODP），也称为切入点，它实际上就是客户订单完成过程（设计过程、制造过程、装配过程、交付过程与售后服务过程）中定制活动开始的那一点。它是企业生产活动中从基于预测的库存生产转向响应客户需求的定制生产的转折点。在该点处对计划的制定和优化不再依据预测，而是依据客户订单和企业自身的资源配置。CODP 左边的活动为"推动"式，CODP 右边的活动为"拉动"式。延迟制造实质上就是实现 CODP 在供应链上的后移，从而降低制造过程的复杂性，减少客户订单中的特殊需求而在设计、制造及装配等环节中增加的各种费用。CODP 是制造过程中的某一点，也是供应链上的某一点，它是与企业供应链密切相关的。

本章小结

通过本章的介绍可以发现，供应链管理环境下的生产管理，从根本上发生了彻底变化。它跳出了经典生产管理理论与方法针对单个企业的范畴，向前拓展到了各层供应商，向后延伸到了批发商、零售商乃至最终用户。这种扩展影响了现有运作管理理论的发展。在这一章，通过分析传统生产计划与控制方法和供应链管理思想的差距，我们可以发现，供应链管理对生产计划与控制提出的新要求，根据新的要求，一个新的生产计划与控制总体模型便构造出来了。尽管该模型还稍显粗糙，但它已经反映出生产与运作管理发展的特点。在生产系统总体流程和协调机制上，给出了针对供应链管理环境下如何进行计划生产与控制的详细方法，强调了增加供应链合作之间的生产信息共享与信息交流，这样可以反映供应链系统中生产物流的状态，从而做到有目的的协调和控制。在供应链生产组织方面，介绍了延迟制造的生产模式，即如何更好地应对客户个性化效应，从而适应多变的客户需求。

案例分析

海尔的供应链管理

一、企业背景

海尔集团是世界第四大白色家电制造商、中国最具价值品牌。旗下拥有240多家法人单位，在全球30多个国家建立本土化的设计中心、制造基地和贸易公司，全球员工总数超过5万人，重点发展科技、工业、贸易、金融四大支柱产业，已发展成为全球营业额超过1000亿元规模的跨国企业集团。2006年，海尔在中国家电市场的整体份额已经达到25.5%，依然保持份额第一。在小家电市场上海尔表现稳健，以16%的市场份额蝉联小家电市场冠军。

海尔每月接到6万个销售订单。产品每天要通过全球5.8万个营销网点，销往世界160多个国家和地区，每月采购26万种物料、制造1万多种产品，全球500强企业的供应商多达800多家。

从生产规模来看，海尔现有生产的产品达13000多个产品品种，平均每天开发1.3个新产品。海尔一年的资金运作进出达1000亿元，平均每天需做2.76亿元结算，1800多笔账。随着业务的全球化扩展，海尔集团在全球拥有15个设计中心和3000多名海外经理人。

如此庞大的业务体系，依靠传统的金字塔式管理架构或者矩阵式模式，很难维持正常运转，业务流程重组势在必行。

二、解决方案

1998年，海尔公司开始为满足每位客户的需求而提供个性化的产品，从而迈出了向国际化目标前进的步伐。为实现这一目标，公司确立了适当的合作战略，并在供应链管理方面采取了重要的措施。

通过对备选方案进行全面分析之后，海尔集团最终选择了mySAP供应链管理和相关的mySAP商务套件解决方案。海尔集团信息技术经理说，"经过仔细考虑之后，我们最终选择了mySAP SCM，原因在于该解决方案能够满足我们最新的业务流程，包括采用JIT原材料和制成品存货管理，以及全球贸易。由于思爱普（System Applications and Products，SAP）公司是全球领先的企业管理软件和协同商务解决方案供应商，《财富》500强中80%以上的企业正在从SAP商务解决方案中获益，120多个国家的22600家企业正运行着71600套SAP软件。因此，相信该解决方案能够随着我们在全球的拓展满足我们的需求。"

三、方案实施

SAP公司提供的ERP系统共包括物料管理（MM）、制造与计划（PP）、销售与订单管理（SD）、财务管理与成本管理（FI/CO）、业务数据仓库/决策支持信息系统（BW）等模块。

ERP 实施后，打破了原有的"信息孤岛"，使信息同步而集成，提高了信息的实时性与准确性，加快了对供应链的响应速度。如原来订单由客户下达传递到供应商需要 10 天以上的时间，而且准确率低，实施 ERP 后订单不但 1 天内完成"客户—商流—工厂计划—仓储—采购—供应商"的过程，而且准确率为 100%。

另外，对于每笔收货，扫描系统能够自动检验采购订单，防止暗箱收货，而财务在收货的同时自动生成入库凭证，使财务人员从繁重的记账工作中解放出来，发挥出真正的财务管理与财务监督职能，而且效率与准确性大大提高。

原料网上采购系统（BBP）主要是建立了与供应商之间基于互联网的业务和信息协同平台。该平台的主要功能如下：

其一，通过平台的业务协同功能，既可以通过互联网进行招投标，又可以通过互联网将所有与供应商相关的物流管理业务信息，如采购计划、采购订单、库存信息、供应商供货清单、配额以及采购价格和计划交货时间等发布给供应商，使供应商可以不出户就全面了解与自己相关的物流管理信息（根据采购计划备货，根据采购订单送货等）。

其二，对于非业务信息的协同，SAP 使用构架于 BBP（原材料网上采购系统）采购平台上的信息中心为海尔与供应商之间进行沟通交互和反馈提供集成环境。信息中心利用浏览器和互联网作为中介整合了海尔过去通过纸张、传真、电话和电子邮件等手段才能完成的信息交互方式，实现了非业务数据的集中存储和网上发布。

通过 BBP 系统交易平台，海尔每个月平均接到 60000 多个销售订单，这些订单的品种达 10000 多个，需要采购的物料品种达 26 万余种。

该解决方案的实施范围包含公司的 23 个部门，涵盖所有的生产线，包括冰箱、空调、洗衣机、移动电话和电视。

（1）2000 年 1~3 月。海尔在空调事业部完成了 mySAP SCM 物料管理和仓库管理能力的实施。采用 SAP 解决方案的业务流程带来了迅速而且显著的收益，尤其是在采购和原材料运送成本方面。这使得整个公司在物流流程中实施 SAP 解决方案获得了更高的收益。

（2）2000 年 4~10 月。mySAP SCM 的实施使海尔中央物流部实现了精益流程（一种同步物流模型，具有集中化订单处理功能），为 13 个产品部门提供支持。SAP R/3 的财务和相关主数据处理能力采用 mySAP SCM 实现，包括 mySAP 供应商关系管理的生产计划、物料管理、仓库管理和 B2B 采购能力。

（3）2000 年 10 月到 2003 年 4 月。mySAP SCM 和相关的 SAP 解决方案在其他 10 个部门实施，并与其他系统无缝集成。mySAP SCM 的仓库管理能力在 42 个制成品仓库中实施，从而使仓库转变为配送中心。经过这一阶段的实施，物料在被送到生产中心之前，在配送中心内的平均等待时间缩短到 3 天，制成品在这些配送中心的平均等待时间缩短到不足 7 天，而且运输和储存空间的利用率也得到了提高。几十个不同岗位的大约 1000 名内部人员在使用 SAP 解决方案。

（4）2003 年 10 月。物料管理模块（MM）、生产计划模块（PP）、财务管理模块（FI）和原材料网上采购系统（BBP）正式上线运营。至此，海尔的后台 ERP 系统已经覆盖了 19 个事业部，构建了海尔集团的内部供应链。

实施和完善后的海尔供应链管理系统，可以用"一流三网"来概括。"一流"是指以订单信息流为中心；"三网"分别是全球供应链资源网络、全球用户资源网络和计算机信息网络。围绕订单信息流这一中心，将海尔遍布全球的分支机构整合在统一的物流平台之上，从而使供应商和客户、企业内部信息网络这"三网"同时开始执行，同步运动，为订单信息流的增值提供支持。

案例来源：百度百科。

【案例思考题】
海尔供应链管理的核心是什么？

习　题

一、名词解释
1. 生产管理的目标　　2. 延迟制造　　3. 精益生产　　4. 柔性制造

二、简答题
1. 供应链生产管理解决的基本问题是什么？
2. 传统生产管理与供应链管理思想的差距有哪些？
3. 在制定生产计划的过程中，主要面临哪三方面的问题？
4. 生产计划的信息组织与决策特征是什么？

三、计算题
某玩具公司经销 A、B、C 三种玩具。玩具公司计划把生产任务外包给当地的三家制造工厂。工厂甲、乙、丙对这些生产任务的材料费报价如下表所示：

单位：元

	玩具 A	玩具 B	玩具 C
工厂甲	22	34	19
工厂乙	24	32	18
工厂丙	21	36	21

玩具公司确定要制造 250 万个玩具 A，300 万个玩具 B，200 万个玩具 C。工厂甲的生产能力为 180 万个玩具，工厂乙的生产能力为 250 万个玩具，工厂丙的生产能力为 320 万个玩具。除材料费外，每个玩具的制造费一律都是 30 元。玩具 A 和玩具 C 的售价均为每个 70 元，玩具 B 的售价为每个 80 元。玩具公司确定玩具均能销售完，试求使玩具公司获得最大利润的分配方案（注：只要求写出线性规划模型，若能求出结果则更佳）。

第八章 供应链库存管理

学习目标

1. 了解库存相关概念及分类
2. 了解库存管理中存在的问题
3. 理解库存管理基本控制方法
4. 掌握供应链环境下的库存管理策略

章前引例

雀巢供应商管理库存案例

雀巢公司是世界上最大的食品公司，由瑞士人亨利·雀巢（Henri Nestle）设立于1867年，总部位于瑞士威伟市（Vevey），通过上百年时间的扩张、并购、投资，雀巢奠定了自己在全球食品行业中的领军地位：2004年雀巢公司的年收入高达505亿美元，在全球81个国家有479家工厂，拥有22.5万名员工，成为全球最大的食品饮料集团。

台湾雀巢从1999年10月开始，积极与家乐福公司合作，建立供应商管理库存（Vendor Manayed Inventory，VMI）示范计划的整体运作机制，总目标是增加商品的供应率，降低家乐福库存天数，缩短订货前置时间以及降低双方物流作业成本。具体指标包括：雀巢对家乐福物流中心的产品到货率达90%，家乐福物流中心对零售店面的产品到货率达95%，家乐福物流中心库存天数下降至预设标准，以及家乐福对雀巢的建议订货单修改率下降至10%等具体目标。

雀巢和家乐福的合作理论基础在于消除供应链上产生的牛鞭效应（Bullwhip Effect）。VMI打破传统条块分割的库存管理模式，在一定的信息结构下以系统集成的思想进行库存管理，使供应链系统获得以合作为基础的同步运作，有助于准时制的实现，并可以有效避免牛鞭效应。

雀巢公司与家乐福公司在确立了亲密伙伴关系的基础上，采用各种信息技术，由雀巢为家乐福管理它所生产产品的库存（VMI）。雀巢为此专门引进了一套VMI信息管理系统，家乐福也及时为雀巢提供其产品销售的POS数据和库存情况，通过集成双方的管理信息系统，经由Internet/EDI交换信息，就能及时掌握客户的真实需求。

除了建设一套VMI运作系统与方式外，在具体目标方面也达成了显著成果：雀巢对家乐福物流中心的产品到货率由原来的80%左右提升到95%；家乐福物流中心对零售店面的产品到货率也由70%左右提升至90%左右，而且仍在继续改善中；库存天数由原来的25

天左右下降至目标值以下；在订单修改率方面也由 60%~70% 的修改率下降至 10% 以下。除了在具体成果的展现上，对雀巢来说最大的收获却是在与家乐福合作的关系上，过去与家乐福是单向的买卖关系，顾客要买什么就给他发什么货，甚至是尽可能地推销产品，彼此都忽略了真正的市场需求，导致卖得好的商品经常缺货，而不畅销的商品却有很高的库存量，经过这次合作让双方更能相互了解，也愿意共同解决问题，并使原本各项问题的症结点一一浮现，有利于根本性改进供应链的整体效率。

VMI 作为供应链管理的一种库存模式，在理论与实践上逐渐得到完善。在欧美国家，VMI 在 20 世纪 90 年代后的时间里已经发展为一种成熟的库存模式。这对解决我国各行业普遍存在的高库存问题大有推广的必要。

案例来源：吴志华，储俊松. 合作降低库存——来自雀巢和家乐福实施供应商管理库存的启发 [J]. 市场周刊（新物流），2007（7）：34-35.

上例是在库存管理中十分成功的案例，在完成对本章的学习之后，能够对上述案例所述情况有较为直观的认识。

第一节 库存管理概述

库存是一项巨大的、昂贵的投资。持有库存一方面占用了大量资金，增加了企业的经营成本；另一方面也增大了企业的经营风险，同时也会掩盖企业运营过程中存在的各种问题，影响企业经营效率与绩效。日本丰田公司将库存称为"万恶之源"。有效的库存管理可以改善现金流，增加投资回报。而正确理解库存和掌握库存管理与控制技术，将有利于提高有效库存应用水平。因此，对库存采取合理、有效的管理措施将会给企业带来巨大的利益。

一、库存的定义

《中华人民共和国国家标准物流术语》（GB/T18354—2006）中对库存的定义是，处于储存状态的物品。广义的库存还包括处于制造加工状态和运输状态的物品。在《中华人民共和国国家标准物流术语》（GB/T18354—2006）中，对库存控制（即存货控制）的定义是"在保证供应的前提下，使库存物品的数量合理所进行的有效管理的技术经济措施"。

本书认为"库存"（Inventory）是指企业在生产及各物流渠道中为现在和将来的使用或者销售而储备的资源，包括原材料、零部件、在制品、半成品和产成品等。如图 8-1 所示，库存存在于供应链各渠道中，库存频繁出现在仓库、堆场、商店、库房、运输设备和零售店的货架上。

不同的企业库存类别不一。对于制造业而言，库存一般包括原材料、易耗品、在制品和产成品等，而服务行业的库存指用于销售的有形商品及用于管理的低值易耗品。从物流

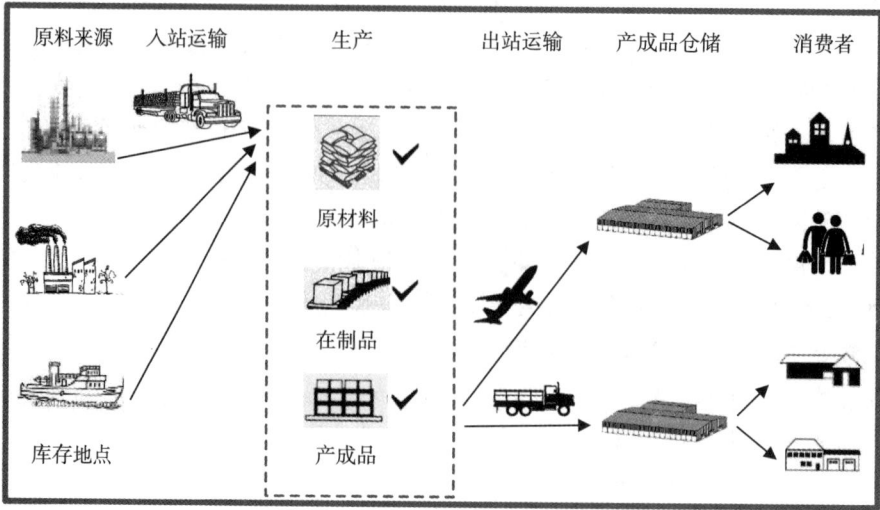

图 8-1 供应链渠道中的库存

系统观点来看，流速为零的物料就是库存。库存一般来说是暂时闲置的资源，是为了满足当下或者未来所需而持有的，与该资源的运动状态无关。如货车运输中货物是处于运动状态，但这些货物是为了未来需要而暂时闲置的，就是库存，是一种在途库存。

在制造业和仓储保管业中，库存分析的目的是为了规范两个问题：应该什么时候进行订购以及订购量是多少。许多公司都努力与供货商建立长期供需关系，以便该供货商能为企业全年的需求提供服务。这样一来，这两个问题就从"何时"与"订多少"转化为"何时"与"运送多少"。

二、库存的作用

由于库存是一种资金的占用与资源的闲置，因此库存占用越少越好。但是所有公司（包括 JIT 模式下的公司）都要保持一定的库存，原因如下：

1. 保持生产运作的独立性

在作业中心保持一定量的原材料才能使该中心具有生产运作的柔性。因为每次新的生产准备都要消耗一定的成本，而库存能减少生产准备次数。此外，装配线上各个工作站都是相互独立的，并且所花的作业时间不同，所以有必要在工作站持有一些零件作为缓冲，可使平均生产量处于平稳化，达到均衡生产。

2. 适应不断变化的需求

在当今竞争激烈的社会中，市场需求呈现出剧烈的不稳定性，而企业又必须保持内部生产的均衡性，由此产生了冲突。如果企业为了减少库存成本而持有较少的资源，则可能难以应对快速变化的需求量，缺失销售机会，这说明了持有库存的重要性；另外，消费者需求变化得很快，如果企业持有大量库存，未在一定消费周期全部销售出去，则可能导致货物积压。

3. 提高生产计划的柔性

企业持有一定库存可以有效防止生产中断，同时可以减少旺季大批量需求的生产压力，使得生产流程有条不紊，不会因为设备突发故障就阻碍生产的连续进行。而且，市场需求会随着季节、消费偏好等因素而不断变化。正如夏天的冰箱销量会比冬天更多，但企业不能在冬天停产，必须保持生产的连续性，库存对于提高生产计划的柔性，维持生产连续性起到了很好的作用。

4. 获得经济订货批量

如果一次性采购较少的批量，分担到每个产品上面的成本是比较大的。而大批量订货会获得一定的价格优势，同时可以减少单位订货成本，获得规模效应。因此，每次订货的订货量越大，所要签订的订单数就越少，订货费用就越少。同时，大订单对降低运输费用也有好处，运送的数量越多，单位运输成本越少。

5. 提高客户服务水平

及时响应顾客对产品及服务的要求对生产系统来说是不经济的，而库存可以做到。持有库存提高了产品和服务的可得性，在保证销售活动顺利进行的情况下，满足顾客需求，提高实际销售量。

6. 降低成本

尽管持有库存伴随着一系列成本，但库存会通过供应链渠道降低库存持有成本。首先，持有库存可以使企业进行大规模生产和运作，形成规模报酬；其次，持有库存可以通过规模效应节约采购、运输、生产等成本；最后，企业生产和运输过程中存在不确定性，不及时的运送可能会增加客户维护成本，同时降低客户服务水平，而库存有利于减少、消除这种影响，提高运作连续性。

尽管库存有如此重要的作用，但生产管理的努力方向不是增加库存，而是不断减少库存。研究库存是要在尽可能低的库存水平下，满足企业生产营运的需求。

三、库存的分类

库存的分类有很多种方法，如按照企业性质分类、按照库存在生产中的作用分类，但是按照库存物资存在状态以及库存用途进行分类是最常见也是最有意义的分类方法。

1. 按照库存物资存在状态分类

（1）原材料。指企业在生产过程中经加工改变其形态或性质并构成产品、主要实体的各种原料及主要材料、辅助材料、外购半成品（外购件）、修理用备件（备品备件）、包装材料、燃料等。为建造固定资产等各项工程而储备的各种材料，虽然同属于材料，但是，由于用于建造固定资产等各项工程不符合存货的定义，因此不能作为企业的存货进行核算。

（2）在制品。指企业正在加工生产但尚未完工的产品，包括正在各个生产工序加工的产品和已加工完毕但尚未检验或已检验但尚未办理入库手续的产品。

（3）零部件。指企业已经加工完毕但尚未组装的部件。

（4）半成品。指经过一定生产过程并已检验合格交付仓库保管，但尚未制造完工成为产成品，仍需进一步加工的中间产品。半成品不包括从一个生产车间转给另一个生产车间待继续加工的在产品以及不能单独计算成本的在产品。

（5）产成品。指工业企业已经完成全部生产过程并验收入库，可以按照合同规定的条件送交订货单位或者可以作为商品对外销售的产品。企业接受外来原材料加工制造的代制品和为外单位加工修理的代修品，制造和修理完成验收入库后，应视同企业的产成品。

2. 按照库存的功能分类

（1）周转库存。为满足日常生产经营需要而保有的库存。周转库存的大小与采购量直接有关。企业为了降低物流成本或生产成本，需要批量采购、批量运输和批量生产，这样便形成了周期性的周转库存，这种库存随着每天的消耗而减少，当降低到一定水平时需要补充库存。

（2）安全库存。为了防止不确定因素的发生（如供货时间延迟、库存消耗速度加快等）而设置的库存。安全库存的大小与库存安全系数或者说与库存服务水平有关。从经济性的角度来看，安全系数应确定在一个合适的水平上。例如为了预防灾荒、战争等不确定性因素的发生而进行的粮食储备、钢材储备、麻袋储备等，就是一种安全库存。

（3）调节库存。用于调节需求与供应的不均衡、生产速度与供应的不均衡以及各个生产阶段产出的不均衡而设置的库存。

（4）在途库存。在途库存是处于等待或运输状态，未到达目的地而储备在运输工具中的库存。如在航空、铁路、公路、管道等运输线上的物资，装配线上的在制品等。在途库存的大小取决于运输时间以及该期间内平均需求。

（5）季节性库存。为了保持生产或销售的连续性，满足某一季节的特殊需求，或者是在特定季节生产，在产成季节收存而持有的库存。

3. 按照需求特性分类

（1）独立需求库存。即顾客对某种物品的需求与其他种类的物品没有关系，即对该种物品的库存需求呈现出独立特性。这种独立需求库存是指那些随机的、企业无法控制而是由市场决定的需求，它与企业对其他库存产品所做的生产决策没有关系，如用户对企业产成品维修备件等的需求。独立需求库存的数量和出现概率都是随机的、不确定的，但可以通过一定的预测方法粗略估计。

（2）相关需求库存。相关需求库存是指对该物品的需求水平与另一物品的需求有内在关联的一项库存。其中，需求的时间、数量会受到其他因素的影响，这种影响可以通过数学关系推断。该类库存的管理难度较大，除了对库存的数量、种类进行管理外，还需管理好库存品种结构和比例关系，因而管理工作量大、难度高。

四、库存相关成本

为了优化库存系统，我们必须确定适当的优化标准。几乎所有的库存模型都将成本最小化作为优化准则，另一个业绩标准可能是利润最大化。成本最小化和利润最大化是大多数库存控制问题的基本标准。虽然不同的系统有不同的特性，但实际上所有的库存成本都可以分为三类：存储成本、订货成本和缺货成本。

1. 存储成本

存储成本也叫储存成本或持有成本，是指为保持库存而产生的成本，它可以分为固定成本和变动成本。固定成本与库存数量的多少无关，如仓库折旧、仓库职工的固定月工资等；变动成本与库存数量的多少有关，主要包括四项内容：资金占用成本、存储空间成本、库存服务成本和库存风险成本。很明显，存储成本高则应保持低库存量并经常补充库存。

2. 订货成本

订货成本是指企业向供应商发出采购订单所产生的成本，与订货批量无直接关联，仅与订货次数有关。主要包括订货手续费、物资运输装卸搬运费、验收入库费、采购员差旅费及通信费等费用。假定每次订货的成本是固定的，则每年的总订货成本受到一年中订货次数的影响，也就是受到每次订货规模的影响。随着订货次数的减少（即订货规模的扩大），年总订货成本会下降。

3. 缺货成本

缺货成本也叫短缺成本或亏空成本，是指由于库存供应中断所产生的损失。缺货成本取决于库存对缺货状况的反应。短缺成本包括延期交货成本、当前利润损失（潜在销售量的损失）和未来利润损失（商誉受损）等。

在确定向供货商订货的数量或者要求生产部门生产的批量时，应尽量使库存引起的总成本达到最小。

第二节 供应链环境下库存存在的问题

库存在企业周转资金中的地位决定了企业高效地控制库存的重要性。库存所占用的资金不可能再用于其他用途，除成本损失外，保持过量库存还会导致库存过期并严重降低企业的灵活性。供应链上的各种问题，都会或多或少地在库存上体现。库存是供应链上各种问题的焦点，库存反映了企业和供应链的整体运营水平。供应链各节点的企业库存，包括原材料和最终产品都有复杂的关系。供应链上的企业是独立的盈利个体，如果企业只关心自己的内部事务，对构成供应链其他企业的盈利和亏损不关心。或者组织者没有良好的构建、管理主体网络相互之间的协调性不够，甚至损坏了某些企业的利益，对参与者缺乏有效的组织管理，那么就很难实现库存最小化、利益最大化。这会造成周转库存和多余库存，同时会拉低整条供应链的运作效率和水平。

一、供应链环境下库存管理存在的问题

传统的企业库存管理多以自身企业为准进行库存管理，都是从本企业的库存引发存储成本和订货成本出发确定经济订货量和订货点。过去在市场竞争不是很激烈、客户需求变化不是很频繁的情况下，传统的库存控制方法具有一定的适用性和可行性，但在强调供应链管理的环境下，显然不够完善。在供应链库存管理大势所趋的今天，若企业只侧重于自身库存优化，单从存储成本、订货成本出发确定订货量和订货点是不符合实际的。在供应链管理理念里，库存应作为其中的一个环节来进行科学合理的管理。供应链是由许多节点企业组成的有机整体，供应链管理理念需从整个供应链系统出发，对各个节点企业进行计划、协调和控制，从而使供应链整体最优化。

供应链环境下库存管理主要存在下列问题：

1. 缺乏供应链的整体观念

库存，作为供应链管理的一个重要环节，若要实现整条供应链的最优化，就必须把库存管理纳入整条供应链的规划当中进行科学统筹。但是，企业作为一个独立体，拥有自身的目标与使命，因而通常都以自身利益为主要考量目标，在企业内部进行生产、采购、销售等计划。许多企业之间还未形成良好的供应链管理思想，如有些企业采用库存周转率作为供应链库存管理的绩效评价指标，未考虑对用户的反应时间与服务水平，因而此种库存方式是十分落后的。同时，企业之间的目标大不相同，甚至会存在目标冲突，这必将影响供应链整体效益，阻碍供应链的可持续发展。同时，还会对企业内部造成一定影响，降低市场竞争力，影响企业盈利水平。

2. 信息不对称且传递效率低下

供应链环境下库存信息不对称的原因很多。供应链上的合作伙伴不愿共享信息，或者供应链中企业之间的信息存在巨大差异。同时，信息技术的变革对企业间信息交流的及时性和准确性提出了很高的要求。因此，在供应链企业之间的信息集成过程中，信息标准的不一致性使得供应链无法充分发挥其信息优势。企业间良好的信息传递对库存管理起着重要作用，信息不对称会导致企业库存积压，库存计划混乱，影响库存管理水平。库存成本的降低有赖于库存持有量的降低，而库存持有量又与安全库存有关。如何确定最低安全库存是目前亟须解决的难题，而解决这一难题的根本途径是进行需求预测。供应链成员之间的信息共享为解决这一库存难题提供了新思路。通过建立信息公开的协调机制，共享准确、海量的市场信息，有利于准确把握消费者需求，进行需求预测分析。但目前许多企业之间的信息系统就像孤岛一样，呈现各自为政的状态，未有效地集成起来。许多企业为保存自身优势而故意隐瞒供需信息，极大地导致了信息不对称问题，增加了供需双方的信息共享难度。

3. 忽视不确定性对库存的影响

供应链在运作过程中存在着很多的不确定因素，如订货提前期、顾客需求变化、原材料供应等。供应链中存在两种形式的不确定性，经营不确定性和衔接不确定性。这些不确定性主要来源于顾客需求、生产者生产过程和供应商供应过程。库存的存在一方面是为了应对各种不确定事情的发生，另一方面也掩盖了各种管理问题。因此要想在市场中生存并发展就要把握住变化，这样库存成本的控制才能得以有效地实现。然而传统的库存管理模型大都建立在确定条件下，忽视了不确定因素对库存管理的影响，企业必须转变管理思想，提高对不确定环境的重视程度，应对不断变化的竞争市场。

4. 库存策略简单化

目前，很多企业未对库存理念进行彻底转变，还停留在传统库存的观念当中，认为库存只要能够保持生产或市场的需要就可以了。许多企业控制库存仅仅是为了生产运作的连续性和应对不确定需求。多采取简单的库存控制策略，难以适应不断变化的外部环境。市场需求瞬息万变，尽管需求预测可以解决供需匹配问题，但并不是所有产品都能进行需求预测，可能一种产品易于进行需求预测，另一种产品需求预测的难度却很大，因此不能采取同样的管理方式。而且，在市场信息不共享或者传递不准确的情况下需求预测的难度是非常大的。目前我国多数库存管理策略是面向单一企业的，基本上采用企业内部的信息，未站在供应链环境下考虑库存控制问题。因此，如何建立有效的能体现供应链管理思想的库存控制方法是供应链库存管理的重要内容。

5. 缺乏合作与协调

伴随着经济全球化的进程，供应链涉及的利益群体越来越多，但它们相互之间缺乏合作和协调。设置安全库存是一种应对供应中断而采取的应急措施，但低合作水平与不协调直接导致了企业维持一个相对较高的安全库存，这必然会增加库存相关成本。在全球化的供应链中，组织协调涉及更多的利益主体，相互之间的信息透明度不高，使得库存控制更为困难。而且，各个企业都有不同的目标和使命，拥有不同的库存策略，也不愿意与其他企业共享信息。毕竟在信息共享过程中数据安全问题难以得到有效保证。而解决这些问题的关键，就是在供需双方之间建立一种有效的激励协调机制。促使供应链中每一个节点形成合力，共同面对市场的挑战，抓住机遇，创造整体最大的经济收益。

二、供应链中的牛鞭效应

随着全球化发展进程日益加快，越来越多的企业认识到供应链在市场竞争中的重要性。供应链包括从原材料采购开始到中间商制造半成品和最终产品，最后由销售企业将产品和服务送达末端消费者的活动所构成的全部网络系统，具有复杂性、动态性、层次性、交叉性的特点。供应链中对信息流的不完全把控导致供应链成员间无法做到无缝对接而影响整条供应链的运作，产生牵一发而动全身的"牛鞭效应"。

1. "牛鞭效应"介绍

"牛鞭效应"也叫"需求变异加速放大原理",是美国供应链专家 Hau L. Lee 教授对需求信息扭曲(information distortion)在供应链传递的一种形象描述。其基本思想:当供应链的各节点企业只根据来自其相邻的下级企业需求信息进行生产或供应决策时,需求信息的不真实性会沿着供应链逆流而上,产生逐级放大的现象,当信息传递到最上游供应商时,其获得的需求信息和实际消费市场中顾客需求信息发生了很大的偏差,需求变异系数比分销商和零售商的需求变异系数大得多。由于这种需求放大效应的影响,上游供应商往往维持比下游供应商更高的库存水平。

宝洁公司在经营过程中最先发现了"牛鞭效应"的存在:在研究其"尿不湿"市场需求时发现该产品零售数量相当稳定,但其分销商与批发商在订购时产生明显数量波动,而且宝洁公司向其供货商订货的波动性更大。后来,惠普、佳能等企业也发现了这种消费者需求逐级放大的现象,证实了牛鞭效应的存在。

牛鞭效应使得需求信息从最终消费者传到上游供应商手中时,呈现异常放大的现象,使上级供应商持有比真实需求量更高的库存水平。制造商在频繁波动的生产环境中不得不频繁更改生产计划,产品质量受到影响,额外成本增加,降低服务水平,市场风险加大。牛鞭效应对企业的负面影响不言而喻,它不仅导致社会资产盲目投资重复利用,有时甚至带来灾难性后果,影响国民经济正常发展。

具体来说,由于较差的需求预测,制造商支付了超额的原材料成本或产生原材料短缺,额外的制造费用、加班费等以及高库存水平导致的超额仓储费用及大量的资金积压、高额的运输成本等,都大大降低了企业的效益。"牛鞭效应"是供应链中的需求波动放大现象,它是供应链中最重要的性能指标,也是供应链中最重要的绩效指标。因此,认识和进一步减弱"牛鞭效应"对企业降低成本,提高运输效率,准确把握需求动向,提高市场竞争力有关键作用。

2. "牛鞭效应"的影响因素

(1)需求预测。供应链中各企业总是依据下游订货数据作为自己对市场需求预测的参考,但消费者需求具有不确定性,零售商为了保证销售不断货,就会在预测值上增加一定比例加以修正,这样使得订货总量大于实际需要量,类似地,批发商在零售商订单量的基础上为了稳妥起见,向分销商追加一定批量;分销商向制造商增加需求量,最终使得订货数量比需求数量的变化要大,导致供应链的"牛鞭效应"。

(2)批量订货。为了获取经济订货批量,降低订货成本,获得价格优势,企业一般会按照最佳的经济规模批量订货,而不选择小批量的高频率采购。同时,由于供应商处理频繁订单而产生的成本很大,他会要求销售商在一定数量或一定周期订货,销售商为了及时获取所需,会人为夸大订货量。

(3)价格波动。由于商家做出的价格折扣、数量折扣等促销活动或经济自然原因产生的供不应求、通货膨胀、突发灾害等原因,使得采购方采购比真实需要量更多的货物,以应对供不应求时因为没有供货储备导致利润下降的可能性,销售商往往愿意预先订购大量货物。这样会给上游企业造成信息假象,加剧"牛鞭效应"。例如每年的"双十一"期间市场需求激增，这样大量的需求使得销售商增加商品订购量和库存量来满足需要，而此时的订购量和实际需求量会产生一定偏差，导致"牛鞭效应"。

（4）短缺博弈。当制造商的生产能力不能满足需求时，会根据下游企业订货量配额供给，此时买方为了获取尽可能多的供货额度，会故意增加订货量，超出实际需求，而当需求热度下降时，订量消失。

（5）缺乏协作。供应链中各成员间由于存在利益冲突，使得信息透明难以实现，不能有效建立战略合作伙伴关系，协作共赢，大家不愿公开分享商业信息，让供应链中不可视因素加大，使需求信息在传递过程中失真，无法将真实需要反馈至始端，造成信息流和物流的双重滞后，这也是"牛鞭效应"产生的重要原因之一。

3. 减弱"牛鞭效应"的方法

实现信息及时共享是减弱"牛鞭效应"的主要方法之一。通过提高信息集成度，从而能有效地共享相关信息并且增强了需求信息的透明度，这就大大降低了"牛鞭效应"对企业的影响，并能够及时有效地反映消费者需求，为企业赢得更多客户创造了有利条件。电子商务模式下减弱"牛鞭效应"的方法主要有以下几点：

（1）协调企业利益目标。为协调电子商务网络内部企业的利益目标，一个可行的方法是企业间的合作，建立类似于联盟的伙伴关系，这也是完善电子商务网络内部信息和决策结构，促使信息一体化的一种有效途径。从协调企业利益目标来看，最显而易见的方法就是通过财务手段达到供应链内部的纵向一体化。其本质是将企业与企业之间的委托—代理关系内部化，简化组织结构，同时也是获取原本属于供应链内其他成员私有信息的直接手段。但从企业资源基础理论来看，企业应该追求的是企业内部资源的经济租金最大化，而企业核心能力引致的竞争优势是在竞争性市场上取得经济租金的唯一手段。由于企业的内部资源是有限的，因而为最大化企业内部资源的经济租金，完全的供应链内部一体化在理论上就是不可取的。

（2）信息一体化。应保证电子商务网络内部企业之间广泛而及时的信息交流，包括生产商的生产成本、产量以及库存信息、零售商的销售成本、实际销售以及库存信息、生产商和零售商对不确定市场未来需求的预测等，在 B2B 模式下，建立起能使企业获取详尽最终用户需求信息的信息共享机制。

（3）需求预测。需求预测水平对电子商务网络整体至关重要，需求水平和需求时间极大地影响了生产能力、库存量及销售量。这就需要加强对市场需求的预测，通过电子商务网络营销系统中企业间的信息沟通与共享，了解最终客户的真实需求，保持合理库存，实施系统中虚拟库存等，建立起与市场不确定性需求相对应的库存策略。通过建立市场部电子商务平台，拓展核心企业的市场部职能，加强市场部的信息获取能力，从而深入到中间商的作业范围内部获得顾客的真实需求信息，以确定中间商订单，从而减弱"牛鞭效应"。

第三节　传统的库存控制方法

传统库存管理认为，库存越多，企业的经济实力越强。随着人们对库存控制策略认识的深入，零库存逐渐成为趋势。传统的库存控制方法多依据企业自身特点对库存进行分类分级管理，虽然与生产计划、销售计划相匹配，但从供应链的角度来讲，这显然是不够完善的库存控制手段。传统的库存控制方法主要有 ABC 分类法、经济订货批量法和订货点法。

一、库存的分类管理

企业的库存物资种类繁多，且不同物资的价值程度不一样。有的物资品种、数量不多但价值很大，而有的物资品种、数量很多但价值不高。企业的资源有限，不可能对所有库存物资给予相同程度的重视和管理。为了将企业有限的资源充分利用，应当依据库存物资重要程度的不同，进行分类管理和控制。这就是库存 ABC 分类方法的基本思想。ABC 分类法包括两个步骤：一是如何进行分类，二是如何进行管理。

1. 如何进行分类

不同的库存产品对企业提高销售额和利润率的贡献是不同的，它们的管理方法也有所侧重。为了最大限度地提高服务水平，降低库存费用，企业在制定库存策略时，首先需要对库存的产品进行分类。经济学家帕累托认为，在总体价值中占相当大比重的物品在数量上却只占很小的比例。对于任何给定的组合，组合中的少数项目将占总值的大部分。同样，产品在库存中所占的比重和在库存价值中所占的比重之间不成比例的现象符合通常所说的"20/80"原则，即 20% 数量的库存占总库存价值的 80%，而其余 80% 数量的库存仅占全部库存价值的 20%。ABC 分类法的基本原理，就是按照控制对象的价值或重要程度的不同将其分类，并分别采取不同的管理方法。企业的库存可以分为如表 8-1 所示的 A、B、C 三类，或根据实际情况分为两类或四类，然后分别对它们进行区别管理。

表 8-1　ABC 分类法　　　　　　　　　　　　单位:%

类别	A	B	C
品种种类	约 20	约 30	约 50
所占价值	约 80	约 15	约 5

ABC 分类管理方法将库存物资按重要程度划分为特别重要的库存（A 类库存）、一般重要的库存（B 类库存）和不重要的库存（C 类库存）三个等级，然后针对不同等级的对象分别进行库存管理和控制。

2. 如何进行管理

应用 ABC 分类法进行库存控制，主要从控制程度、库存量计算、库存记录、安全库存和库存检查等方面进行分析，如表 8-2 所示。

表 8-2 库存控制层次

级别	控制程度	库存量计算	库存记录	安全库存	库存检查
A 级	严加控制	详细计算	详细记录	少量	经常检查
B 级	一般控制	依历史记录确定	有记录	较多	偶尔检查
C 级	稍加控制	不计算，低了就进货	无记录	大量	不检查

在对库存进行 ABC 分类之后，根据企业的经营策略对不同级别的库存进行不同的管理和控制。

（1）A 类库存。A 类库存物资数量在企业中占的比例很少，但却十分重要，是最需要严格管理和控制的库存。企业必须对这类物资的库存量定期进行盘点，详细记录物资的存量、使用情况、货物状态等信息，对于物资的进出库需严加管理。同时，为降低库存成本，这类物资在满足企业内部需要和市场需求的前提下维持尽可能低的经常库存和安全库存量即可，应作精确的库存计划，加快库存周转，降低库存水平。

（2）B 类库存。这类库存属于一般重要的库存，可依据实际情况进行相应的盘点和信息记录。不需要经常性检查，也不需要对库存量进行严格把控，可维持较多的安全库存量，满足日常运作和正常库存周转即可。

（3）C 类库存。这类库存物资数量在企业中占的比例最大，但对企业的重要性最低，因而被视为最不重要的库存，只需要稍加管理和控制。这类库存物资的检查时间间隔很长，不需要进行详细盘点和记录，库存低了就补货，可以大量采购物资，减少单位订货成本以及管理人员和设施的费用。

ABC 分类法是库存控制的基本方法之一，被广泛应用于生产控制、采购控制、库存控制、质量控制和其他领域。该方法的管理方式十分简单，效果显著，在实际应用中要具体灵活地加以运用。

二、经济订货批量法

良好的库存管理状态不仅能保证企业的正常运作，还可避免资金被过多占用。合理确定企业库存订货数量和订货次数对于降低库存成本具有重要作用。经济批量模型（Economic Order Quantity Model）（见图 8-2）就是通过平衡采购进货成本和保管仓储成本，定量分析库存费用求得一次订货多少最为合适，从而确定最佳的订货数量，以达到最低总库存成本目的的库存控制方法。经济批量模型根据订货、到货间隔时间（Lead Time）等条件是否处于确定状态可分为确定条件下的模型（Deterministic Model）和概率统计条件下的模型（Probability Model）。由于概率统计条件下的经济批量模型较为复杂，这里只探讨确定条件下的经济批量模型。

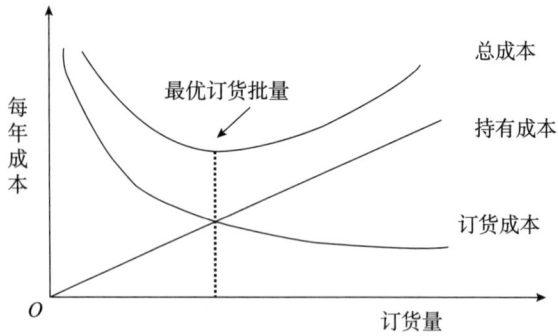

图 8-2 EOQ 模型

模型假设：

（1）已知需求量，且对产品的任何需求都能及时满足，不存在缺货的情况。

（2）需求速率不变，库存量随时间均匀连续地下降。

（3）订货成本、单位储存成本及订货提前期保持不变，库存补充的过程可以在瞬间完成（即整批订货同时到达）。

（4）与订货数量和时间保持独立的产品价格不变（即购买数量或运输价格不存在折扣问题）。

（5）多种存货项目之间不存在交互作用。

（6）没有在途物资等。

则年总成本可用下述公式表示：

库存年总成本＝购货成本+订货成本+库存持有成本

$$TC = RP + \frac{RC}{Q} + \frac{QH}{2}$$

其中，R 代表年需求量，以单位计；P 代表单位物品的购买成本，元/件；C 代表每次订货的订购成本，元/次；$H=PF$ 代表每单位物品每年的储存成本，元/年；Q 代表批量或订购量，以单位计；F 代表以单位成本系数表示的年储存成本。

年购货成本是由年需求量乘单位购买成本来确定的，年订货成本是由年订购次数（R/Q）乘以每次订货的订购成本（C）得到的。年储存成本为平均库存量（$Q/2$）与年单位储存成本（H）的乘积。这三种成本的总和便是给定物资的年库存成本（TC）。为获得最低成本的经济批量（EOQ），对公式两边关于批量（Q）一阶求导，并令其为零：

$$\frac{\mathrm{d}TC}{\mathrm{d}Q} = \frac{H}{2} - \frac{CR}{Q} = 0$$

解方程得到 EOQ 公式：

$$Q^* = \sqrt{\frac{2CR}{H}} = \sqrt{\frac{2CR}{PF}}$$

在 EOQ 公式中，没有考虑运输成本对订货批量的影响。如果产品是由卖方负责装运，直接抵达企业的仓库，那么忽略运输费用是有道理的。否则，在确定订货量时，企业就必须考虑运输费率对总成本的影响。在其他条件不变的情况下，企业自然希望以最经济的运输批量进行采购，该数量可能大于用 EOQ 方法确定的购买数量。较大的订货批量会增加平均基本库存量和库存成本，同时它也减少了订货次数，从而增加装运规模，节约运输费率。

三、订货点法

在库存控制中，什么时候订货往往比确定订多少货要难得多，因为库存常常涉及巨额的库存投资，一旦缺货企业就要遭受巨大的损失。因此，为了能有效地做好库存控制工作，企业常常使用订货点法来确定订货时间点。

订货点法是指现有库存量降到预定的水平即订货点就开始订货的方法。将现有库存量与订货点比较，找出那些现有库存量小于订货点的物品，并依据物品的订货批量方式确定其批量方式及订货批量，制定采购计划。订货点法就是通过控制订货点和订货批量来对订货、进货进行有效控制，以达到既满足用户需求又使库存量最小的目的。它适用于那些具有相对连续稳定需求的存货，并且可用经济批量或固定批量来计算订货批量。

在需求量和运营周期已知的情况下，基本订货点或再订货点（Reorder Point）可以采用如下公式来计算：

$$R = D \times T$$

其中，R 代表再订货点，用单位数表示；D 代表平均日需求量；T 代表平均运营周期。

当需求量或完成周期存在不确定情况时，通常要把安全库存量考虑在内，因此基本订货点可以采用如下公式来计算：

$$R = D \times T + S$$

其中，S 代表安全库存或缓冲库存，用单位数表示。

订货批量是在满足用户需求前提下使库存成本最低的订货数量。在总需求相对稳定时，每次订货数量的增加意味着总的订货次数的减少，从而降低了库存的订购成本。订货点法库存管理策略有很多，最基本的有以下四种：

其一，定量订货策略。该策略的基本思想是预先确定一个订货点 R 和订货批量 Q，对库存进行连续盘点，当剩余库存量下降至设定的订货点水平 R 时，立刻进行补货。该方法的订货批量是预先设置保持不变的，多取经济订货批量。该策略可对高价值货物的库存费用精确控制，适用于需求量很大、缺货费用较高的情形。该方法操作简单、节省工作量，但是需要随时存盘，订货模式过于机械化，管理难度大。

其二，定期订货策略。该策略的基本思想是预先确定一个订货周期 T 和最大库存量 S，对库存进行周期性盘点，每隔一个周期就发出一次订货，订货批量依据现有库存水平的多少而定，将其补充到最大库存水平 S，假设发出订单时库存量为 I，则订货量为 $S-I$。该策略和定量订货策略不同的是，不设置订货点，其订货量是可变的，依据发出订货时期的实际库存而定。该策略适用于那些不重要或使用量不大的物品。

其三，连续性检查的固定订货点、最大库存策略。此策略要求预先设定订货点 R 和最大库存量 S，随时检查库存状态，当发现库存降到订货点水平 R 时就发出订货，将现有库存补充到最大库存为止。如发出订单时现有库存量为 I，则订货量为 $S-I$。此方法的订货量也是随实际库存量变化而变化的。

其四，综合库存策略。该策略的基本思想是预先确定一个固定的检测周期 T、最大库

存量 S 和固定订货点 R。按照检测周期 T 对货物进行盘点，若库存低于订货点 R 就发出订货，否则就不订货。订货批量的大小依最大库存量 S 和检测时的库存量之差确定。如此循环反复，进行周期性的库存补货。

第四节 供应链环境下的库存管理策略

一、供应商管理库存

传统的库存管理主要由某一企业自身负责，从供应商、制造商、经销商到零售商，各自管理自身的库存，采取适合本企业的库存控制方式。这种方式存在一定缺陷，如制造商不清楚合作供应商的供应能力和生产水平，一旦上级供应商供应中断，可能对本企业的生产计划造成一定影响。同时，零售商未将最终消费者的需求同供应链上级成员共享，依据自身库存计划发出订货，假使企业为获得规模效应而大幅度增长订货量，上级经销商可能会认为消费者的需求激增，因此会加大采购，需求信息在传递过程中被扭曲了，这可能会导致经销商货物积压，增加库存持有成本。虽然供应链中每一个成员都在寻求保护其各自在供应链的利益，但由于信息的不共享，一系列不确定因素对库存计划产生了一定影响，无法达到供应链整体的最低成本。

随着供应链管理思想的不断深化，在 20 世纪末期，出现了一种新的供应链库存管理方法——供应商管理库存（Vendor Managed Inventory，VMI）。供应商管理库存是一种供应链环境下的库存管理模式，这种模式强调供应商对库存的管理职责。双方在事先签订合作协议的条件下，供应商将货物交付到指定仓库，并持有库存的所有权，对这些货物进行管理，需求方定期将需求预测数据传递给供应商，供应商按要求持续向仓库补货，需求方企业根据协议规定对 VMI 模式的运行负有监督和提出合理化建议进而修正的职责。

1. VMI 的基本思想

VMI 是一种在需求方和供应商共同协议下的合作性策略，由上游企业对下游企业的库存进行管理和控制，上游企业拥有库存控制权，其库存控制信息来源于共享下游企业的销售预测和下游企业的库存信息。这种模式与传统订单模式的区别在于，上游企业不再根据下游企业发出的订单交货，而是根据需求预测组织发货。供应商管理库存的好处在于，上游企业可以更快速地响应市场需求，减少了订单传递过程中的信息失真现象，降低库存成本。供应商管理库存降低供应链成本的另一表现在于，多个供应商建立一个 VMI-HUB 模式，使得下游企业与多个上游企业的一对一关系转变成了一对多关系，从而带来规模经济，降低成本，提高效率。

VMI 具有以下特点：

（1）目标一致性。VMI 的实施，首先要明确双方的责任和义务，比如仓库建立在哪里，库存如何管理，共享哪些需求信息等。更重要的是观念上达成一致，要在框架协议里明确具体的合作事项，提高操作性。

（2）合作性。VMI 的实施需要供应链上各企业彼此相互信任地合作，保持信息透明公开，建立良好的合作模式和合作精神。这是 VMI 实施成功的保障，也是重中之重，贯穿了 VMI 模式的整个实施过程。

（3）互利性。VMI 模式考虑的不是双方的成本如何负担和分配问题，而是怎样操作才能使得双方的成本得到有效降低，从而确保双方的成本都降低，获得双赢。

（4）整体性。VMI 是双方共同参与并努力的结果，信息共享的过程就是互动的过程，要确保快速响应、实现双方频繁互动，公开透明的共享需求变化，保持良好的信誉度，才能保障双方的利益，不能只追求一方的盈利，从而实现双赢。

2. VMI 的优点和局限性

（1）VMI 的优点。供应商管理库存的模式不仅可以降低供应链的库存成本，而且还为用户提供良好的服务，使双方达到共赢。有如下突出的优点：

其一，销售商可以省去多余的订货部门和不必要的控制步骤，提高服务水平。

其二，供应商拥有库存，并通过有效的库存管理，协调对多个零售商的生产和配送。

其三，供应商按照零售商的数据，对需求做出预测，可减少预测的不确定性。供应商利用下游经销商必要的经营数据来调节库存水平，可消除预期之外的短期产品需求而导致的额外成本。同时，企业对安全库存的需求也大大降低。

其四，由于 VMI 允许供应商直接接触下游企业真正的需求信息，供应商能更快地响应用户需求，提高服务水平，大大降低用户的库存成本。

其五，VMI 可以大大缩短供需双方的交易时间，进而使上游企业更好地控制其生产经营活动，以更好地满足用户需求，从而提高整个供应链的柔性。

总之，VMI 的优点是显而易见的，但在其实施过程中，供应商和用户之间必须相互信任，密切合作，遵循互惠互利的原则，在共同的目标指导下明确各自的责任，从而有效地降低供应链的库存成本，改善资金流，并为用户提供高水平的服务。

（2）VMI 的局限性。在供应链库存管理中，供应商管理库存取得了巨大的成功，但它也有一些局限性，主要表现在以下几点：

其一，供应商管理库存中，供应商和零售商之间的信任度和协作水平仍待提升。

其二，虽然框架协议由双方协定，但供应商主导地位明显，决策缺乏足够的协商。

其三，供应链运作存在许多不确定性，如果供需预测不准确，货物会积压在供应商或零售商手中，加大总的库存成本，同时增加了供应商的风险。

3. VMI 的实施方法

实施 VMI 策略的基本前提是统一供应链企业之间的数据标准，由供应商、制造商与下游经销商和零售商一起设计供应链上传递单据的格式、内容以及单据的各个参数，形成统一的标准单据，利用数据交换技术进行单据的集中、交换和传递。为此需要建立一种能够使供应商和制造商、经销商和零售商之间的库存信息系统透明连接的方法。供应商管理库存的策略实施可以概况为以下几个步骤：

（1）建立有效的市场数据库。供应链上游企业的供应商或者制造商，要想有效地降低库存存量，必须能够有效地得到最终市场的真实需求情况，以此准备生产所需的原材料和产品。通过建立有效的市场数据库，通过销售终端，收集市场变化的信息以及市场需求量，掌握消费者需求的变化情况，引入需求预测与分析功能，为供应链上游做好需求预测计划。

（2）建立物流网络管理平台。供应商要想做好库存管理，应当搭建一个完善的物流网络管理平台，让供应链中的实体物流和信息流同步进行，保证需求信息和物流信息畅通，解决产品分类、编码的标准化问题，解决产品存储、运输过程中的识别问题，进行动态实时管控。通常的做法是利用制造企业内部的企业管理信息系统，进行拓展开发，融入物流管理功能，实现信息的快速、有效传递。

（3）建立供应商与制造商（经销商/零售商）的合作框架协议。供应链上游的核心企业，通过协商一起参与供应链上单据处理的程序，以及库存参数的设置，确定订单处理的业务流程以及库存控制的有关参数，比如供应商仓库材料的安全库存量，制造商各种原材料下达送货的库存数量点、库存材料的管理水平以及库存信息的传递方式等。

（4）组织机构变革或业务重组。VMI策略改变了供应商的运作流程和方式，因此需要与之相配套的组织机构或业务流程，比如新增加一个职能部门，负责VMI的实施与控制，实现库存补给和高服务水平。

二、联合库存管理（Jointly Managed Inventory，JMI）

1. JMI 的基本思想和优势

在传统的供应链活动过程模型中，如图8-3所示，在整个供应链过程中，从供应商、制造商到分销商，各个供应链节点企业都有自己的库存。供应商作为独立的企业，它的库存（即产品库存）为独立需求库存，制造商的原材料库存、半成品库存为相关需求库存，而分销商为应对顾客需求的不确定性也需要库存，它的库存也为独立需求库存。

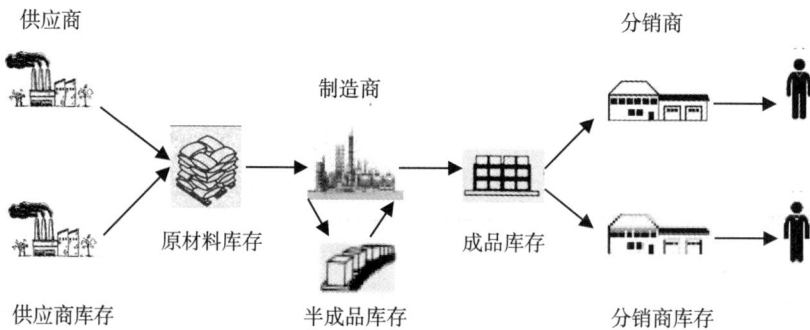

图8-3 供应链活动过程模型

联合库存管理则是一种风险分担的库存管理模式。联合库存管理系统把供应链系统管理进一步集成为上游和下游两个协调管理中心，这种模式类似于分销中心功能，使得上游企业与多个下游企业的一对一关系转变为一对多的关系，信息共享程度更高，从而部分消除了由于供应链环节之间的不确定性和需求信息扭曲现象导致的供应链库存波动。从供应链整体的角度来看，联合库存管理降低供应链整体库存成本的关键是基于其减少了节点企业的库存点，从而降低由此带来的固定成本及变动成本。

基于协调中心的库存管理和传统的库存管理模式相比，有以下几个方面的优点：

（1）联合库存管理将传统的多级别、多库存点的库存管理模式转化成对核心企业的库存管理、核心企业通过对各种原材料和产成品实施有效控制，简化了供应链库存管理运作程序，为实现供应链的同步化运作提供了条件和保证。

（2）联合库存管理系统把供应链系统管理进一步集成为上游和下游两个协调管理中心，从而减少了供应链需求扭曲现象的发生，降低了库存控制的不确定性，提高了供应链的稳定性。

（3）库存作为供需双方信息交流和协调的纽带，可以暴露供应链管理中的缺陷，为提升供应链效率提供了新手段。

2. 联合库存管理的实施策略

（1）建立供应链协调管理机制。发挥供应链管理的资源共享和风险分担作用，从合作精神出发，供需双方建立供需协调管理的机制（见图 8-4），通过相互的协调作用，明确双方的目标和责任，建立快速有效的合作沟通的渠道，为供应链的联合库存管理提供有效的机制。

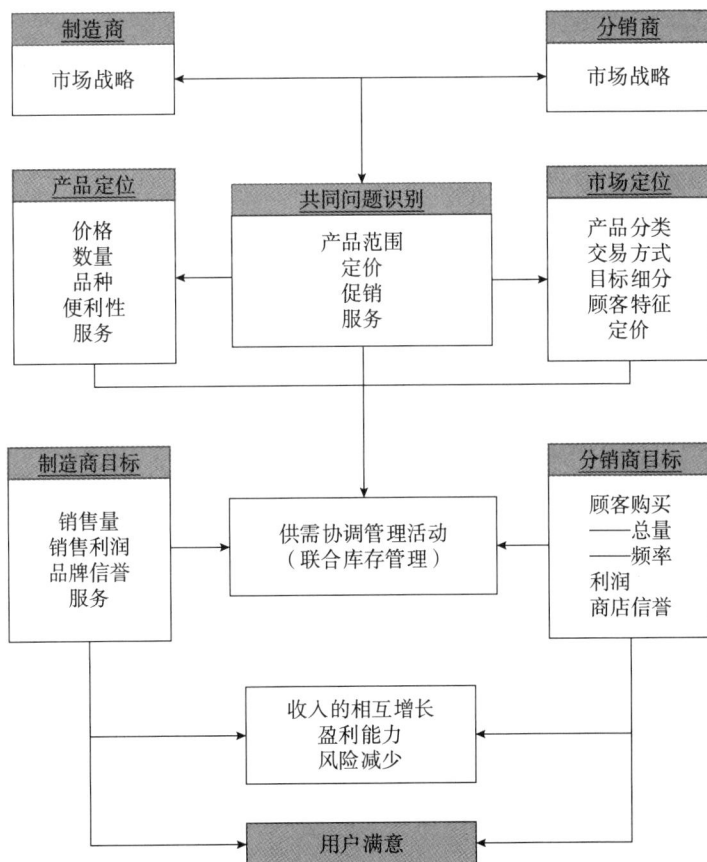

图 8-4　供应商与分销商的协调管理机制

（2）建立快速响应系统。快速响应（QR）系统是20世纪80年代末由美国服装行业发展起来的一种供应链管理策略，是指供应链成员间建立良好的伙伴关系，利用EDI、POS系统、条形码等信息技术，进行销售时点以及订货补充等经营信息的交换，以此来实现库存量、商品缺货风险最小化，销售盈利最大化目标的一种物流管理系统模式。通过在供应链中建立畅通的信息沟通桥梁，以减少从原材料到最终用户整个过程的时间和库存，最大限度地提高供应链管理效率。主要经历了商品条码化、内部业务自动化和企业间有效合作三个阶段。

（3）发挥第三方物流的作用。引入第三方物流公司代管物流业务是实施联合库存管理模式的方式之一。通过将库存管理的某些功能交给第三方物流公司，发挥专业物流公司的专业性，同时可以使企业集中资源和能力处理核心业务，从而增加供应链的敏捷性和协调性，提高了供应链的运作效率。第三方物流联合库存管理的模式如图8-5所示。

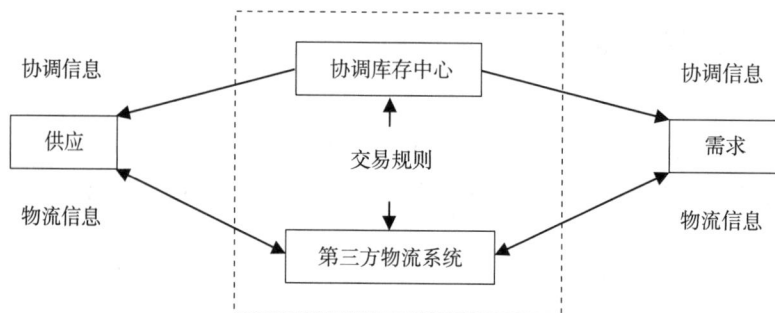

图8-5　第三方物流系统在供应链中的作用

（4）选择合适的联合库存管理模式。供应链联合库存管理有两种模式：①供应商的物料放入供应链上核心企业的原材料库中集中库存，使得核心企业可以对供应商的供应能力进行准确评估，同时可以根据生产需要指定与企业生产、采购、销售相匹配的库存管理计划，保持合理的库存量，实现货物快速流转，降低库存总成本。②无库存模式。供应商和核心企业都不设立库存，供应商对核心企业的生产线进行连续小批量地补充货物，实现JIT模式。该模式由于取消了库存，大大降低了库存成本，但对供应商和核心企业的运作能力和合作程度的要求很高，所以并不是所有企业都适合该种模式。

联合库存管理大大改善了供应链的供应水平和运作效率，是提高供应链同步化程度的有效方法。但就目前联合库存管理中企业间的系统集成还有待完善。

三、多级库存优化与控制

多级库存优化与控制是一套崭新的管控理念。其核心是注重实行集约优化的供应链管理活动，各管理主体、生产要素可达成全程的优化目标，激起个体优势间的集群效益，进而促使供应链运营的效益递增，实现供应链的全局性优化。

1. 多级库存优化与控制的基本思想

多级库存优化与控制是在单级库存控制的基础上形成的。主要有两种方法：非中心化（分布式）策略和中心化（集中式）策略。非中心化策略即各个库存节点采取独立的库存策略，该方法管理起来简单，但供应链成员之间信息共享程度低，不能确保整条供应链的最优化。中心化策略是将各库存点的数据放在一起决策，考虑库存点之间的交互关系，依靠调节的办法达到库存优化。该方法可以使供应链效率提高，但协调难度大。

在进行供应链多级库存控制时需要考虑以下几点：第一，要考虑库存优化的目标。不能仅将成本减少作为主要目标，企业的最终目的是获得顾客满意，因此需考虑到顾客的切实需求，建立快速响应（QR）机制以提高客户服务水平。第二，明确库存优化的范围。多级库存优化并不是对供应链的每一层级都进行统筹管控，要依据企业的需要决定是进行包括供应商、制造商、分销商和零售商等各个层级的全局性优化，还是仅包括上下游企业的局部性优化，这是企业应当深思熟虑的问题。第三，考虑多级库存优化的效率。在进行多级库存优化的同时，不能简单地进行库存优化管理，还需对供应链的组织与管理进行优化。第四，确定库存控制策略。库存如何分类，如何进行盘点，是采取周期性检查还是连续性检查策略，这些都是需要确定的。同时，多级库存优化与控制多基于无限能力假设的单一产品管理，对于有限能力的多产品库存控制是供应链多级库存优化与控制的难点，亟待解决。

2. 多级库存优化与控制的策略

多级库存优化与控制的策略主要包括基于成本的多级库存优化和基于时间的多级库存优化。基于成本的多级库存控制需确定库存控制的相关参数，包括订货点、订货量、盘点周期等。相关成本结构主要包括库存持有成本（holding cost）、交易成本（transaction cost）和缺货损失成本（shortage cost）。通过提高信息的共享程度，建立良好的合作伙伴关系，加强供需双方的协调与沟通，最大化地优化库存相关成本。基于时间的多级库存优化是指在供应链管理环境下，库存优化还需考虑对时间的优化，如对订货提前期、库存周转率、客户响应速度的优化等。在供应链环境下，企业不仅要考虑成本问题，还应将时间的优化作为管控目标，从而更好地为库存策略服务。

多级库存优化与控制通常采用的策略分为中心化库存控制策略和非中心化库存控制策略两种：

（1）中心化库存控制策略。中心化库存控制策略是将控制中心放在核心企业上，由核心企业对供应链系统的库存进行控制，协调各个节点企业的库存活动。核心企业作为供应链上的数据中心，具有数据的集成、协调和分析功能，如图8-6所示。

（2）非中心化库存控制策略。非中心化库存控制策略将供应链库存控制分为三个成本中心，即制造商成本中心、分销商成本中心和零售商成本中心，三个成本中心各自做出相应库存优化策略。该策略促使企业根据自身实际情况独立做出快速决策，有利于发挥企业独立自主性和灵活性，但需要提高供应链的信息共享程度，同时需处理好各个节点之间的协调关系。

四、战略库存控制——工作流管理

库存控制是一个复杂的系统工程，尽管目前已有许多数学模型能够辅助库存决策，但从管理的战略意义上讲，这些模型和算法都很难解决库存控制中的本质问题——战略性库

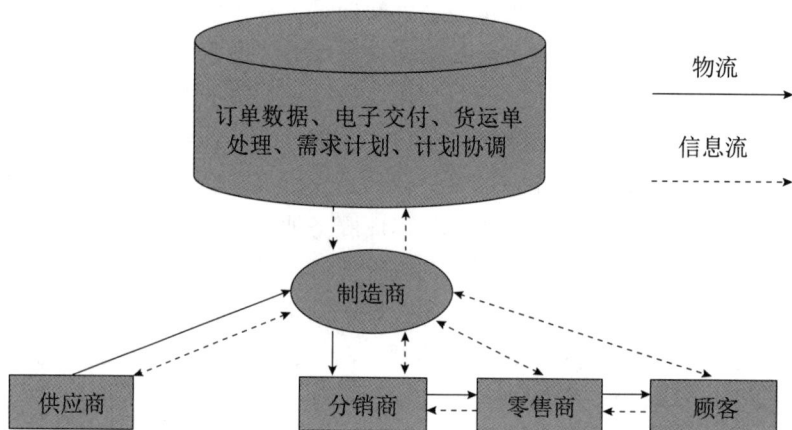

图 8-6　供应链中心化库存控制模型

存决策问题，即宏观的管理决策问题。人们习惯认为，库存是资源的储备或暂时性的闲置。库存是储备的观点认为，库存是维持正常生产，应对不确定需求所必需的；而库存是闲置的观点认为，库存是一种浪费，它掩盖了管理中的问题，主张零库存模式。不论是在供应链中的成员之间还是在企业内部成员之间，存在观念或目标冲突是一个很大的问题，这对企业组织协调水平造成很大冲击。应当正确认识库存控制在企业运营管理中的重要作用。在供应链管理环境下，库存控制应从运作问题上升为战略性问题，必须建立有效的合作机制，对工作流进行优化与革新。需转变思想，从传统的以物料流控制为目的的库存管理向以过程控制为目的的库存管理转变，将全面质量管理、业务流程重构、工作流技术、物流技术集成起来。与之相对应的是对组织结构的优化，使其适应于业务流程，从而更好地协调组织关系，优化流程，实现流程化变革。这是库存管理未来的方向，也是企业变革的方向。

五、推式与拉式结合的库存管理模式

1. 传统的推式与拉式运作机制

在缩短供应链整体响应周期、降低供应链总库存水平的研究中，强调的是供应链企业与企业之间的，也就是面向整个供应链的库存管理模式，传统推动式、拉动式运作机制如图 8-7 所示。

传统的供应链运作机制是在产品设计的基础上，根据设计的需要和此预测数据进行采购原材料、零部件，然后安排计划进度进行生产，产品生产出来以后发售到分销商和零售商，最后到达用户手中，企业生产什么用户只能接受什么产品，这就是传统的推动式（Push）运作机制。而在目前顾客需求日益强烈的市场环境下，这样一种运作机制显然不能满足市场的需要，于是出现了大批量定制生产模式。在这种新的生产模式下，企业转向供应链的拉动式（Pull）运作机制，企业按照市场的需求进行生产，在不同的主体企业运作中会采用各种先进的技术方法来实现在合适时间生产合适数量、合适产品的目标。

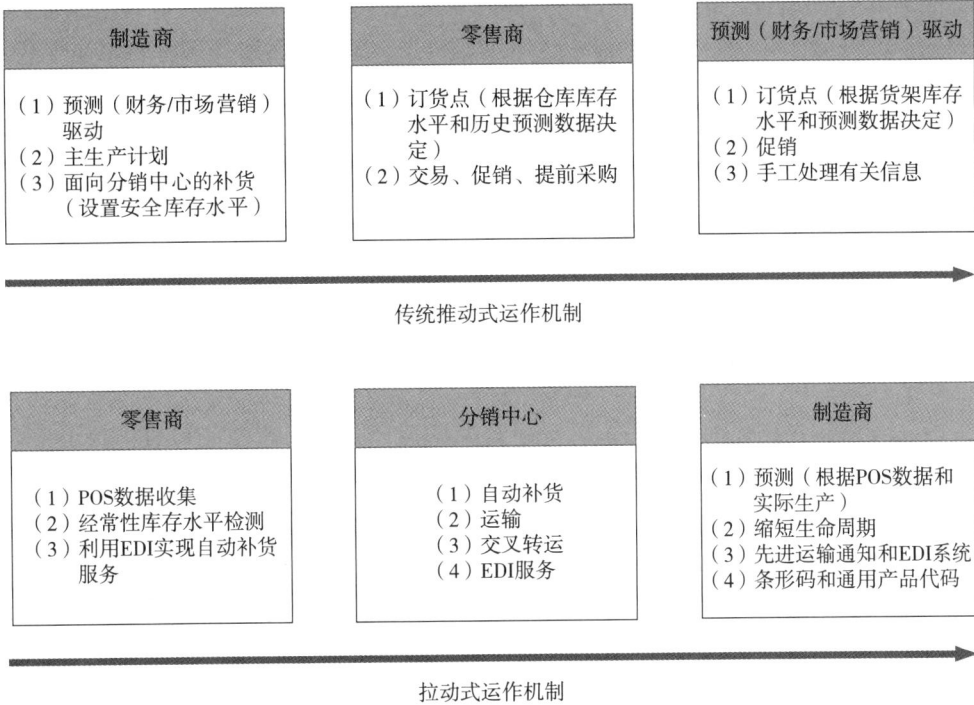

图 8-7　传统推动式、拉动式运作机制

2. 推动式与拉动式结合的库存管理模式

但是，在快速响应的供应链管理模式下，不仅要按需生产，更重要的是能够对市场的需求做出快速反应。快速满足市场需求，只简单地采用推动式或拉动式运作机制在实际过程当中是不能满足需求的，所以这里提出采用推动式与拉动式相结合的运作机制，并建立相应的库存管理体系，如图 8-8 所示。

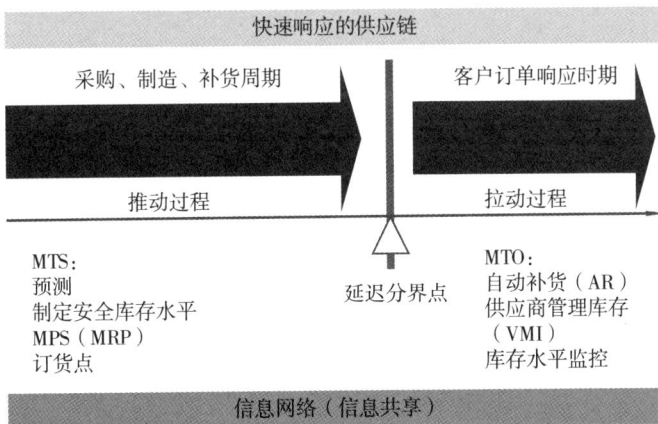

图 8-8　基于缩短多阶响应周期的 Push/Pull 结合库存管理模式体系

上游企业可以按照推动式运作机制进行采购、制造和补货等业务，属于 MTS（Make-To-Stock）模式。下游企业以客户订单为驱动，按照拉动式运作机制组织生产，属于 MTO（Make-To-Order）模式。这样的话，供应链的上游可以完成所需要零部件的生产，或者完成成品（如部件或组件）的装配，一旦客户订单到达，就立刻完成最后的加工和装配，这也可以说就是在整个供应链运作过程中运用延迟技术。惠普、戴尔等国际知名企业就是采用这种 Push/Pull 结合的运作机制，在整个供应链上实现了对客户需求响应周期的优化，不仅可以保证供应链上游企业生产规模的经济性，同时在供应链下游还可以满足顾客的定制化需求。

本章小结

本章论述了供应链管理环境下库存管理中出现的一些新问题，从对比出发分析了传统的库存控制方法和供应链环境下的库存控制方法，有利于把握未来库存控制方向。通过这一章的学习，我们可以发现，在供应链管理环境下，由于企业运作的组织与管理模式都发生了变化，对库存管理的问题也提出了更高的要求。为了满足供应链管理环境的要求、最大限度地提高供应链的整体竞争力，人们在实践中摸索出了新的库存控制模式，如供应商管理库存、联合库存管理等，这些新的库存策略与方法体现了一种完全不同于传统库存管理的思想。我们知道，库存控制模型（如 EOQ 模型）提出已将近百年了，在这么多年的发展过程中，提出的库存控制模型难以计数，但是都有一个共同点，就是站在使用者管理库存的角度来分析。而供应链管理导向的库存管理，有很多是站在供应方来考虑如何使库存控制更有效的。这完全不同于延续多年的库存控制机制，我们应该对此加深理解。

案例分析

ZARA 如何做库存管理

ZARA 是西班牙 Inditex 集团旗下的一个子公司，它既是服装品牌，也是专营 ZARA 品牌服装的连锁零售品牌。ZARA 深受全球时尚青年的喜爱，设计师品牌的优异设计，价格却更为低廉，简单来说就是让平民拥抱 High Fashion。Inditex 旗下拥有 ZARA、Massimo Dutti、Bershka 等 9 个品牌。而 ZARA 是其中最优秀的品牌，仅 ZARA 的销售额就可以达到 Inditex 的 65%。

ZARA 的成功归结于其将存货管理的理念运营于整个供应链每个环节中，整条供应链的每一个节点都相互协作，有着共同目标，为共同利益而努力，依靠对整个供应链的精准控制，实现供应链管理的"成本最低、库存最小"目标。整条供应链具体可以分为产品设计环节、采购与生产环节、物流运输环节以及销售环节几大部分。

一、产品组织设计缩短前导时间

前导时间是指服装从设计开始到最终摆在柜台销售的时间，ZARA 公司极短的前导时间在业内久负盛名。中国服装企业的前导时间大概是 6~9 个月，一些国际名牌则可以缩短到 3 个月，而 ZARA 最短前导时间是 7 天，一般为 12 天左右。拥有极短的前导时间，能够大大提高其存货周转率，达到降低存货的目的，ZARA 相较于其他服装企业能够大大缩短其前导时间的原因之一就在设计环节。

传统模式下的服装从设计开始，打版、采购布料、运输再到分销环节，整个周期可能要经历 300 多天，然而 300 多天里时尚界的潮流可能会发生翻天覆地的变化，上一季还在流行的时装可能早已过时，而服装企业生产的不再符合观众审美的服装就会成为再也销售不了的存货。而 ZARA 解决这一难题的撒手锏就是"与时尚同步"。ZARA 能够做到与时尚同步靠的是其"三角权衡"的团队设计方式。每一款即将发布的新品，都要经过三角权衡。通过三角权衡的模式设计产品，不仅大大缩短了前导时间，同时也能够贴合顾客需求，所以行业内标准新品服装上架前库存量一般是压缩到 50%，ZARA 则可以压缩到 15%。

二、采购与生产——后向一体化

1. 全球采购与自主生产相结合

ZARA 品牌的采购环节依托于其母公司 Inditex 集团的相关部门，小部分的原材料由 Inditex 集团从全球各地如西班牙、印度、摩洛哥等地采购而来。而另一大部分的原材料则来自于 Inditex 集团旗下子公司的自主生产。直接参与原材料的生产环节，不但可以自主根据市场及产品需求生产产品、解决原材料不能及时供应的问题、缩短运输时间，还可以在与其他原材料供应商合作时掌握关键信息，占据主动地位，以节约成本。

2. 采购环节的延时策略

虽然采购只是生产的一个环节，但却是最基础的环节，如果 ZARA 的设计部门根据流行及门店反馈的信息预测出下阶段可能会流行的布料和颜色，可是库存却缺少这种颜色的布料，再好的设计也没法投产，这将会给集团带来巨大的灾难。同时流行趋势瞬息万变，ZARA 每两周要根据流行更新产品，除却 60% 的基本款服饰，剩下 40% 的新款布料及颜色都要跟随流行趋势所变化，在这种情况下，为了避免投产却没有库存的情况出现，ZARA 采取了延时策略。延时策略使得 ZARA 能够在不增加原材料库存的情况下及时、灵活地应对生产中的需求。同时也可以减少对原材料供应商的依赖性，激励供应商，使其形成更迅速的反应机制。

三、准时制精益生产模式

1. 准时制精益生产模式

与其他服装品牌生产主要靠外包的形式不同，ZARA 绝大部分的产品是靠工厂生产。拥有自工厂的 ZARA 在生产中引进了日本丰田公司创造的，在多品种、小批量混合生产条件下高质量、低消耗、零库存的生产方式——精益生产（JIT），公司生产的各个环节都体现着 JIT 的理念。

2. 以需求为导向

工厂必须按照消费者需求进行生产，这是 ZARA 一直以来贯彻的理念，第一个诀窍在于产品设计时的三角均衡模式，其中最关键的纽带就是专卖店经理，他们观察市场及顾客的偏好，两周一次将销售及存货记录反馈给设计和生产部门，他们反馈顾客最真实的需求，而这种真实的需求就成为了生产环节的导向。

3. 精益求精，全面质量管理

公司生产的很多道环节都体现着精益求精的理念，追求全面质量管理。比如按照服装样式裁剪布料的环节就体现着精益生产，在工序开始之前，服装款式的数据就会从设计部的店址直接传送到工厂的电脑上，电脑按设计好的指令进行操作，这意味着，用一卷布料就能够裁剪出一件成衣所需要的所有布料，一厘米的布料都不会被浪费，机器的空气喷嘴会推动沉重的布料向前移动。

4. 多批次、小批量限量生产

为了紧跟潮流步伐，时刻适应顾客的变化需求，同时降低成本，削减库存甚至达到零库存，ZARA 采取了多批次、小批量的限量生产模式。与其他服装行业不同，ZARA 更注重产品的多样性，每两周更新一次产品，原则上来说，超过两周未销售的产品将会被发回总部。

四、物流——零库存越库配送

ZARA 从创建之始追求的就是要达到最小库存，为了达到最小库存，所有的专卖店都不会配备专门的库存区，库存实行集中管理、统一配送。为了确保仓库向门店的配送过程不会因为任何意外而受影响，一个庞大、高效、快速的物流系统可以说是 ZARA 的制胜法宝。

专卖店经理每两周就要下一次新订单，甚至可以达到一周下两次订单的频率，所以物流速度一定要能够跟上这种节奏。门店经理一般的下单时间是周三和周六下午，而配送时间顺延到周五及周一的早上。ZARA 的物流系统可以在接到订单 24 小时以内把货物运送到欧洲的门店，在 48 小时以内把货物送到美国的门店，在 72 小时以内可以送到世界的任何一个角落。ZARA 的物流系统贯穿于整个垂直一体化的供应链过程中，除了配送产品以外，还包括原材料的配送与折价商品的运送。公司的原材料是靠全球采购与自主生产来获得的，所以在采购部门采购原材料后会将原材料交给物流中心，而物流中心则根据订单需求将各工厂所需的原材料以最快的速度送达。物流中心还负责各专卖店之间产品调换的二次配送任务，充当着专卖店之间的纽带。

五、完善的信息管理系统优化业务流程

将 ZARA 整个垂直整合供应链的每一个环节无缝连接起来的正是其完善的信息管理系统，ZARA 根据自身的具体情况建立了安全稳定、便于管理的信息系统。公司和苹果公司合作，引进了一种设备——牛顿个人数字助理（Personal Diyital Assistant，PDA）。通过 PDA，门店经理可以知道近三天的销售及库存情况，同时也可以将自己店的销售信息传递回总部。也可以通过 PDA 直接与总部的产品经理沟通。而总部通过分析门店经理传来的各种销售数据，协调原料厂与工厂配送中心。PDA 作为总部与专卖店之间的纽带，确保了两者之间信息传递能够具备时效性、准确性。在大大缩短了产品前导时间的同时，门店经理与总部信息共享也降低了存货水平，加快了存货周转速度。

综上所述，可以看出 ZARA 的产品设计、生产、物流运输、销售以及信息系统各个环节紧密结合在一起形成了一条垂直整合供应链，供应链的每一个环节都为了降低成本、减少库存这个共同目标而做出努力。在整个供应链中，物流、信息流和资金流可以自由地流

通，信息在供应链中完全共享，能及时、准确地在其中传递而不会造成扭曲放大。通过整条供应链的协同合作，使得 ZARA 创造了两周更新产品、72 小时全球物流运输、平均库存只有 37 天的业界神话。

案例来源：吴双. ZARA 供应链模式下存货管理经验与启示 [D]. 河北大学硕士学位论文，2017.

【案例思考题】

1. 试分析 ZARA 在供应链模式下是如何进行库存管理的？
2. ZARA 库存管理的成功对我国服装行业有何启示？

习 题

一、名词解释

1. 库存　　2. 季节性库存　　3. 经济批量模型　　4. 联合库存管理

二、简答题

1. 企业持有库存的原因有哪些？
2. 供应链环境下的库存与传统库存有什么不同？
3. 什么是供应链中的牛鞭效应？如何解决"牛鞭效应"？
4. 如何理解供应商管理库存？

三、计算题

某物料的年需求量为 900 单位，单价为 45 元/单位，年单位物料储存成本百分比为 25%，订购成本为 50 元/次，提前期为 10 个工作日。求：最佳经济订购批量。

第九章 供应链信息与信息技术

学习目标

1. 了解信息在供应链中的重要性
2. 把握信息技术在供应链中的作用和目标，了解几种主要的供应链信息技术
3. 了解供应链信息系统

章前引例

沃尔玛的供应链管理

沃尔玛创办于 1945 年，创始人山姆·沃尔顿当时手头只有 5000 美元，到 1998 年，沃尔玛在全球零售总额高达 1322 亿美元，折合人民币 10935 亿元，利润 41 亿美元。如今，沃尔玛在世界各地已开设 3000 家商店，可以称得上是无处不在。这些商店累计的营业面积几乎相当于一个小国家，销售的产品种类繁多，数量巨大。沃尔玛对大量品种的品牌低价销售，同时又提供杰出的服务和保证，引发了零售业的革命，同时从根本上提升了零售业的战略地位。

沃尔玛的信条是：作为顾客的代理，提供适合他们需要的商品，并以尽可能低的价格出售。为此，公司千方百计地降低成本，保证商品低价销售。

沃尔玛是最早对信息技术大量投资的零售商之一。它投资 2400 万美元建立了自己的卫星通信系统，该系统使沃尔玛能够及时获取自己所需要的信息。老板 Sam Walton 通过录像带可以同时对所有员工讲话做培训，每一家分店都与阿肯色 Bentonville 总部相连，分店的温度、销售业绩、顾客的停留时间、购买行为模式等信息统统汇集到总部。沃尔玛还是世界上第一家试用条形码即通用产品码（UPC）技术的折扣零售商。1980 年试用，结果收银员效率提高 50%，故所有沃尔玛分店改用条形码系统。

沃尔玛的计算机系统与它的制造商直接相连，跳过了经纪人和其他中间商。沃尔玛要求它的供应商在运送的商品上挂上标签，以便直接进入商店的销售地点，减少仓储和数据处理成本。在决定顾客需要什么方面，它处于比制造商更为优越的位置。在这一过程中，它不断排挤小的制造商和小零售商，并把节约下来的钱转移给顾客。所有这些都极大地改变了零售业对大小制造商、其他零售商和消费者的意义。正如山姆·沃尔顿所说的："作为一个公司（沃尔玛），我们的目标是不仅为顾客提供最好的服务，而且具有传奇色彩。"

案例来源：https：//wenku.baidu.com.

第一节　供应链中的信息

一、数据、信息及知识

1. 数据

（1）数据是说明原始事实的单元。

（2）数据单元的表示方式：数据名称、数据类型、数据长度。

（3）常见的数据类型：数值型、字符型、图表型、音频型、视频型。

2. 信息

（1）数据按一定意义、一定的规则组合在一起，形成数据的集合，这种集合体就叫信息。

（2）信息的特点：显性化、结构化或半结构化，有具体的形式，有一定的格式，可以自由表达，可以存在如文件、资料、书报、邮件、数据库等中。可以用"管理信息系统"来管理信息，使人们在需要的时候能找到相关的内容，并反复使用它。

3. 知识

各种信息按一定规则组合在一起，表达某些方面的应用，就形成了知识。

（1）显性知识。是一种可表达的、可编码的知识。本质上是一种显性的、结构化的"信息"。人们可以通过学习、教育、训练来获得这些结构化的"信息"，并贮存在信息系统中。

（2）隐性知识。是存在人大脑中的隐性的、非结构化的、不可编码的知识。包括隐性经验、个人想法、洞察力、分析能力、价值观，各种判断、思想、创新等。隐性知识只能存在于人的大脑中，但它可以通过信息共享形成新的显性知识后存在于信息系统。

供应链中的信息管理就是要通过供应链中的信息系统，实现对供应链的数据处理、信息处理、知识处理的过程，使数据向信息转化，信息向知识转化，最后形成企业价值。

二、供应链中信息的分类

1. 从供应链环节的角度划分

（1）供应源信息。能在多长的订货期内，以什么样的价格购买到什么产品，产品能送到何处。供应源信息也包括订货状态、更改以及支付安排。

（2）生产信息。生产信息包括能生产什么样的产品，生产多少，在什么地方进行生产，生产多久，生产成本多少，可承受的订货规模有多大。

（3）配送和零售信息。配送和零售信息包括哪些货物需要运送到什么地方，数量多少，采用什么运输方式，运输价格是多少，每个仓库的库存是多少，以及供货期有多长。

（4）需求信息。需求信息包括哪些人将购买什么货物，在哪里购买，数量多少，价格多少。需求信息还包括需求预测和需求分布的相关信息。

2. 从层次结构角度划分

从层次结构划分包括个人信息、工作组信息、企业信息和供应链信息（见图9-1）。

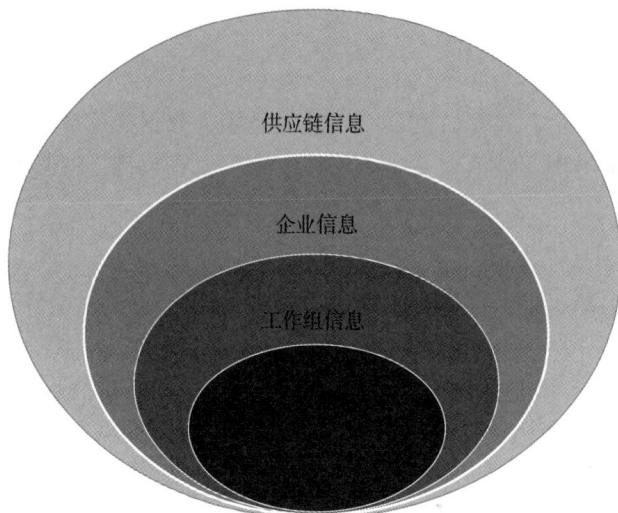

图9-1 供应链中的信息（从层次结构角度划分）

三、供应链中信息的作用

信息是商业的生命线，指引着有效的决策和行动。这对供应链管理者尤为重要，因为他们对供应过程中所直接看到的信息是有限的。这种需求、顾客订单、运输状况、库存水平和生产进度的可见性为管理者做出正确决策提供了所必需的知识。相反，不关心外部活动会使得供应链管理者看不清真正的情况，从而不能做出知识导向的决策。下面介绍几个信息的主要作用：

1. 有效预测

信息导致更加有效的预测。对未来的需求预测的影响因素考虑得越多，预测将越准确。比如，考虑零售商的预测。这些预测通常是建立在对零售商以前销售情况分析的基础之上。但是，未来的顾客需求显然会受到如价格、促销以及新品发布等因素的影响。零售商可以控制其中的一些因素，但有些因素却被分销商、批发商、制造商或者竞争对手控制。如果零售商能够获取这些信息，他们的预测结果显然将更加准确。

同样，分销商和制造商的预测也受到由零售商控制因素的影响。比如，零售商可能进行促销活动或者重新定价，零售商也可以在商店中引进新产品进而改变需求模式。除此之外，因为制造商或分销商考虑的产品要比零售商少，所以他们可能拥有更多的关于这些产品的信息。比如，销售量可能与某些事件有紧密的联系。如果零售商意识到这一点，它可以利用这种事件增加库存或提高价格。

鉴于以上这些原因，许多供应链正在向合作预测系统努力。在这些供应链中，复杂的信息系统能够进行反复的预测，供应链上所有的参与者在预测过程中共同合作以求得到协商一致的预测结果。这就意味着供应链的所有组成部分共享并使用同样的预测工具，从而减小牛鞭效应。

2. 协调系统的信息

任何类型供应链都由许多系统共同组成，包括各种各样的制造、储存、运输和零售系统。管理其中任何一种系统都会涉及一系列复杂的权衡问题。比如，为了高效地管理制造作业，准备成本和运营成本必须与库存成本和原材料成本保持平衡。

然而，所有系统都是相互联系的。具体来说就是，供应链内部一个系统的输出可能恰好是下一个系统的输入。比如，制造系统的输出可能是运输系统或储存系统的输入，或也有可能同时是两个系统的共同输入。因此，为任何一个阶段寻找最佳的平衡状态是不够的，需要考虑整个系统并协调各系统的决策，以求达到整个系统的最优化。

不管供应链中几个系统是否具有一个共同的所有者，考虑整个系统并协调各系统的决策都是正确的。如果几个系统存在于一个共同的所有者，那么该所有者最关心的显然是保证总成本得到降低。尽管这可能导致其中一个系统增加成本，但另外系统由于该系统的成本上升而得到更大成本的下降，因此总成本得到了降低。就算这些系统不存在共同的所有者，这些系统仍需要相互协调来实现有效运行。当然，问题在于降低系统总成本谁将会是最大的受益者，以及如何在系统所有者之间分配成本的节约额。

为了解释这个问题，我们注意到当整个系统并非协调一致时，即供应链各个部门只考虑自身的最优时，那只能算是局部的优化。供应链上的每一个成员都只是对自己的运作进行最优化，而没有考虑其策略对供应链其他成员的影响。

这一方法的另一方案是全局优化，全局优化是指供应链各个成员明确整个系统的最优是什么。在这种情况下，有两个问题需要说明：一是谁来进行优化；二是通过协调战略获得的成本节约如何在供应链的不同成员之间进行分配。

为协调供应链上这些方方面面的问题，就必须获得信息。具体来说就是，为了协调系统，尤其是取得成本效益，获取有关生产状况和成本、运输可获得性及数量折扣、库存成本、库存水平、各种能力和顾客需求的信息是非常必要的。

3. 找出所需产品

满足顾客需求的方法不止一种。通常，对于备货型制造系统来说，考虑尽可能地用零售库存来满足顾客需求。然而，还有其他满足顾客需求的方式。

比如，假设你到一家零售商店购买一台大型家电，但却没买到。这样你就可能会到这家零售商的竞争对手那里购买。但是如果零售商搜索数据库，并保证在24小时内把产品送货上门，情况又会怎么样呢？即使零售商没有你所需要的产品库存，你还是很可能觉得得到了很好的顾客服务体验。因此，能够快速找到并运送给顾客所需的商品有时与拥有产品库存一样有效。但是如果该商品在竞争对手手里，不清楚竞争对手是否愿意转让该商品。

4. 缩短提前期

提前期缩短的优点：快速解决不能用库存来满足顾客订单的能力；减少牛鞭效应；由于预测期的缩短而进行更加准确的预测；可以储存原材料和包装材料（或部件）来缩短成品的生产周期，从而降低成品的库存。

鉴于以上这些原因，许多企业正积极地寻找提前期更短的供应商，而许多潜在的客户也把提前期作为选择供应商的一个非常重要的指标。

许多发生在制造业的革命推动了提前期的缩短。然而，有效的信息系统（如 EDI）通过减少订单处理、日常文书工作、库存分拣和运输延误等有关环节的时间而缩短了提前期。通常这些环节在提前期中占了相当大的部分，尤其是供应链中存在许多不同的阶段，并且每次信息只在一个阶段传递。显然，如果零售商订单能够快速地通过各层供应商向其上游来回传递，直到能够满足订单为止，那么提前期可以大大缩短。

同样，把销售点数据从零售商传递给供应商也有利于大大缩短提前期，因为供应商通过研究销售点数据能够预测未来订单的趋势。

四、供应链中有效信息的特征

制定供应链决策时，有效的信息应该具有以下特征：

1. 可获得性

要想利用信息为供应链管理提供必要的帮助，信息必须是可以得到的。由于供应链数据经常分布在不同信息系统的多个地方，这些信息系统又归外部组织所有，这加大了信息获取的难度。因此，同一供应链中的组织之间必须建立相互信任的关系，以实现信息共享，从而实现整体利益的最大化。

2. 相关性

供应链管理者在制定决策时，必须有相关信息提供支持。他们必须明确什么信息对自己目前状况是有用的，从而避免被无关的、对决策制定帮助不大的数据淹没而浪费他们的时间。

3. 准确性

制定正确决策的前提是，必须保证信息的准确性。信息失真会导致一系列严重的后果，如库存不足、运输延迟以及顾客满意度下降，甚至招致投诉。信息的准确性并非要求所有信息百分之百正确，而是在一定误差范围内的准确。

4. 及时性

及时的信息是做出科学决策的前提。过时的信息，或者虽然没有过时，但形式不适用的信息对正确决策并没有多大帮助，甚至会导致错误的决策。

第二节　供应链管理中的信息技术

一、供应链信息技术的重要性

信息技术由整个供应链中的硬件、软件和人员组成，用于收集、分析和处理信息。信息技术在供应链中充当管理层的眼睛和耳朵（甚至有时是大脑），捕获和分析做出正确决策所必需的信息。例如，PC 制造商的信息系统可以在供应链的不同阶段显示成品库存，并根据需求和供应信息提供最佳生产计划和库存水平。

使用信息系统捕获和分析信息会对一个公司的业绩产生重大影响。例如，一家主要的计算机工作站和服务制造商发现，其大部分有关客户需求的信息并未用于设定生产计划和库存水平。制造商缺乏这种需求信息，这在很大程度上促使它盲目地做出库存和生产决策。通过安装供应链软件系统，该公司能够收集和分析需求数据，以产生预期的库存水平。使用信息系统能使公司减少一半库存，因为管理者能根据顾客的需求信息做出决策，而不是只依靠经验。这显示了信息技术作为供应链绩效驱动力的重要性。

二、主要供应链信息技术

供应链管理几乎涉及了目前所有的信息技术。供应链管理中所用到的信息技术可分为核心信息技术与信息系统（本节主要介绍几种主流的核心信息技术，信息系统在下一节具体介绍）。核心信息技术是指那些最基础的单元信息技术，如条码技术、GIS 技术、电子数据交换技术；而信息系统是指那些以计算机为核心的集成系统或产品，如企业资源规则（ERP）、计算机集成配送、自动补货系统、财务系统等。当然信息系统一般包括多种核心技术的综合应用。例如 POS 系统不仅包括了产品编码技术，还包括条码与扫描技术。又如自动补货技术也包括了条码技术、EDI 技术等。

1. 条形码技术

条形码（简称条码）是由一组按一定编码规则排列的条、空符号，用以表示一定的字符、数字及符号组成的信息。这些条符号和空符号可以有不同的组合方法，从而构成不同的图形符号及各种符号体系，也称码制，适用于不同的场合。条形码由条形码符号和人工识读代码两大部分构成。条形码符号是一组黑白（或深浅色）相同、长短相同、宽窄不一的规则排列的平行线条，是供扫描器识读的图形符号。供人工识读的字符代码是一组字串，一般包括 0~9 等 10 个阿拉伯数字、A~Z 等 26 个英文字母以及一些特殊的符号。条形码技术是计算机信息处理的自动识别技术。

供应链物流条形码是供应链中用以标识物流领域中具体实物的一种特殊代码，是整个供应链过程，包括生产厂家、配营业、运营业、消费者等环节的共享数据。它贯穿整个贸易过程，并通过物流条形码数据的采集、反馈，来提高整个物流系统的经济效益。

供应链物流条形码的特点如下：储运单元的唯一标识；服务于供应链全过程；信息多；可变性；维护性。

2. 无线射频技术（Radio Frequency Identification，RFID）

（1）RFID 射频识别是一种非接触式的自动识别技术，它通过射频信号自动识别目标对象并获取相关数据，识别过程无须人工干预，可工作于各种恶劣环境。

（2）RFID 技术可识别高速运动物体并可同时识别多个标签，操作快捷方便。

（3）射频技术是利用无线电波对记录媒体进行读写。射频识别的距离可从几十厘米到几米，根据读写的方式，可以输入数千字节的信息，同时，还具有极高的保密性。

（4）RFID 技术主要应用于：商品出库与入库；存储与库存盘点；运输跟踪；物流配送。

3. 电子数据交换技术（Electronic Data Interchange，EDI）

EDI 是一种信息管理或处理的有效手段，它是对供应链上信息流进行运作的有效方法。EDI 的目的是充分利用现有计算机及通信网络资源，提高贸易伙伴间通信的效益，降低成本。EDI 主要应用于以下企业：

（1）制造业。及时响应（Just-in-Time，JIT）以减少库存量及生产线待料时间，降低生产成本。

（2）贸易运输业。快速通关报检，经济使用运输资源，降低贸易运输空间、成本与时间的浪费。

（3）流通业。快速响应（Quick Response，QR），减少商场库存量与空架率，以加速商品资金周转，降低成本。建立物资配送体系，以完成产、存、运、销一体化的供应链管理。

（4）金融业。电子转账支付（Electronic Funds Transfer，EFT），减少金融单位与其用户间交通往返的时间与现金流动的风险，并缩短资金流动所需的处理时间，提高用户资金调度的弹性，在跨行服务方面，更可使用户享受到不同金融单位所提供的服务，以提高金融业的服务品质。

在供应链管理的应用中，EDI 是供应链企业信息集成的一种重要工具，是一种在合作伙伴企业之间交互信息的有效技术手段，特别是在全球进行合作贸易时，它是供应链中联结各节点企业商业应用系统的媒介。通过 EDI，可以快速获得信息，提供更好的服务，减少纸面作业，更好地沟通和通信，提高生产率，降低成本，并且能为企业提供实质性的、战略性的好处，如改善运作、改善与用户的关系、提高对用户的响应、缩短事务处理周期、减少订货周期、减少订货周期中的不确定性、增强企业的国际竞争力等。

4. 全球卫星定位系统技术（Global Positioning System，GPS）

全球卫星定位系统是利用由导航卫星构成的全球卫星定位系统，进行测时和测距，对地球上任何地方的用户都能计算出他们的方位。

GPS 的工作原理是基于卫星的距离修正。通过测量到太空各可视卫星的距离来计算用户的当前位置，卫星相当于精确的已知参考点。每颗 GPS 卫星都时刻发布其位置和时间数据信号，用户接收机可以测量每颗卫星信号到接收机的时间延迟，根据信号传输的速度就可以计算出接收机到不同卫星的距离。同时接收到至少四颗卫星的数据时就可以解算出三维坐标、速度和时间。

GPS 是在子午仪卫星导航系统基础上发展起来的，它采纳了子午仪系统的成功经验。和子午仪系统一样，全球定位系统由空间部分、地面监控系统和 GPS 信号接收机三大部分组成。

GPS 在供应链管理中主要应用于以下场景：

（1）车辆跟踪。利用 GPS 和电子地图可以实时显示出车辆的实际位置，并可任意放大、缩小、还原、换图；可以随目标移动，使目标始终保持在屏幕上；还可实现多窗口、多车辆、多屏幕同时追踪。利用该功能可对重要车辆和货物进行跟踪运输。

（2）提供出行路线的规划和导航规划。出行路线是汽车导航系统的一项重要辅助功能，包括以下内容：①自动线路规划；②人工线路设计。

（3）话务指挥。指挥中心可以监测区域内车辆运行状况，对被监控车辆进行合理调度。指挥中心也可以随时与被跟踪目标通话，实施管理。

（4）紧急援助。通过 GPS 定位和监控管理系统可以对遇有险情或发生事故的车辆进行紧急援助。监控台的电子地图显示求助信息和报警目标，规划最优援助方案，并以报警声光提醒值班人员进行应急处理。

（5）货物跟踪管理。可以通过 GPS 和计算机网络实时收集全路车辆、集装箱及所运货物的动态信息，实现对陆运、水运货物的跟踪管理。

5. 互联网/内联网技术（Internet/Intranet）

Internet 原本是美国的一个军用网，后来被发展成为一个民用网，由于它的平等性和兼容性而迅速发展成为拥有众多用户和大量信息的世界第一大信息库。利用 Internet 可把位于全球的供应链上下游企业连接在一起，组织成一个巨大的虚拟企业。Internet 也叫内联网，是企业内部采用 Internet 技术所建立的内部网络，Internet 把企业内部各部门和单位连接在一起，实现资源共享和消息传递，是具有私密性的网络。Internet 与 Internet 之间利用防火墙隔开。利用 Internet，企业能搭建企业内的信息服务平台。

Extranet 也叫外联网，是企业与外部业务合作伙伴之间利用 Internet 技术所组建的一种网络，用于企业之间的相互通信和信息共享。Extranet 可以作为公用的 Internet 和专用的 Internet 之间的桥梁，Extranet 通常与 Internet 一样位于防火墙之后，它既不像 Internet 那样为公众提供公共的通信服务，也不像 Intranet 那样只为企业内部服务而不对公众公开，它对一些有选择的合作者开放或向公众提供有选择的服务，Extranet 的访问是半私有的，信息在信任的圈内共享。Extranet 非常适合于具有实效性的信息共享并协助合作者之间完成具有共有利益目的的活动。在 Extranet 中往往采用虚拟专用网（Virtual Private Network，VPN）技术，在通信双方之间建立一条安全通道。

6. 区块链技术

区块链的概念最早由中本聪于 2008 年提出，来源于比特币，主要用于记录交易信息。区块链技术是一种去中心化和共识信任的分布式数据库账本技术，所有节点之间均可以直接进行交易，并对记录的交易数据进行共识，分别拥有一份完整的账本以及集体维护。区块链实际上是整合现有技术形成的一种新的技术标准和协议，分布式存储技术让所有节点均保存有一份完整的数据，只有当算力超过 51% 时，数据才可以被篡改，非对称加密技术可以保证数据的安全性和可信度，时间戳技术让数据可以实现溯源和可验证，脚本代码可以让用户在区块链上创建各种智能合约和去中心化的项目应用。因此，区块链技术有去中心化、共识信任、可追溯性和智能合约等特点。

由京东物流、中国物流与采购联合会、物流+区块链技术应用联盟联合发布的《中国物流与区块链融合创新应用蓝皮书》指出，我国区块链技术目前在物流行业正聚焦于四个大的应用方向：流程优化、物流追踪、物流征信和物流金融，通过区块链和供应链的创新结合，正在助力物流行业朝着更高效、协同、智能的方向发展。

天猫国际与阿里巴巴菜鸟物流联合宣布，已经开始使用区块链物流技术进行物品追踪溯源，这将是物联网物流的新应用。通过上传和验证跨境进口货物的全部连接信息，整个过程涵盖商品采购、生产、存储、运输、第三方检验和清关等货物进口过程。美国云网区块链股份有限公司联合新加坡国立科学设计大学研究所正在实施定制与统一的天猫国际二维码，在二维码上实现商品监测，以后直接扫描二维码就可以查验信息，让消费者用得放心。

三、信息技术在供应链管理各领域中的应用

信息技术在供应链管理中的应用可以从两个方面理解：一是信息技术的功能对供应链管理的作用（EDI、物联网技术等的应用）；二是信息技术本身发挥的作用（如 CD-ROM、ATM 和光纤等的应用）。信息技术特别是最新的信息技术（如物联网技术、区块链技术）在供应链中的应用，可以大大减少供应链运行中的不增值行为。供应链管理中信息技术的应用涉及的主要领域有供应链设计、产品、生产、财务与成本、市场营销与销售、策略流程、支持服务以及人力资源等多个方面。

1. 信息技术在企业间、企业内部业务往来领域的应用

在以往的物流交易中，许多买方和卖方并非处于同一地区，在很多情况下无法实现面对面的交易，这便需要以各种纸面单证作为凭证，银行作担保，才能实现货物的交易。而应用 EDI 技术有效地改善了商业作业方式，实现了企业间在各自计算机之间直接进行信息的传递，避免了人工输入信息的失误和工作效率低的弊端，为企业间贸易带来了巨大的便利。另外，利用 EDI 能清除职能部门之间的障碍，使信息在不同职能部门之间通畅、可靠地流通，有效减少低效工作和非增值业务。同时，企业可以通过 EDI 快速地获得信息，更好地进行交流并更好地为用户提供服务。

在企业内部建立企业内部网络（Intranet）并设立电子邮件（E-mail）系统，充分地

利用 EDI 系统将订单、发货、报关、商检及银行结算结合在一起，使之成为一个整体，相互之间的传递速度更加快速便捷，因此在很大程度上加快了物流贸易活动的速度，使得在企业内部整个物流信息活动过程能够在很短的时间内即可准确快速完成。

2. 信息技术在战略规划领域中的应用

战略规划受到内部（生产能力、技能、职工合作、管理方式）和外部信息因素的影响。供应链管理强调战略伙伴关系的管理，这意味着要处理大量的数据和信息才能有更正确的决策去实现企业目标。随着国内信息技术的飞速发展，大数据技术已经应用到企业经营管理中，部分大型企业通过应用大数据技术来协助公司的战略规划制订，以提高规划制订的精准性。并且，企业通过应用大数据技术也可以提高公司经营的效率，降低员工的工作量。决策的准确度取决于收集的内、外部数据的精确度和信息交换的难易度。

3. 信息技术在物流领域的应用

以物联网技术为代表的信息技术在物流领域的实际应用中，能够有效地降低物流成本和提升物流工作效率，精简化物品的出厂方式，由供货商直接发货，通过物流公司，以距离最短、耗费时间最短为基础制定最优的运输路线，并能够根据人们的需求调整物流运输的方式，在现代化设备的基础上，以高速信息处理的方式减少人工在物流运输中参与程度，极大地提升了物流的运输速度，而在物品进入中转站之后，通过物联网技术的合理化管理与分配，避免了因巨量物品汇集而造成混乱的情况，能够让中转站的物流管理人员综合性地调度物品，控制物流的流转，降低了物品在中转时的耗费时间，避免了运转错误的现象，降低了物流的管理成本，提升了物流工作的效率。

4. 信息技术在市场营销和销售领域的应用

市场营销和销售是信息处理量较大的两个职能部门。市场研究在一定程度上是信息技术革新的主要受益者。市场营销和销售作为一个流程需要集成市场研究、预测和反馈等方面的信息，EDI 在采购订单、付款、预测的事务处理中的应用，可以提高用户和销售部门之间数据交换工作效率，保证为用户提供高质量的产品和服务。

第三节　供应链管理中的信息系统

一、供应链管理与信息系统的关系

现代的供应链管理系统也是基于计算机基础上的信息系统（Computer-Based Information System，CBIS），同样有 CBIS 的子系统。但是，在出现了企业信息系统（Enterprise Information System，EntIS）的概念后，产生了按职能划分的各种"信息系统"。它们只有局部性的意义，如主管信息系统、财务信息系统、制造信息系统等。这些只是为了学习和研究的方便而人为进行的划分。在一个具体的企业中，各种信息系统并没有物理上的分隔，只有逻辑上的区分。现在人们已经用企业资源规划（ERP）、MIS、CIS 等词来描述企业的信息系统。

供应链管理与企业信息系统的关系如图 9-2 所示。企业信息系统包含了 CBIS 中的五种信息系统（AIS、MIS、DSS、OA/VO、KBS）。其中，MIS 用于具体的职能部门，产生了职能信息系统（Functional Information System），包括了主管（经理）信息系统（EIS）、营销信息系统、财务信息系统、人力资源信息系统、信息资源信息系统和制造信息系统（MRP、MRPII）等。其中，主管信息系统是企业经理人进行日常管理的工具，它对其他的职能信息系统进行管理。

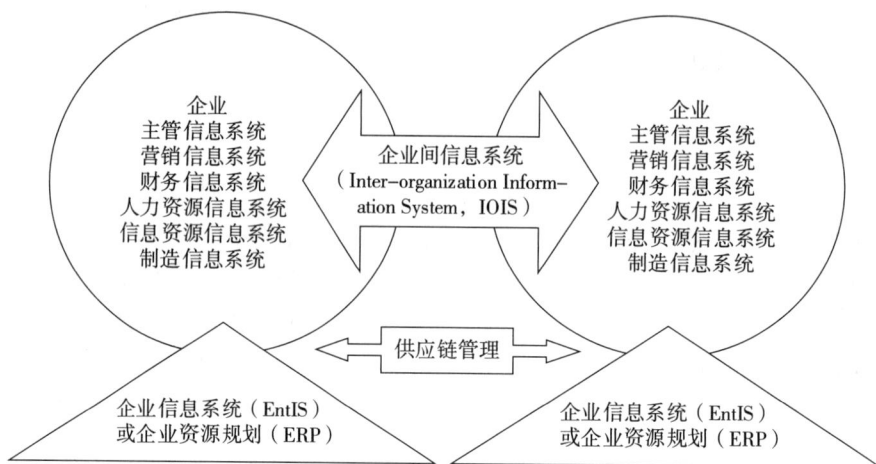

图 9-2　供应链管理与企业信息系统的关系

在供应链管理过程中，MIS 中还出现了为解决一些企业运营问题而产生的应用系统，如快速反应系统（QR）、有效客户反应系统（ECR）、电子订货系统（Electronic Ordering System，EOS）和持续补货系统（Continuous Replenishment Program，CRP）等。

1. 管理信息系统

管理信息系统（MIS）自 1961 年美国的 J. D. Gdllagher 提出后至今，其内涵已发生了重大的变化。现在人们普遍认为：管理信息系统是由计算机技术、网络通信技术、信息处理技术、管理科学和经济学等多技术、多学科组成的综合系统，它支持企业运营和管理。

管理信息系统在支持企业运营和管理的过程中，支持供应链管理是一个重点。因为供应链管理的过程包含了管理对象——人、财、物和管理过程——产、供、销，不仅涉及企业内部各部门，如原料仓库、生产车间、成品仓库、运输部、财务部和销售部等，也涉及企业外部，如原材料供应商、分销商、协作伙伴和客户等。如果企业没有完善的内部信息系统支持企业内的供应链管理部分，那么企业间的供应链管理部分就谈不上。所以，企业内的信息系统在物理结构上实际担负着两个方面的功能：一个是企业内的管理；另一个是企业间的管理。它们都是通过对企业内外"信息流"的管理，来实现对实物的管理，即采用"概念系统"管理"实体系统"。

2. 决策支持系统

决策支持系统（Decision Support System，DSS）支持企业利用信息解决特殊的问题，它是企业的决策工具，产生决策信息，并传递这些信息，这是管理信息系统做不到的。DSS 提供了解决问题的信息，同时提供了解决半结构化问题的通信能力。它从 MIS 获得各种报表和各种数学模型，进行企业的决策。

在供应链管理中，包括供应链流程作业、供应链关系、供应链物流管理等方面，决策支持系统都起着十分重要的作用。

3. 基于知识的系统

供应链管理系统是动态复杂的系统，要解决好供应链上非线性的问题，最终要依靠基于知识的系统（KBS）。这方面的研究目前在不断发展中，信息技术与生物科学结合，将会给未来的企业管理注入全新的活力，使人们运用智能化手段解决复杂的商业问题成为可能。

二、企业内供应链信息系统的逻辑结构

1. SCM 中 MIS 的基本结构模型

图 9-3 展示了供应链管理中 MIS 的基本结构模型。在这个模型的数据库中，有来自 AIS 所提供的数据，更多的是企业内供应链流程作业的各种信息，还有来自企业间信息系统（Inter-Organization Information，IOIS）的信息。数据库通过报表系统产生周期性的报表和一些特殊的报表。另外，它还产生一些数据模型，主要有记录、统计、查询和计算等。

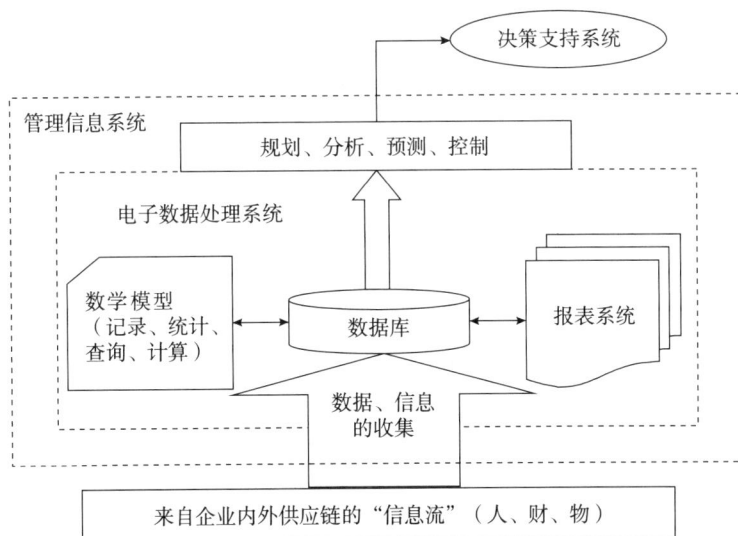

图 9-3 供应链信息流与管理信息系统

2. SCM 中 MIS 对数据、信息处理的逻辑结构模型

企业内供应链管理信息系统对数据和信息的处理逻辑结构模型如图 9-4 所示，这些结构还与企业间信息系统（IOIS）链接，形成一种企业内外数据的交流。另外，从某种意义上讲，一个企业不只是与供应链上其他企业有数据交换，还与关系到企业生存和发展的各种环境因素有联系。从企业内部来看，信息系统中的数据、信息、知识的传输由几部分组成，如图 9-4 所示。图 9-4 只是为了学习和研究的方便而采用的一种逻辑的、概念上的组成部分的划分，不存在实体性，所以在构建信息系统过程中它只能作为一种参考模型。

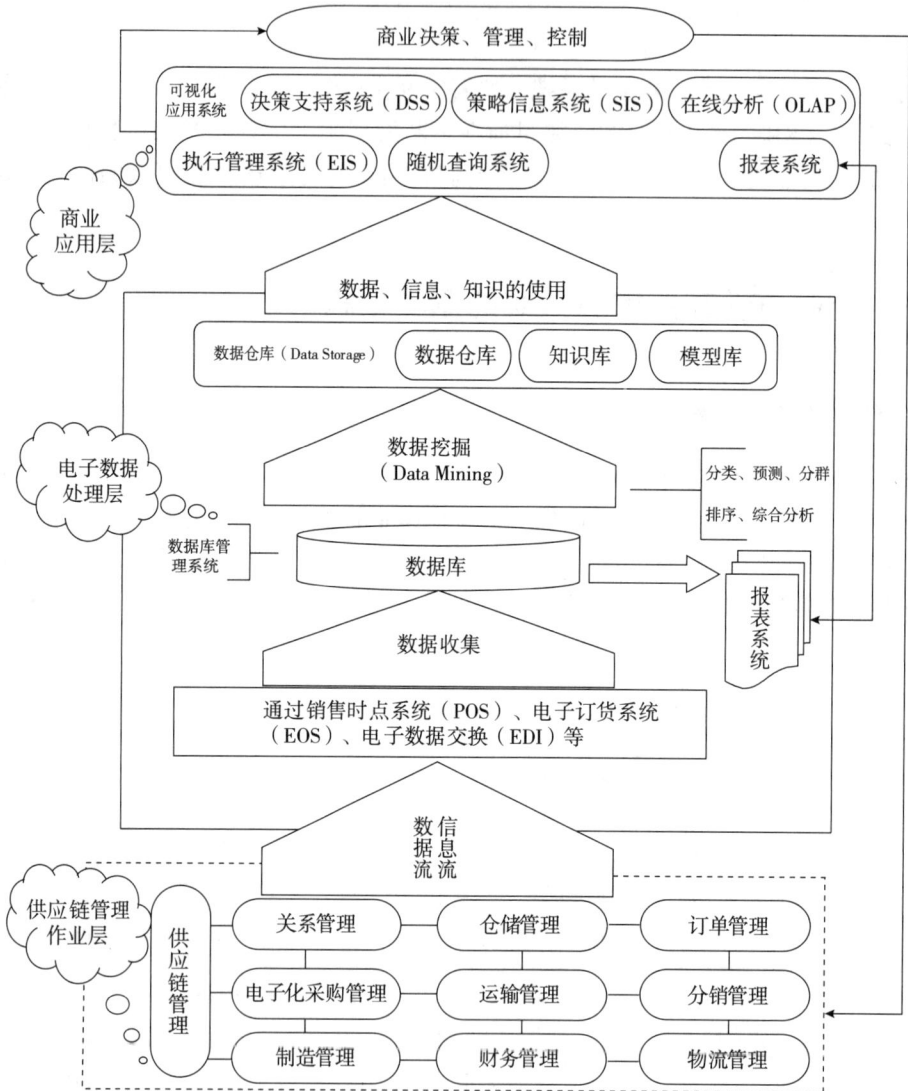

图 9-4　SCM 中 MIS 对数据、信息处理的逻辑结构

（1）供应链管理作业层。在这个层次里，供应链管理进行实质性的操作，包括物流管理、仓储管理、运输管理、订单管理、分销管理、制造管理、财务管理、电子化采购管理和关系管理等。这些具体的操作是根据"商业应用层"中的"商业决策、管理、控制"的信息进行的。

根据企业实际运营状况、行业特点，在作业层中有不同的应用软件支持，如在制造业中有 MRP、MRPⅡ。常见的作业操作流程还包括了企业间的系统，它们都依赖不同的应用软件支持作业过程。

（2）电子数据处理层。这个层次是将"供应链管理操作层"中实质性操作过程的数据和信息，通过各种收集数据的子系统，如 EOS、POS、EDI 等，收集到数据库中来。通过数据库管理系统收集、存储和管理这些数据。一些数据通过分类、排序、综合分析的数据挖掘过程，形成特有的商业信息、商业知识、商业模式等。这些结构化的信息、知识和模型可供"商业应用层"调用，在企业的决策、管理、控制过程中发挥作用。

（3）商业应用层。商业应用层是信息系统的目的，所有数据收集、储存、提取后，如果没有商业应用都是无效的。所以"商业应用层"十分重要，它包括了许多可视化的应用系统，如决策支持系统、报表系统、随机查询系统和在线分析等。

"商业应用层"对企业的整体运营、操作起着决策、管理和控制的作用，所以在图 9-4 中可以见到一个对"供应链管理操作层"的箭头，表示最后作用于这个层次。

三、企业间的信息系统

如果在研究供应链管理过程中，将企业看成一个单一的个体来研究，将它的信息系统和管理看成独立的个体行为过程，那么就没有任何实际上的意义。因为企业最终要与它的生存环境相互作用，并通过相互作用而产生效益。因此，必须从它所在的环境、其他供应链成员以及供应链成员间的关系去研究供应链。

许多管理技术如 CAD、JIT、MRP、MRPⅡ 等，都注重企业内部的信息化管理，现在许多商业软件也大多注重企业内部的管理。对于企业管理来说，优化内部管理非常重要，但如果忽视了企业间的信息系统的构建和管理，那么对内部管理的努力将是没有任何价值的。要将企业当作某一行业或产业的一员，在供应链成员的环境中来研究企业的运营和作业。

1. 企业间信息系统的概念

认识到外部信息在整合供应链环境中的重要性，许多企业正在运行某种形式的"企业间信息系统"（IOIS），有时也被称为跨组织系统（IOS）。IOIS 是基于信息技术之上跨企业的系统。IOIS 中配置适当的应用软件，就可以在任何地点及时地传递供应链成员所需的信息，提供给企业必要的决策支持。一些学者认为，IOIS 是两个或多个企业间形成的一个整合的数据处理和数据通信系统，是跨企业的信息系统。

企业间利用计算机在网络上形成自动化的电子链接，开展业务活动，如订单处理、订单审核、存货水平检查、装运信息跟踪和交易转账等。这些以前都必须手动处理或用其他媒介处理（如邮件）的工作，现在则可以通过企业间的系统来进行处理。

最初的 IOIS 是由卖方开发的，随着新的信息技术不断地应用和整合到 IOIS 中，企业间系统的能力不断提高，实际应用系统不断出现，如电子转账系统（EFT）、决策支持系统、各式各样的订单处理系统、电子化采购系统、快速反应系统（QR）、订单周期管理（OMC）、持续补给系统（CRP）和供应商管理库存（VMI）等。

企业要为供应链开发一个实用的 IOIS 系统有三项明显的效益：降低企业运营成本，改进企业生产力，改进产品/市场策略。

2. 企业间信息系统的不同层次

一些学者认为，企业间系统有几种基本的、水平不同的信息系统，它们由一些不同级别的单一企业参与。信息系统的水平越高，其功能越全面、越完善，集成度越高，如水平 2 系统要比水平 1 系统的功能完善。企业的级别越高具有的信息系统越完善，在系统中信息交换和共享的程度也越高，如级别 2 企业要比级别 1 企业在信息系统中进行信息交换和共享的程度高。

（1）远程企业间输入/输出节点。在供应链成员中，某一应用系统是由一个或多个高级别的企业参与者支持的，其他供应链成员的某一企业从远程链接到这个系统中去，成为系统的参与者。这就是一级水平的企业间系统，如图 9-5 所示，也是最简单的企业间系统。

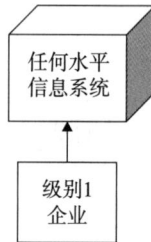

图 9-5　一级水平的 IOIS

这种形式的企业间信息系统可以认为是供应链关系发展的最初阶段，也可以看成传统供应链向现代供应链转化的阶段。

（2）应用处理节点。如图 9-6 所示，应用处理节点（Application Processing Node）是由供应链成员企业开发的单一业务应用处理软件系统，企业成员在其间发展和共享如库存查询、订单处理等简单应用软件。

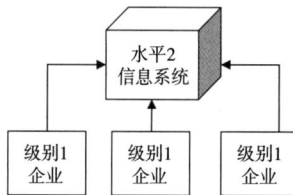

图 9-6　二级水平的 IOIS

（3）多参与者交换节点。多参与者交换节点（Multiparticipant Exchange Node）是由供应链成员企业开发的系统，其他成员企业可以通过网络与该企业链接。该企业可以与任何低级别的参与者共享网络链接，建立业务关系。这时的供应链成员间的关系更加密切。

从图 9-7 中可以看出，这时的供应链成员彼此间开始有较大的信任，进行各种业务往来，在交易中有大量文件在企业间的系统中传递。

（4）网络控制节点。网络控制节点（Network Control Node）是由供应链成员企业开发的企业间系统。它是用不同应用软件构成的网络控制系统，可以允许不同类型的、低等级

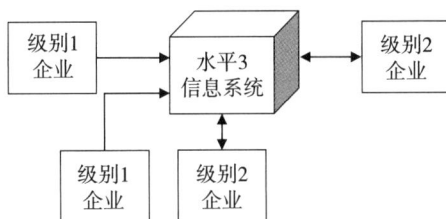

图 9-7 三级水平的 IOIS

的参与者和最终用户共享信息。在共享过程中可以自动控制和跟踪供应链成员的各种行为，如图 9-8 所示。

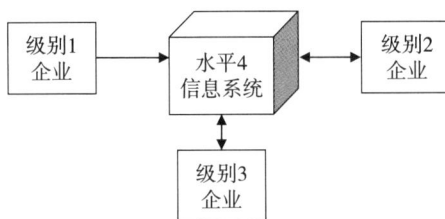

图 9-8 四级水平的 IOIS

（5）集成的网络节点。集成的网络节点（Integrating Network Node）使供应链成员都在一个有效的数据通信/数据处理的网络中，它整合了所有低级别的参与者，如图 9-9 所示。

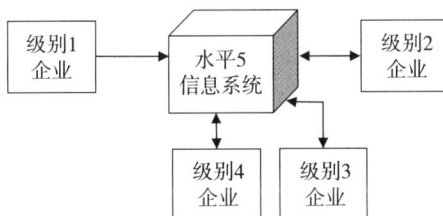

图 9-9 五级水平的 IOIS

这时供应链成员已进入到"协作"的阶段。通过有效的协作，企业间的连接更加牢固。供应链发展到现在，大多数企业已进入到企业间系统"同步"运作的阶段。

（6）企业间供应链信息系统。在企业间供应链信息系统（Supply Chain IOIS）中，供应链参与者彼此间共享一个含有不同应用软件的网络，这些参与者之间建立了业务关系。这种水平的信息系统类似上面提到的"网络控制节点"，但它并没有规定 IOIS 参与者要达到一定的级别才能参与。因此，这种水平的 IOIS 参与者实际上可能处于不同的等级，有较低的等级、高等级或与 IOIS 共享组织相当的等级。我们将这些参与者的等级作为供应链伙伴不同的 IOIS 节点，称这第六种水平的 IOIS 为"企业间供应链信息系统"。它包括了前面五种不同的水平，如图 9-10 所示。

3. 构建供应链 IOIS 的基本方法

正确的信息对企业决策起着重要作用，可以使企业在供应链中充当好自己的角色。现在，企业管理的重点不是获得的信息数量，而是获得决策需要的正确信息。供应链 IOIS

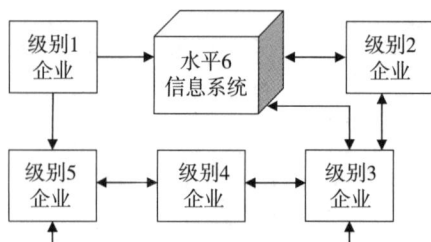

图 9-10　六级水平的 IOIS

能够获取正确的信息，因此对企业供应链管理起着至关重要的作用。

一个行业典型的供应链，从原料供应商开始，一直延伸到最终产品到零售店的货架上，有五种供应链成员参与其中。可以认为这是供应链的一个执行"周期"。但是在这个执行周期中的供应链成员彼此不知道对方在做什么，因此就没有足够时间对本企业所扮演的供应链角色进行成本和绩效管理。这是目前供应链成员和业务伙伴间普遍存在的问题。

企业将信息系统扩展到供应链成员企业中去，进行供应链成员企业间"信息共享"的目的是实现供应链管理的有效性，因此，探究供应链 IOIS 所需求的信息成为达到这种目的的重要因素。以下内容将从如何确定"需求的信息"、为供应链 IOIS 确定"需求的信息"和转入信息系统原型三个方面探讨构建供应链 IOIS 的基本方法。

（1）如何确定"需求的信息"。在不同层次上自由地、正确地共享实时的信息，对供应链管理来说是一个成功的要素。企业在许多方面都对供应链成员中的信息需求和共享感到十分迫切，包括战略目标、产能发展、物流、制造和采购等。

一个信息系统要确定"需求的信息"是很困难的事。很多时候管理者并不知道什么信息是他们实际上需要的。所以，当操作信息系统时，管理者要做的第一件事就是改变询问的方式，在设计信息系统来支持一个整合的供应链时，要考虑到这个问题。

因此，当开发一个 IOS 支持供应链的时候，确定"需求的信息"就成了重要问题之一。企业最好能建立一个识别信息、通过 IOIS 进行信息分享的职能部门。这个部门的任务之一就是确定 IOIS 中的"需求的信息"。在确定"需求的信息"时有四项基本的错误：可视化系统功能代替了跨职能功能；单独会见管理者代替共同会见；在细节设计流程中不允许试验和错误；在会见中问了错误的问题。

要确定能得到企业所需求的信息，就要避免这些错误的出现。企业可以通过以下方法做到确定所需求的信息：

1）跨职能部门、跨企业信息共享。企业在决策过程中，需要来自企业内、外的许多信息，以支持决策。因此，企业开发的信息系统应包括收集企业内外信息的功能，使信息可以跨职能部门流动。

2）采用联合应用程序设计（Joint Application Design，JAD）集中管理者所需求的信息。很久以来，单独会见管理者是确定"需求的信息"的标准方法。但是，这种方法给管理者增加了许多压力，因此限制了管理者对问题的反应能力。解决这些问题的方法是采用一个组合的会见程序，即 JAD。这个组合可以集中管理者对"需求的信息"的记忆。

3）允许在系统设计过程中进行试验。在系统的细节设计过程中不允许试验和错误的发生，这是传统的系统开发方式。这样在系统投入运行的时候，就可能出现一系列问题。

4）避免询问错误的问题。分析者经常问管理者错误的问题。例如，一个分析者可能这样问一个管理者："你需要从新系统中获得什么信息？"这个问题看起来是对的，但它无助于管理者确定他们所需要的信息。这种方法经常使管理者有不知所措的感觉。为了避免问这些错误的问题，发展出来了三种不同的信息需求确定方法：企业系统规划法、关键成功因素法和目的—方法分析（Ends/Means Analysis，E/M）法。

（2）为供应链 IOIS 确定"需求的信息"。适当地跨企业确定"需求的信息"，使用多种方法比依赖一种方法好得多，可以保证所有"需求的信息"被识别。因此，为 IOIS 确定"需求的信息"，跨企业的 JAD 使用了几种"结构化会见技术"（Structured Interviewing Techniques，SIT），包括企业系统规划法、关键成功因素法和 E/M 分析法。

1）企业系统规划法（Business Systems Planning，BSP）。BSP 是一种对企业管理信息系统进行规划的结构化方法，是由 IBM 公司在 20 世纪 70 年代开发的组织交流技术。它先是自上而下识别系统，识别企业流程、识别信息；然后自下而上地设计系统，以支持系统目标的实现。BSP 摆脱了对原组织系统结构的依赖性，从基本的作业流程出发，进行数据分析，找出决策所需要的数据，然后设计系统。

对于供应链管理 IOIS 来说，BSP 注重问题的识别和与一个企业流程的联合确定，确定什么信息是需要的信息，并将它提取出来。分析者首先必须鉴别供应链管理中的问题，以便把"需求的信息"提出来，如表9-1所示。

表 9-1　BSP 确定"需求的信息"的过程

BSP——问题/解决方案/信息		
问题	解决方案	信息
在保持或减少总供应链物流成本的条件下，缩短供应链成员企业间的订货周期	需要了解现有的供应链成员企业间的订单执行程序，以及供应链物流成本的情况	·每个企业的订单执行程序 ·供应链总物流成本 ·供应链成员间的订货历史 ·每个企业的单位产品库存成本

BSP——确定/信息	
确定	信息
如何运输某产品	具有竞争力的运输工具和运输方式 运输成本和运输执行

2）关键成功因素法（Critical Success Factors，CSF）。CSF 是由哈佛大学 William Zali 教授和麻省理工学院的 John Bockart 教授提出的，它是指对企业成功起关键作用的因素。每一个企业必须在每一个作业执行区域有效地运行 CSF 才能成功。CSF 通过分析找出企业成功的关键因素，然后围绕这些成功的关键因素确定系统需求，进行系统规划。基本步骤如下：理解企业的战略目标；识别关键成功因素；识别评价标准；识别测量性能的数据。

对于供应链 IOIS 来说，CSF 必须鉴别供应链上每一个成员企业。可以想象，大多数企业有共同的 CSF。一旦 CSF 确定下来，也就确定了表达 CSF 所需求的信息，这时信息就被鉴别，参见表 9-2。

表 9-2　CSF 法确定"需求的信息"的例子

CSF——关键成功因素/信息	
关键成功因素	信息
整合供应链绩效评价系统	·整合供应链绩效评价 ·成员企业的绩效评价 ·供应链和企业的实际绩效评价 ·评价的目标 ·评价的绩效历史

3）E/M 分析法（Ends/Means Analysis）。E/M 分析法将重点集中在企业的有效性（做正确的事）和效率（做好这些事）上，并用"需求的信息"管理它。运用这个技术包括如下两个阶段：第一阶段，分析供应链成员想要的结果，考虑要达到这种目标所"需要的信息"；第二阶段，找出实现上述目标的方法，再考虑采取这些方法时所"需要的信息"。两个步骤如表 9-3 所示。

表 9-3　E/M 分析法确定"需求的信息"的例子

E/M 分析——结果、效益、信息		
结果	效益	信息
缩短订单的执行周期，从而降低了成本，提高客户的满意度	总的供应链物流成本最小化 供应链效益最大化	·以作业为基础的会计信息 ·客户偏好（特点、成本、时间） ·供应链成员企业的效益 ·供应链效益（订单执行周期、库存水平、容量、客户满意度）

E/M 分析——方法、效益、信息		
方法	效益	信息
监控库存绩效（总供应链库存水平、企业库存水平、服务水平）	评价库存绩效时达到最小化的库存水平	评价每个因素的实际成本

以上介绍了为供应链 IOIS 确定"需求的信息"所采用的三种技术（企业系统规划法、关键成功因素法、E/M 分析法），每一种技术的结果都可列出系列图表，它表示了跨企业知识区域和相关"需求的信息"的传递。当采用多种结构化技术时，"需求的信息"识别中将有一些冗余出现。这有助于确保正确地分析、全面地理解一系列"需求的信息"。

（3）转入信息系统原型。当设计企业间信息系统时，传统的方法并不允许试验和错误。为了解决这一问题，"原型"的概念被引入。它克服了这些问题，增加了系统的有效性。

"原型"法（Prototype）是 20 世纪 80 年代随着计算机技术的发展而发展起来的一种系统开发方法。它放弃了对现有系统全面、系统的详细分析，而根据系统开发人员对用户需求的理解，在各种软件工具的支持下，开发出原型系统，然后再与用户反复商量修改，直到满足客户的需求为止。

"原型"法的开发过程有如下几个步骤：

第一步，识别基本需求。"原型"法的第一步是对企业进行调查，通过跨企业、跨职能的 JAD 会议，了解企业需求信息，并进行主要的信息分类。

一般来说，用户的基本需求有系统结构、输出和输入要求、数据库结构、安全要求和系统接口等。

第二步，初始原型系统的形成。初始原型系统是根据用户的需求开发出来的初步原型。初步原型产生了一系列报表，它在"结构化会见程序"过程中识别"需求的信息"。通过"测试—错误—再测试"的开发过程，利用原型设计方法，开发者能够通过多次的反复设计，确保全部"需求的信息"被适当地传递。

第三步，对原型系统进行评价。开发人员和用户对系统进行评价，对原型系统进行操作、运行、检查、测试，以发现系统中的问题，并对功能、用户界面等进行评价。

第四步，对原型系统进行改进。根据对系统提出的意见，开发人员对原型进行改进。

第五步，原型系统完成。在不断满足用户需求的过程中，原型系统得到改进，并得到用户的认可。

第六步，整理原型，提供文档。对原型进行整理和编号，并将其归入系统开发文档中，其中包括用户需求说明、系统逻辑性、系统设计说明、数据字典和系统使用说明书等。

最后，开发人员要与供应链管理团队一起回顾"原型"。

在供应链 IOIS 的构建中，主要涉及 10 个主要类型的信息，如表 9-4 所示。

表 9-4　供应链 IOIS 中的信息类别

信息类别	类别中包含信息的例子
产品信息	产品规格、价格/成本、产品销售历史
客户信息	客户预测、客户销售历史、管理团队
供应商信息	产品线、生产时间、销售团队和条件
生产流程信息	产能、承担任务、生产计划
运输信息	运输者、运输时间、成本
存货信息	存货水平、存货运装成本、存货地点
供应链成员信息	企业联系信息、伙伴角色、责任、接触计划
竞争信息	基准信息、竞争产品报价信息、市场份额信息
销售和市场信息	销售点（POS）信息、促销计划
供应链流程和执行信息	流程描述、绩效测量、成本、数量、交货、时间和客户满意度等

利用原型法构建系统，主要开发工具有图形编辑器、文档编辑器、字典编辑器、概要设计编辑器、细节设计编辑器和程序自动生成器。

在供应链成员中进行信息的共享对供应链管理是非常重要的。在供应链成员组织中，最终的整合和决策都需要一定格式的信息，当决策者需要这些信息的时候，就能在正确的时间里获得正确格式的信息。

本章小结

本章从供应链中的信息、供应链管理中的信息技术、供应链管理中的信息系统三个部分向读者介绍了信息以及信息技术在供应链管理中的应用。读者要充分理解信息在帮助供应链管理者制定决策时所发挥的重要作用，以及信息技术是如何在供应链管理过程中为管理者提供收集、整合及分析信息的便利性，帮助其做出基于用户需求的更加准确的决策。

案例分析

7-11 公司利用先进的技术进行备货

某个周五的早晨，站在得州罗克沃尔 7-11 门店的冷柜前面，门店经理谢里·尼尔（Sherry Neal）考虑着一个看起来很平凡，事实上却很重要的决策：第二天该订多少鸡肉沙拉三明治？

为了辅助自己决策，尼尔手持一个轻巧的无线工具，在这个工具的彩色屏幕上布满了数据。她注意到，有两个三明治今天过期，还有 6 个明天过期。使用小工具的内置键盘，她把库存信息以电子形式进行了记录。

在同一个屏幕上，她看到了国家气象局预报的未来 5 天内晴好天气。自 1979 年以来，尼尔就作为 7-11 公司的雇员观察客户行为，她知道好天气可能意味着这个周末良好的业务。屏幕的另一部分告诉她，在过去 4 个星期的每个周六，鸡肉沙拉三明治在门店的销量。

该显示器还提供相关信息，在过去几天里，她的三明治越发受人欢迎。

"我得乐观一点。"她说使用这个小工具，自己多订了 4 个三明治，并预测说 6 个将在周五出售，另外 6 个将在周六卖出。她通过无线网络将订单发送到商店的后台服务器，然后通过服务器订单发送到企业网络和数据中心，并最终传到 7-11 的新鲜食品分销商。在那里，三明治被生产出来并装上卡车，在午夜前后交付商店。

归功于创新的技术，世界上最大的便利连锁店 7-11 能够知道其北美 5800 个商店里，今天、昨天、上周、上个月，甚至上年，鸡肉沙拉三明治的销量究竟有多少。更重要的是，它可以以很高的准确性预测明天这个食品在每家商店的销量，对于其他 2500 种商品，都可以做同样的预测。

在过去 10 年中，7-11 数亿美元技术的投资看起来是值得的。自 2003 年初公司股价不超过 6 美元以来，2013 年它的股价已经涨到了 30 美元以上，单店销量连续 35 个季度保持上升，2012 年达到 122 亿美元的收入。

7-11 公司并不总是蓬勃发展。由于对炼油企业 Citgo 公司进行收购的错误决策和 1987 年 10 月股市崩溃时不合时宜的杠杆收购，致使 7-11 在 20 世纪 80 年代末面临生存危机。到了 1991 年，当 7-11 的日本加盟店伊藤洋华堂（Ito-Yokado）成为该公司的大股东，并与整个公司共享零售经验时，公司才得到了帮助。

一、单品管理

在日本的 7-11 店，伊藤洋华堂使用的零售业创新性需求链管理办法被称为"单品管理"，而不是品类管理。在传统的零售中，强调一类商品（如饮料）的销售情况，而在单品管理中，以饮料为例，不仅强调饮料类别，而且要具体到饮料的不同品牌（如 Dr Pepper）、不同包装（包装的形式与尺寸）等的销售情况，其思路是对顾客购买偏好的细节多加注意，并由他们决定商店内储存哪些产品，并最终开发什么产品。

在日本，该战略使 7-11 商店成为了热点购物场所，特别是在快餐和新鲜食品方面。在北美，顾客有可能一星期内几次光顾 7-11 店，但在日本，顾客一天内多次光顾商店，来买早餐、午餐、晚餐以及点心等。人们经常寻找一些新的食品来品尝。在日本和北美，让顾客回来光顾的关键就是提供新的开胃食物。

在单品管理方法及其在北美的运用中，技术对收集、分析和传播信息起着关键的作用，并且成为一种动力。1994 年，在 7-11 引进单品管理之前，公司没有办法准确地知道商店出售哪些产品，只知道哪些产品从供应商处购买。

"供应商过去常决定在货架上放多少产品。"玛格丽特·沙布里斯（Margaret Chabris）回忆说，她从 1978 年以来就在 7-11 公司工作，是该公司的公共关系总监。"决策都是根据制造商的利益来做的，而不是根据顾客的利益。"

7-11 的首席信息官和副总裁基思·莫罗（Keith Morrow）更清楚地说道："要把货架从供应商和商贩那里拿回来，让我们高度依靠自动化设备和技术。我们需要根据商店的信息来下订单，否则我们就变成了供应商的订单执行者。"

如今，7-11 强调以零售商主动性为基础的所有技术。"我们的哲学是，做决定的基础是商店内实时状态下顾客觉得什么应该上架。"莫罗说道，他在 2001 年初加入该公司。"信息让我们重新给商店定型，而店内商品则根据进入店内的顾客的需求曲线来安排，这基于他们每天每分钟做的事情，而不是基于焦点小组、市场营销、非科学的猜测结果。"

二、客户想要什么

能否迅速响应客户不断变化的口味是便利店的制胜法宝。"客户会回报那些知道自己需要什么的商店。"全国便利店协会的杰夫·莱纳德（Jeff Lenard）说。他指出，正如其他类型的商店一样——宠物商店、玩具店、药店、录像带出租店，甚至电子商店——便利店的竞争愈演愈烈，甚至开始出售冷饮和小吃。

"在过去几年里，在利用技术去服务顾客方面，7-11 一直是领导者和创新者，"他说，"客户不一定能够看到，但他们能感受到，因为商店更清楚地知道他们想要的是什么。"

"当涉及收集客户偏好资料和利用信息进行订货和销售时，7-11 公司远远超过其同行，"研究 7-11 的高盛公司分析师约翰·海因伯克尔（John Heinbockel）说道，"在过去的几年里，其他便利连锁店刚刚开始使用 POS 扫描技术，这些便利店没有 7-11 的一个个物品、一个个商店以及每一天所具备的数据。"

辅助尼尔订购鸡肉沙拉三明治的工具是日电公司的移动业务终端，即它是 7-11 公司为了削减用于清点库存和订购产品的时间和劳动力而安装的两种无线工具之一。另一种是美国迟宝科技公司的 MC 3000 手持彩色扫描仪，用于收集每一个产品从货车上卸下时的数据。两个设备都使用标准的微软 Windows CE 操作系统，都以微软的 .Net 为平台。

7-11 商店经理以往使用的库存和订单方式与 NEC 公司的移动业务终端相去甚远。由于自动化的缺乏，过去的方法使用手工粘贴的标签、人工彩色编码信息，用纸张记录和追踪冷冻三明治的信息和过期日期。

该公司的无线工具曾进行过技术升级。2012 年，7-11 在技术上花费了 9300 万美元。在美国 5300 家门店里，该公司安装了惠普新的 ProLiant 服务器、无线局域网络和用于计算机培训的软件。该公司还引进了用于新鲜食品的订货软件，这是 7-11 快速增长和日益重要的一类产品。

安装在 7-11 商店的新技术在 Windows 的专用系统下工作，被称为零售信息系统或零售信息系统，这项技术自 20 世纪 90 年代以来就开始开发。它通过提供及时销售数据，使每个商店有针对性地进行产品分配，来支持零售商的战略。零售信息系统也帮助商店营业员分析哪些产品热销、哪些产品滞销，使他们能够给更受欢迎的产品和项目腾出货架空间。因为 RIS 可以获取一个产品在引进 24 小时内的销售数据以便分析，所以零售信息系统也使引进新产品降低了风险。

三、共享数据

7-11 公司和它的几个主要供应商，如安海斯—布希啤酒（Anheuser-Busch）、卡夫食品和百事可乐，分享其分析的数据，这就是所谓的 7-交换合作伙伴项目。这个品类管理的 7-交换系统，能够提供针对新产品或新包装的建议，供应商能够从安全网站进入该系统。

"当我们与安海斯—布希合作时，我们在饮料包装尺寸方面发现了消费者行为的重大调整，"莫罗回忆道，"通过分析我们知道，在购买啤酒和饮料时，购买偏好已经从多种包装转变为大尺寸的单一包装。"

个案研究引导了饮料行业巨头减少包装类型，而增加单罐尺寸。

从 7-交换系统得到的信息可以提醒公司可能会错过的机会。卡夫食品公司发现一些 7-11 商店没有像其他商店一样大规模销售纳贝斯克（Nabisco）流行的新的 3 盎司大袋奥利奥和其他饼干等。

"我们联系了公司的业务部门，并派他们去跟商店经理谈，这些大包装产品在其他地方卖得有多好，"卡夫公司全国客户经理兰迪·沃特金斯（Randy Watkins）说，"是否采购产品是商店经理的决定，但是我们根据对市场的判断给他们提供相关的信息。"

7-11 公司已经用技术对小型供应商打开方便之门。尽管多数大的供应商使用传统的电子数据交换来进行信息交换，但较小的供应商使用一个门户网站（即所谓的网络终端供应商）在公司内部进行沟通。莫罗解释道，以互联网为基础的系统优点是，成千上万不具备电子数据交换系统的小供应商可以销售非常具体的地方产品，例如，曼哈顿商店销售帕尼尼烧烤三明治和自助浓咖啡。

莱纳德说，技术让7-11公司实现了市场营销的细化。"在达拉斯顾客中可行的，在纽约和加利福尼亚州的顾客中有可能就不行。所以，使用技术来了解每家商店、每群客户的需求是至关重要的。"

四、不断摸索

并非所有的7-11高科技举措都取得了成功。如沃尔玛和家得宝提供的越来越多的自助结账服务，许多人预计这种服务会在便利店里吸引更多顾客。但是，在试验中，该公司发现"我们不到4%的客户群倾向于和机器而不是与商店售货员交流"。莫罗说道。

与此相反的是，在1000多个7-11美国商店里，类似ATM的虚拟终端或v-com、小型售货亭越发流行。"随着兑现支票等服务的实现，人们的偏见也消失了，"莫罗说，"人们喜欢与机器做金融交易，因为它更安全、更具私密性。使用v-com，人们不必告诉别人汇票的订单或汇钱给谁"。

7-11尚未使用的另一种技术是无线识别技术，这是一种用来标记项目以便追踪库存的技术。其他大型零售商，如沃尔玛，使用RFID追踪库存，但莫罗认为它尚不适合便利店。

他说："在未来很长一段时间内，RFID系统的成本是阻碍其在便利店应用的主要因素。给成本2美元的三明治贴上价值50美分的RFID标签显然不合情理。"

然而，RFID技术正被7-11商店用于付款。该技术预计将在2006年初安装在美国所有的商店。这项新举措使7-11的客户能够在购买时通过信用卡嵌入式RFID芯片，在专门的扫描器上支付，而不用把信用卡交给营业员。

7-11飞速的技术创新是广泛的、测试可行性和客户反应的试验项目结果。例如，7-11于1998年开始尝试虚拟商务。在得州罗克沃尔商店试点项目中，经理尼尔在5个月内使用了多个版本的扫描仪和MOT。她似乎对自己选择的最终产品感到高兴，也对自己新发现的权力感到高兴。

案例来源：大卫·辛奇. 供应链设计与管理：概念. 战略与案例研究［M］. 季建华，邵晓峰译. 北京：中国财政经济出版社，2004.

【案例思考题】

这个案例很好地展现了信息技术的四个目标，请问是哪四个目标？结合案例具体分析。

习　题

一、名词解释

1. 供应源信息　　2. RFID　　3. GIS

二、简答题

1. 供应链中的信息可以分为哪几类？
2. 简述供应链中有效信息的特征。
3. 简述供应链信息技术的目标。

第十章 供应链绩效评价

学习目标

1. 掌握供应链绩效的概念以及原则
2. 理解供应链绩效评价的一般方法
3. 熟悉供应链管理评价指标体系的构成
4. 了解供应链激励机制的内容

章前引例

供应链绩效管理成功案例

电子制造服务（EMS）提供商弗莱克斯特罗尼克斯国际公司两年前便面临着一个既充满机遇又充满挑战的市场环境。弗莱克斯特罗尼克斯公司面临的境遇不是罕见的。事实上，许多其他行业的公司在它们的供应链中都面临着同样的问题。很多岌岌可危的问题存在于供应链的方方面面——采购、制造、分销、物流、设计、融资，等等。

一、供应链绩效控制的传统方法

惠普、诺基亚等高科技原始设备制造商逐渐具有外包趋势，但来自电子制造服务业的订单却在减少。同时，弗莱克斯特罗尼克斯还面临着制造成本和直接材料成本增加的压力，供应链绩效控制变得日益重要起来。与其他公司一样，弗莱克斯特罗尼克斯首要的业务规则是改善交易流程和数据存储。通过安装交易性应用软件，企业同样能快速减少数据冗余和错误。比如，产品和品质数据能够通过订单获得，并且和库存状况及消费者账单信息保持一致。第二个规则是将诸如采购、车间控制、仓库管理和物流等操作流程规范化、流程化。这主要是通过仓库管理系统等供应链实施软件实现的，分销中心能使用这些软件接受、选取和运送订单货物。控制绩效的两种传统方法是指标项目和平衡计分卡。在指标项目中，功能性组织和工作小组建立和跟踪那些被认为是与度量绩效最相关的指标，但是指标项目这种方法存在很多的局限性。试图克服某些局限性，许多公司采取了平衡计分卡项目。虽然概念上具有强制性，绝大多数平衡计分卡作为静态管理"操作面板"实施，不能驱动行为或绩效的改进。弗莱克斯特罗尼克斯也被供应链绩效控制的缺陷苦苦折磨着。

二、供应链绩效管理周期

弗莱克斯特罗尼克斯实施供应链绩效管理带给业界很多启示：供应链绩效管理有许多

基本的原则，可以避免传统方法的缺陷；交叉性功能平衡指标是必要的，但不是充分的。供应链绩效管理应该是一个周期，它包括确定问题、明确根本原因、以正确的行动对问题做出反应、连续确认处于风险中的数据、流程和行动。弗莱克斯特罗尼克斯公司认为，定义关键绩效指标、异常条件和当环境发生变化时更新这些定义的能力是任何供应链绩效管理系统令人满意的一大特征。一旦异常情况被确认了，需要知道潜在的根本原因，可采取行动的选择路线以及这种可选择行为的影响。以正确行动对异常绩效做出快速响应是必要的。但是，一旦响应已经确定，只有无缝地、及时地实施这些响应，公司才能取得绩效的改进。这些响应应该是备有文件证明的，系统根据数据和信息发生以及异常绩效的解决做出不断的更新、调整。响应性行动导致了对异常、企业规则、业务流程的重新定义。因此，周期中连续地确认和更新流程是必要的。在统计流程控制中，最大挑战往往是失控情形根本原因的确认。当确认异常时，对此管理需要能确认这些异常的根本原因。供应链绩效管理应该也能在适当的位置上起到支持、理解和诊断的作用。通过绩效管理系统迅速重新获取相关的数据，相应地合计或者分解数据，按空间或者时间将数据分类。

三、成功案例

弗莱克斯特罗尼克斯公司的成功，确认了供应链绩效管理作为供应链管理的基础性概念和实践的力量和重要性。弗莱克斯特罗尼克斯使用了供应链绩效管理的方法，使它能确认邮政汇票的异常情况，了解根本原因和潜在的选择，采取行动更换供应商、缩减过度成本、利用谈判的力量。绩效管理的方法包括了实施基于 Web 的软件系统加速供应链绩效管理的周期。弗莱克斯特罗尼克斯在 8 个月的"实施存活期"中节约了几百亿美元，最终在第一年产生了巨大的投资回报。供应链绩效管理周期使弗莱克斯特罗尼克斯获得这样的结果。识别异常绩效，弗莱克斯特罗尼克斯系统根据邮政汇票信息连续比较了合同条款和被认可的卖主名单。如果卖主不是战略性的或者订单价格是在合同价格之上的，系统就会提醒买方。另外，如果邮政汇票价格是在合同价格之下的，系统就提醒货物管理人员可能的成本解决机会。向接近 300 个使用者传递的邮件通告包含详细绩效信息的 Web 链接和异常情况的总结。弗莱克斯特罗尼克斯管理人员随后使用系统了解问题和选择方案。他们评价异常情况并且决定是否重新谈判价格，考虑备选资源或者调整基于业务需求的不一致。同样，采购经理分析市场状况、计算费用，然后通过商品和卖主区分成本解决的优先次序。在供应链绩效管理周期开始之前或者周期进行中，弗莱克斯特罗尼克斯确认数据、流程和行动的有效性。当实施它们的绩效系统时，弗莱克斯特罗尼克斯建立指标和界限，并且也保证数据的质量和合时性。使用绩效管理系统，弗莱克斯特罗尼克斯已经能通过资本化各种机会节约成本并获得竞争优势。

案例来源：http://www.chinawuliu.com.cn/xsyj/200910/15/141406.shtml.

第一节　供应链绩效评价的概述

一、供应链绩效评价的概念

绩效评价（Performance Evaluation）是指通过定量和定性比较分析，运用特定的评价方法、量化指标以及评估标准，通过一系列的程序来客观和标准地评估绩效和利润。

从一般意义来说，供应链绩效评价是指以达到进一步改善供应链为目的，围绕供应链的战略目标，通过进一步综合的系统分析，评价整个供应链、供应链上的各个成员（核心企业为主）业务运营流程状况、各个环节之间的营运状况。对于供应链的绩效评价，从时间的角度来看，包括事前、事中和事后这三个阶段；从着眼点来看，绩效评价应服务于供应链的最终目标；从对象上来看，绩效评价应包括整个供应链及各个成员；从空间角度来看，绩效评价涉及内部绩效、外部绩效和供应链的综合绩效；从内容角度来看，涉及反映运营状况和运营关系的各种指标。为了有效地实施供应链管理，必须有效且缜密地对供应链绩效进行评价和核算。

供应链绩效评价在供应链管理中起着决定性的作用，在整个供应链管理中，使各个节点的企业相互协作、共享利益、共承风险以最大化供应链的整体效益，最终能够完成各个节点的各自经营目标。

二、供应链绩效评价的特点

1. 现行企业绩效评价的特点

企业绩效评价聚焦于单个企业，评价对象主要是企业内部职能部门或员工工作，其指标设计一般有如下特点：

（1）滞后性。企业绩效评价数据的核算与财务状况相关，而财务状况在时间上略为滞后，无法反映供应链的动态运营情况。

（2）局部性。企业绩效评价主要评价企业职能部门完成工作的情况，不仅不能科学、客观地评价整个供应链的运营情况，也不能评价企业的业务流程。

（3）事后分析。企业绩效评价指标不能对供应链的业务流程进行实时评价和分析，而是侧重于事后分析。因此，当发现存在任何偏差，这就成为了既定的事实，造成的危害和损失已经存在，往往难以补偿。

现行的企业绩效评价指标主要是基于职能部门的绩效评价指标，不适用于对供应链运营绩效的评价，如图 10-1 所示。

2. 供应链绩效评价的特点

由于缺少对供应链的整体了解，即使是处于供应链的环境中，绩效评价的有效性仍然

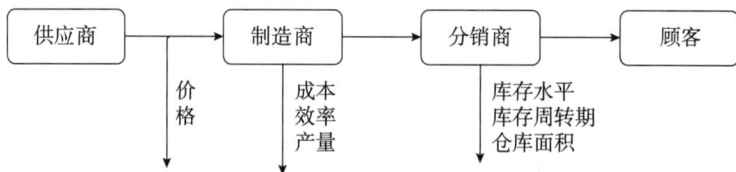

图 10-1　现行的基于部门职能的绩效评价指标示意图

不高。就供应链本身来讲，传统部门内注重单独部门绩效的思想阻碍了供应链的整体效益。所以在对整条供应链实施管理时，应当将注意力从企业内部的控制转移到对企业之间合作的监督上，将管理的视角调整为对企业群落的管理上，并且相应地调整管理运作方式。

供应链绩效应当能够反映节点企业之间的关系和供应链的整体运营情况，而不是单独地去评估某一节点或者供应商的运营情况。例如，下游企业通过评估供应链给分销商的产品价格来测评供应链绩效，价格比较低则最后反映的供应链绩效的评价是良好的。但是若下游节点企业仅仅考虑商品价格这一个指标而不考虑其他性能就会选择此供应商提供的产品。但是该商品的性能不能满足销售的要求，继而增加库存水平，使得整体成本受到影响带来损失，使得整体供应链绩效受到影响。所以由以上我们可以看到，评价供应链运行绩效，不仅要评价该节点企业（或供应商）的运营绩效，而且还要考虑该节点企业（或供应商）的运营绩效对其上层节点企业或整个供应链的影响。

供应链绩效评价指标是基于业务流程的绩效评价指标。如图 10-2 所示，对比图 10-1 和图 10-2，就能看出它们之间的异同。

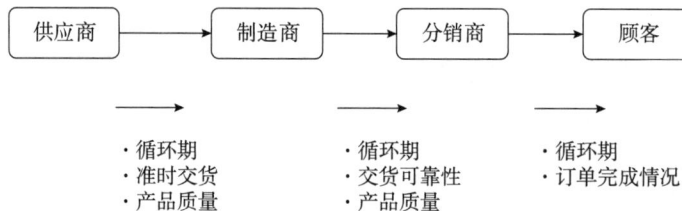

图 10-2　基于供应链业务流程的绩效评价指标示意图

三、供应链绩效评价应当遵循的原则

基于供应链管理的企业绩效评价体系具有其特点，评价内容也比现行企业绩效评价体系更为广泛。在供应链管理绩效评价体系的现实设计中，企业不能随意而为，自由设计，而是应当遵循一定的原则，具体原则如下：

1. 强调供应链管理绩效评价的整体性

根据供应链系统的定义，供应链上的每个企业都可以看作供应链这个大系统之中的一个子系统，子系统之间也相互关联。为了实现整体供应链的优化，必须确保供应链中的各个企业目标与供应链总体目标协调一致。

2. 供应链管理绩效评价的全面性

在整个供应链网络中，各个企业间存在很强的联动性，在绩效评价时，应当从供应链的运作模型开始，全面分析供应链运作的内外驱动力，不仅要反映供应链运作的结果，也要反映出驱动供应链结果达成的具体指标。

3. 与企业战略目标的一致性

由于供应链管理绩效的评价是企业执行供应链整体战略目标后得出的，它不仅要反映出战略执行的结果，还要反映出战略执行的过程，只有以企业战略目标为核心的明确战略规划和评价才有价值。

4. 建立多角度的绩效评价指标体系

随着越来越多的企业涉足供应链，目标群体越加广泛，合作层次也越加深入。过去单方面的财务评价指标体系已经不能适应市场变化，需要多角度、更全面的指标体系来反映整个供应链的真实状况。

第二节　供应链评价的一般方法

供应链绩效评价可以促进供应链节点企业之间的了解以及深入合作，也具有一定的预测能力。总体上，供应链绩效评价方法分为两种：一是把供应链划分成全局供应链以及局部供应链，分别进行评价分析。这种方法的优势是便于操作，但劣势是不够完整、系统，不能精确反映整体绩效和效率。二是尝试对供应链系统进行优化。这种方法是基于供应链的整体业务环节，相对于过去以核心企业为重心的评价方式价值增值能力更加显著，更为系统也更具整体性。

一、ROF 法

为了避免传统绩效评价的问题，Beamon 于 1999 年提出了三个可以反映供应链绩效的战略目标：资源（Resources）、产出（Output）和柔性（Flexibility）。资源评价和产出评价在供应链评价中已经得到了广泛的应用，实际应用中柔性评价却是有限的。这三个指标都具有各自不同的目标。资源评价（成本评价）是高效生产的关键，产出评价（客户响应）必须达到很高的水平以保持供应链的增值性，柔性评价则要达到在变化的环境中快速响应，它们之间是相互作用彼此平衡的。Beamon 认为，供应链评价系统必须从这三个方面进行评价：其一，资源评价包括库存水平、人力资源、设备利用、能源利用和成本等方面；其二，产出评价主要包括客户响应、质量以及最终产出产品的数量；其三，柔性评价主要包括范围柔性和响应柔性两种。

二、SCOR 法

1. 供应链运作参考模型简介

美国供应链协会建立的供应链运作模型（Supply Chain Operations Reference，SCOR）将供应链界定为计划（Plan）、采购（Source）、制造（Make）、配送（Deliver）、退货（Return）五大流程，并分别从供应链运作划分、配置和流程元素三个层次切入，描述了各流程的标准定义、对应各流程绩效的衡量指标，提供了供应链"最佳实施"和人力资源方案。运用 SCOR 可以使企业内部和外部用同样的语言交流供应链问题、客观地评测其绩效、明确供应链改善目标和方向，SCOR 模型如图 10-3 所示。

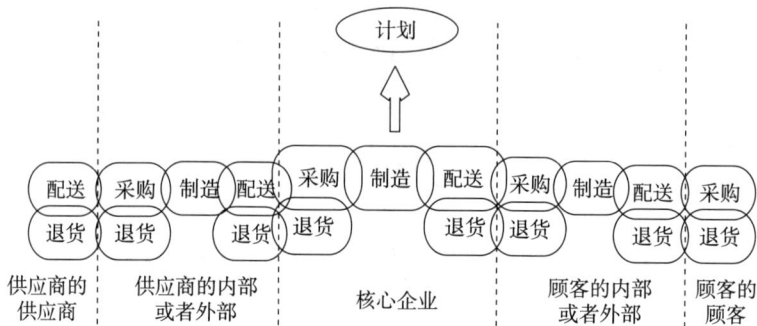

图 10-3　SCOR 模型

2. SCOR 模型的供应链运作划分为五个过程

（1）计划。指一个组织计划执行和衡量企业全面活动的系统。它包括预测、库存计划以及分销需求计划等基本组成，它通常运行在基于许多大型主机系统的集成应用系统之上来实现其功能。

（2）采购。供应链采购是供应链内部企业之间的采购，供应链中企业与供应商合作，采购时只需把产品需求信息及库存信息向供应商及时传递，供应商及时安排调整自己产品的生产，并按最优方式向企业供货，使供应链成本最小。供应链采购与传统的采购相比，物资供需关系没变，采购的概念没变，但是，由于供应链各个企业之间是一种战略伙伴关系，采购是在一种非常友好合作的环境中进行，所以采购的观念和采购的操作都发生了很大变化。

（3）制造。这是将原料和部件转变为符合计划或者实际需要的最终产品过程，是整个供应链运作工作过程中最能够用量化指标来衡量绩效的部分。有关指标包括生产率、产品合格率以及员工生产力等。

（4）配送。这一过程的活动包括提供最终产品和服务，以满足规划或实际的需求，安排运输和选择承运商，将产品按照客户需求配送到客户手中，并且建立相应的收款渠道。

（5）退货。把原材料退还给供应商以及接受客户对最终产品的退货，处理关于缺陷产品、过剩产品和维修产品的逆向物流和信息流。

3. 基于 SCOR 模型的供应链评价指标体系

SCOR 体现了"从供应商的供应商到客户的客户的所有物流运转、所有的市场交互、总体需求的了解和每个订单的执行"。与此同时，供应链运作参考模型还提供了涵盖整个供应链的绩效评价指标。

（1）物流绩效。企业物流绩效是指在一定的经营期间内企业的物流经营效益和经营者的物流业绩，就是企业根据客户要求在组织物流运作过程中劳动消耗和劳动占用与所创造物流价值的对比关系。SCOR 从以下三个方面进行评价：从接到订货至发运的提前期、订单完成率和订单的响应速度。

（2）柔性与响应性。主要就生产柔性、供应链提前期进行评价。生产柔性定义为非计划产出提高 20% 的生产时间，供应链循环期/提前期则定义为"内部零库存生产或外包的平均时间+生产完成到交货的平均提前期+预测提前期"。以上优化必须以和供应商的有效联系与共同改进为基础，以提高整体绩效。

（3）物流成本。主要包括整体的物流管理成本、订单管理成本。

（4）资产管理。供应链资产主要包括厂房、设备、资金和库存，可以通过现金周转率、库存占销售产品成本的比率以及净资产收益率来表示。现金周转率是指从原材料开始的现金投入之后到客户端现金收回的平均日期。

SCOR 模型从横向和纵向视角对流程进行了平衡，将许多管理理念（如企业流程重组、标杆法和过程测量）集成到一个功能交叉的框架中，可以让公司结合使用其他通用的、标准的描述工具对每个流程要素进行描述和沟通，有助于对整个供应链进行管理，以产生最优整体绩效实践。

三、BSC 法

平衡计分法（简称 BSC）是 20 世纪初由 Robert Kaplan 和 David Norton 开发出的一种全新的组织绩效管理方法。BSC 中确定了财务、客户、内部业务以及学习与改善四个评价维度。在财务方面，包括生产率提高指标、资本利用率和投资战略指标等；在客户方面，包括市场份额、客户保留率、顾客满意度、顾客获利水平等；在内部业务方面，主要是确定企业优势，从质量、时间、柔性和成本四个关键部分选取一些具体的指标；在学习与改善方面，主要是为了加强对未来投资，图 10-4 为平衡计分法的基本框架。

1. 财务角度

虽然平衡计分卡模型是从各个角度对企业进行评价，并且每个角度的评价都是供应链管理绩效评价的重要组成部分。但是财务评价依然是整个供应链管理绩效评价中最核心的部分。而财务的成功，应首先满足股东权益，其他方面的评价则是实现企业财务目标的辅助性措施，最终仍需实现的是企业利润最大化以及股东利益最大化。

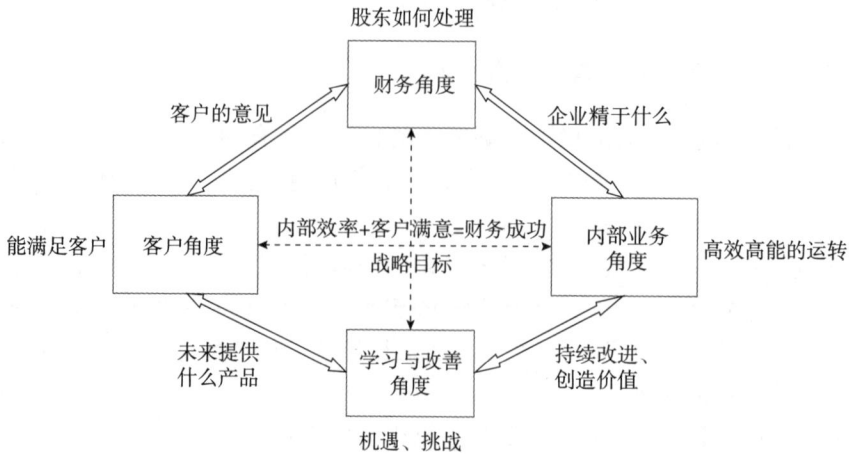

图 10-4　平衡计分法的基本框架

2. 客户角度

为实现企业的战略目标，企业应以提升客户服务质量为最终落脚点。在经济全球化的背景下，企业必须不断提升自身供应链的管理水平和竞争力，站在客户的角度，不断创造出满足市场需求的产品和服务，以解决企业面对的客户数量和客户类型，越来越多个性化的需求对企业的供应链能力提出的严峻挑战。

3. 内部业务角度

为实现企业的战略目标提供充足的保障，企业应不断健全自身组织结构、合理规划供应链管理的业务流程。只有建立高效合理的企业内部组织流程才能生产出满足客户需求的产品和服务，最终满足企业股东的投资回报。也只有从股东和客户的角度出发从价值上针对企业内部业务流程分析，才能满足客户需求和达到股东要求。

4. 学习与改善角度

目前业界优秀的企业很多，但是持续优化和保有创新精神的企业不多，我们唯有不断地学习才能获取和保有长久的竞争力，在市场上占有一席之地。为实现战略目标，企业应不断地进行自我革新和改善，不断提升自身的竞争能力，占据领先地位。

平衡计分卡模型相对于传统的企业绩效评价方法更加全面，它既考虑到了整体又兼顾了局部；既专注了长期也瞄准了短期指标；既兼顾了企业外部也考虑了企业内部，使得整体评价目标更加清晰，行动更加具体，最终提升企业的竞争力（见图 10-5）。BSC 模型已经成为目前企业绩效评价的主要方法。

需要注意的是，并不是把平衡计分卡模型简单地套用在供应链管理上就可以有效地提高供应链管理水平。只有将平衡计分卡各个方面融入供应链管理的具体实施环节，加强两者之间的联系，才能设计出适合于企业自身的平衡供应链计分卡，并从中不断优化供应链管理水平，提升自身竞争力。

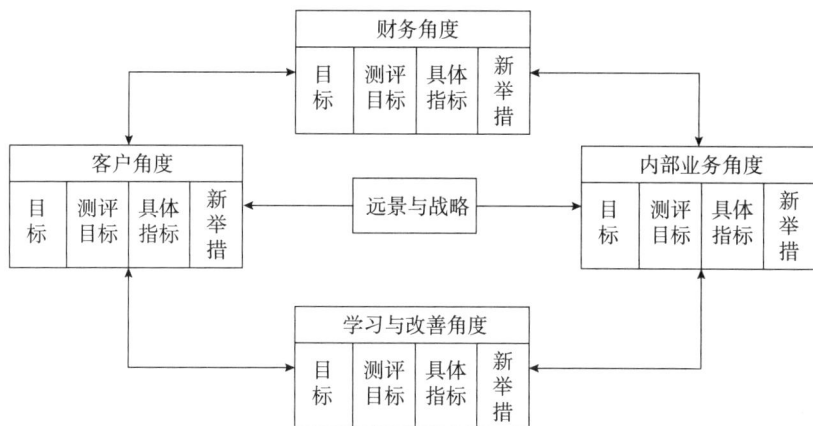

图 10-5 平衡计分卡远景与战略的关系

第三节 供应链绩效评价指标体系

一、供应链绩效评价指标

供应链绩效评价指标体系由供应链内部绩效评价指标体系和供应链整体绩效评价指标体系组成。供应链内部评价指的是对供应链成员及其相互关系的评价,这些评价主要是从供应链成员自身角度出发进行的评价,如顾客评价、核心企业评价、供应商评价、物流评价,并没有上升到供应链整体绩效的高度。而供应链整体评价指标体系主要是指供应链相对于竞争供应链所表现出的杰出性,不考虑具体内部绩效评价。整体供应链绩效评价指标值来源于跨成员的业务流程,这些指标的分解值是与各供应链内部绩效相关的,供应链内部绩效评价是供应链整体绩效评价的充分而非必要条件。

二、指标构建原则

供应链的指标体系主要根据供应链管理运行机制的基本特征和目标要求构建,供应链绩效评价指标应能恰当反映供应链整体运营状况及上下节点企业之间的运营关系。在实际操作上,为建立可靠、有效评价供应链绩效的指标体系,应遵循以下原则:

其一,采用定性指标与定量指标相结合,并将定性指标进行量化,使评估更加客观,使财务绩效评价指标可进行相应的数学分析。

其二,包括财务数据指标和非财务数据指标,使得评价更加科学、系统和全面。

其三,各指标之间应该尽量保持相互独立,避免产生冗余指标。

其四,在保持独立性的同时,也要考虑整体指标间的因果关系。

其五,构建全面、系统的评价指标进行绩效分析时,应突出各评价部分的重点,找出主要指标，去掉次要指标。

其六，兼顾现在与未来，不能为了眼前供应链绩效而忽视了长远利益，损耗发展潜力。

三、供应链绩效评价指标体系的构成

基于上述指标构建的原则，在评价供应链绩效时，应同时结合供应链内部与整体绩效评价指标体系，进行完善的考评。综合供应链绩效评价指标体系的组成如图 10-6 所示。

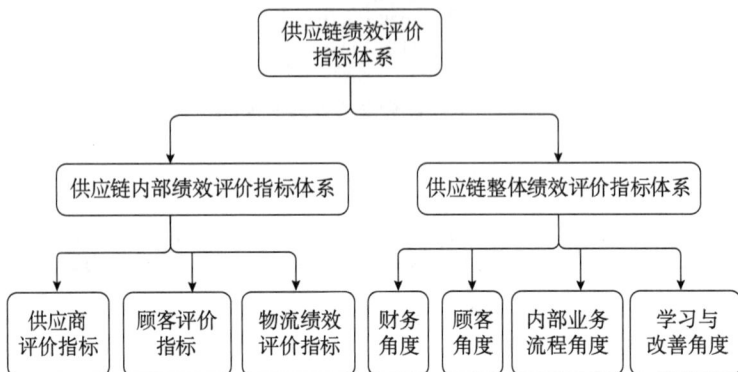

图 10-6 综合供应链绩效评价指标体系的组成

不同的供应链企业，其评价侧重点和具体评价指标可以不同，一般可以考虑以下供应链绩效评价指标体系：

1. 供应链内部绩效评价指标体系分析

（1）供应商评价指标。供应商与核心企业应该追求生产与供应的长期关系，核心企业选择与评价供应商最主要的四个指标：按时传输性能；产品质量；产品成本；交货柔性。

（2）顾客评价指标。这里的顾客主要指批发、零售企业，而供应链中的顾客是指所有供应商、制造商、分销商及零售商所共同服务的终端消费者。核心企业主要通过下述指标评价顾客绩效：销售增长率；利润增长率；库存周转率；需求预测准确率；协作信息循环周期。

（3）物流绩效评价指标。物流企业在供应商、核心企业及顾客之间传输产品或服务的效率和效能为物流绩效。国内外有大量关于物流绩效评价的研究，如物流平衡计分卡模型主要是针对供应链物流进行评价。物流绩效评价指标主要包括运输效率（成本）、传输准确性（时间）、故障破损率（质量）、协作水平（柔性）。

2. 供应链整体绩效评价指标体系研究

供应链整体绩效评价指标体系是以供应链战略目标为基础，从整体角度来评价供应链的绩效，既要能全面反映供应链绩效的关键因素，又要能使用最少的关键指标来降低评价的复杂性。以 BSC 模型为基础，结合已有供应链整体绩效综合评价指标体系。从财务角度、顾客角度、内部业务流程角度、学习与改善角度四个方面综合考虑建立供应链整体绩效评价指标体系。

（1）财务角度。供应链绩效评价逐渐开始重视非财务指标的评价，但财务绩效依然是所有绩效评价的核心。经营目标的实现是降低成本，提高边际收益率，更好地优化现金流，以获得更高的收益和资本回收率。当供应链伙伴目标实现后，供应链必须取得财务上的成功，现金流的充足以及满足股东的利益。以上几个方面有效提高，才能保证财务长期收益，因此整个供应链的财务优化依旧是核心。财务角度的绩效可以通过以下几个关键指标来有效地衡量：

其一，供应链内伙伴利润率。供应链内伙伴利润率反映了供应链范围内各成员伙伴的利润分配平衡度，是反映供应链财务状况的重要指标之一。通过对供应链各成员伙伴利润的分析，能有效使供应链收益在节点间合理分配，从而有效地促进供应链整体绩效的提升。因此，对这个指标的评价能更有效地促进供应节点间的协作关系。

其二，现金周转率。现金周转率是传统财务评价中的重要评价指标。该指标是与供应链的整个业务流程息息相关的，评价供应链运作过程中现金在原材料、劳动力、在制品、产成品等业务操作全过程中的周转情况。供应链系统可以通过发达的信息技术以及运作生产情况，协调合作伙伴，以实现更快的现金周转。

其三，顾客销售利润及增长。该指标主要表现为财务绩效的趋势，反映的是供应链产品单位时间内销售收入和利润率增长情况。这类指标反映的是供应链下游在三个主要方面的绩效：顾客的销售量单位时间内的增长情况，对于特定顾客服务所获的收益随着合作关系的增进而进一步提高的情况，接受产品或服务的基数增加情况。实现新利润增长点的方法主要是吸引新顾客，进一步提高销售量。

其四，供应链资本收益率。该指标由股东利润除以在此期间使用的供应链平均资产计算得出，反映的是资产增值性绩效大小。

（2）顾客角度。指的是为供应链中的顾客提供持久稳定的收益，这也是供应链的目标之一。供应链管理的核心之一是顾客管理：了解顾客需求以及评价满足顾客需求程度大小的现状。评价指标的选择应集中体现顾客意志、反映顾客需求，既包括反映顾客价值、客户反馈的一般指标，也包括集中于顾客价值等特定范畴的指标。由此，调整供应链的经营方法和策略。顾客角度的绩效可以通过以下几个关键指标来有效衡量：

其一，顾客保有率。核心顾客是供应链利润长久的来源。想通过特定的顾客群体保持或增加市场份额，保有现有的顾客是最方便的。努力保持和顾客的关系，按照顾客需求满足顾客，并鼓励顾客积极合作参与产品的开发设计，使顾客成为持久利润来源。除此之外，供应链管理还要从与现有交易分析上衡量顾客的忠诚度，不断制定有效战略扩大顾客范围。

其二，订单完成的总周期。供应链订单完成的总周期是评价整个供应链对于顾客订单的总体反应时间，包括接受订单、投料到生产、生产到发运、发运到顾客签单、顾客签单到顾客收到产品的时间等。快速响应周期反映了供应链内部响应的快速和高效，提高了对顾客的响应速度。因此，尽可能降低订单的完成周期，有利于发现并消除供应链内部的时间冗余，提高顾客满意度。

其三，顾客对供应链柔性响应的认同。柔性指标是指顾客对于供应商在提供产品或服务时的响应速度的满意度。一方面反映了是否能满足顾客的个性化需求；另一方面反映了是否能满足顾客对时间的灵活性要求。

其四，顾客价值率。顾客对供应链所提供服务的满意度与交易过程中发生的成本进行比较所得到的价值比是顾客价值率。

（3）供应链内部业务流程角度。顾客角度的绩效指标非常重要，但在目标转换为内部流程指标之前无法实现。良好的客户绩效来自于组织流程决策的制定和运营。从供应链内部流程运作角度来考虑供应链竞争力就是回答如何经营才能满足或超越顾客需求的问题。供应链哲学的本质是将企业内部和企业之间的功能进行集成、共享和协调，达到减少浪费和提高供应链绩效的目的。供应链流程与供应链各个成员的生产运作有关，因此制定指标将各个成员绩效与供应链整体有效性联系起来。有了这种联系，供应链成员就有了明确的运作目标，这些改进也可以帮助改善整个供应链。就供应链运作角度而言，实现此目标主要有四个目的：降低流程时间、减少浪费、降低供应链成本、提高柔性能力。为此，本书对内部业务流程角度绩效设计了如下几个指标：

其一，供应链有效提前期率。供应链有效提前期率反映了供应链在完成顾客订单过程中有效的增值活动时间在运作总时间中的比率。其中包括两个指标，供应链响应时间和供应链增值活动总时间。供应链响应时间为顾客需求及预测需求信息产生时间、预测需求信息传递到内部制造部门时间、采购及制造时间与制造终节点运输到最终顾客的平均提前期（或者订单完成提前期）之和。后者的运算则是供应链运作的相关部门增值活动的时间整合。所以供应链有效循环期率为供应链增值活动总时间与供应链响应时间的比值。该指标体现了减少供应链内部运作的非增值时间和流程浪费空间的时间。通常情况下，企业之间的传递空间和时间很大部分为非增值活动所占用，很多资源被人为地浪费了。达到精益的供应链必须保证合作企业之间的信息共享以及合作机制的完备，达到流畅的无缝连接，减少无谓的时间和空间的浪费。同种性质的指标还包括库存闲置率，即供应链中库存闲置的时间和库存移动时间的比率。其中，闲置时间包含以物料、在制品、产品库存等不同形式在供应链运作中的总停滞和缓冲时间。库存移动时间则是指库存在加工、运输、发运中的总时间。该指标表现了库存在整体运作中的时间占用，是库存经营效率的提高空间。

其二，订单完美履行率。订单完美履行率是指将合适的产品，在合适的地方、合适的时间、合适的环境和包装下，以合适的价格将正确的产品数量及使用说明提供给需要的顾客的完美程度。

其三，供应链成本。供应链成本角度考虑供应链绩效，主要考察运作供应链的所有活动所花费的总成本，以供应链目标成本达到比率形式反映供应链整体绩效。供应链总成本考察的是供应链成本运作的有效性和成本的集约性，它包括了计划、采购、制造、分发及退货等流程涉及成本的各个方面的内容。供应链目标成本达到比率是指从单一产品和流程的角度分析其在质量、时间和柔性上的流程改进是否达到预定的目标成本。

其四，供应链柔性。从供应链柔性角度考虑供应链绩效，是指供应链响应市场变化及获得、维护市场竞争优势的敏捷能力。由市场需求变动导致非计划产量增加一定比例后，对供应链内部业务流程必须重新组织，达到使计划、生产等柔性响应的目的。具体来说，主要包括成本柔性、时间柔性、质量柔性及产品数量和种类柔性等。

（4）学习与改善角度。供应链未来发展能力与供应链的持续竞争力直接相关。在严峻的全球竞争中，供应链需要不断改善、创新、寻找和集成供应链内外的资源、改善现有流程、产品和服务质量以及新产品的开发能力。供应链的改进主要分为四个方面的动态过程。第一，重新设计产品及其流程；第二，通过供应链集成有效地管理和整合组织间活动；第三，持续改进供应链信息流管理，使供应链合作伙伴能够共享决策支持；第四，供应链通常需要时刻关注外部市场的潜在威胁和机会，并重新定义核心价值。为此，在这个角度设计以下几个指标：

其一，产品及流程的革新能力。这一评价指标包括两个方面，一方面是产品的更新换代能力，另一方面是对业务流程的革新能力。产品的更新换代能力主要包括新产品的数量、产品研发技术储备情况及专利申请数等。业务流程的革新能力主要是对供应链中顾客个性化需求趋势的把握，并能根据这种变化对流程作相应调整。这种流程的革新不仅包括流程的重组，还包括供应链成员的优胜劣汰。

其二，成员间协调能力。这个指标主要是评价供应链的组织性。它考察当供应链面临竞争的压力时，供应链管理层有多大能力协调供应链成员调整自己的战略适应新的竞争环境，这种能力受企业文化、员工素质、组织及管理等方面因素影响。

其三，信息化水平。供应链的特点之一就是信息共享，这是维持供应链伙伴关系的关键。否则，供应链很难降低重复劳动、减少浪费和成本。信息共享的内容包括需求预测、销售点数据、生产计划、战略方向、顾客目标等，以实现组织之间的集成。信息共享是供应链协调与协作的基础，要保证信息在供应链各成员之间准确、及时地流通，信息系统是实现这一目标的重要条件。供应链整体信息化水平的高低以及信息系统的重用及重构能力是评价供应链未来发展绩效的重要方面。

其四，危机应对能力。供应链本身是个动态变化的过程，各种新出现的技术理念、环境变化及政策法规等都会对供应链核心竞争力产生影响，因此要对潜在的危机引起重视，并且能评估新的竞争技术的绩效趋势。

第四节 供应链企业激励机制

一、建立供应链企业激励机制的重要性

下面通过一个例子来介绍激励机制的重要性。某一产品制造商为了提高其产品的销量，向分销商提出了一些促销方案。例如，只要经销商销售额达到一定数额在年底就能得到一定的金额作为奖励；同时制造商还出面和银行签订了分期付款的协议以帮助经销商缓解资金压力。这两项措施一推出，产品销量一路飘红，出现一段时间的销售热潮，明显降低了库存，但是到了年底才发现问题没有那么简单。通过仔细地调查，制造商发现经销商们为了增大销量纷纷降低了产品价格。一方面销量上去了，另一方面经销商也拿到了红利，但是制造商损失惨重，使得本来就步履艰难的生产变得雪上加霜。于是到了第二年制造商不得不重整旗鼓，自我检讨，重新制定新的促销战略来应对新的挑战。

制造商本想通过这样的激励机制带来和经销商的双赢，但是事与愿违，不但激励措施没有得到有效发挥，反而给制造商带来了不小的损失。仔细分析其中的原因可以发现，问题出在委托—代理的过程中。委托—代理形式中会出现很多的风险，稍不注意便有可能造

成巨大的损失，风险的表现形式也是多种多样，最常见的就是信息不对称所导致的决策风险和代理人品德的风险等。回到上面的案例，制造商和经销商作为企业供应链中的一环，也属于委托—代理关系，双方签订合同时所掌握的信息是相互对称的，但是确定关系后由于代理人利用了某些委托人无法观察到的私有信息，特别是代理人的具体促销行为不为委托人所知，在这种情况下，代理人就会从利己角度考虑做出一些损害制造商利益的行为来换取自己的利益。在委托—代理关系中，信息非对称现象是普遍存在的问题，并且很多商业活动都是在这种情况下进行的，所以难免也会出现为了一己私利损害别人利益的道德风险问题。为了避免这种问题的出现，委托—代理理论发展了以风险概念为基础的信息激励机制理论。

从委托人的角度来说，只有使代理人行动效用最大化，才能使其自身利益最大化。然而，要使代理人采取效用最大化行动，必须对代理人的工作进行有效的激励。所以代理人与委托人，制造商与供应商或者经销商的信息不对称以及利益协调关系就相应地转化为了信息激励机制的设计问题。因此，设计供应链网络中各个节点之间的激励机制是维持供应链整体利益的重要保障。

二、供应链激励机制的内容

1. 激励主体与客体

激励者和激励对象共同构成了激励的主体双方。起初针对不同类型的企业，激励所约束的主体是不同的，比如，对于国有企业，约束主体是国资委；股份有限公司的约束主体是股东和董事会。在施行激励机制的时候只有分清约束的主客体才能更好地明确双方的责任、权力和目标，才能真正达到约束的目的。如今随着大环境的变化，激励的主体已经抽象为现在的委托人，激励客体就是我们上面提到的代理人。在供应链中有几种典型的激励关系，主要涉及以下几对：核心企业对其他节点企业的激励；制造商（下游企业）与供应商（上游企业）之间的相互激励；供应链对成员企业的激励；成员对供应链企业的激励。

2. 激励目标

根据对供应链激励机制的理解，激励的目标主要是为了达到委托人和代理人之间的双赢，兼顾双方的利益，以相应的激励手段来消除信息非对称和道德败坏带来的风险，以保障供应链的正常运行，提高整体运行效益。

三、供应链激励机制的方法

在供应链中，节点企业之间都存在着直接或者间接的利益关系。为了保证供应链在众多成员企业之间保持良好的运作是一个复杂的问题。而一个运行有效、合理的供应链激励机制，将直接关系到供应链企业成员的利益和积极性。接下来我们讨论一下目前的供应链激励方法。

供应链管理模式下的激励手段多种多样。从激励理论的角度来理解的话，主要就是正激励和负激励两大类。正激励是指在激励客体和激励目标之间形成一股激励力，使激励客体向激励目标进发。负激励是对激励客体实施诸多约束，而仅仅预留指向激励目标一个方向给激励客体发展，从而达到向激励目标进发的激励目的。随着供应链管理的发展，供应链企业之间也出现了多种多样的激励方法。随着管理模式、技术和方法的不断革新，激励模式和方法也会不断地更新迭代。供应链管理环境下的激励方法，一般而言，有以下几种激励模式可供参考：

1. 通过价格杠杆在企业间进行激励

价格对企业的激励是显然的。高的价格能增强企业的积极性，不合理的低价会挫伤企业的积极性。供应链利润的合理分配有利于供应链企业间合作的稳定和运行的顺畅。在一般传统企业管理环境下，价格激励主要存在于具有直接供求关系的企业之间，但是随着供应链管理的发展，在企业间价格激励除了具有直接联系节点之间的激励外，还有在整条链上的价格激励，所以不同于传统企业环境，供应链环境下的价格激励在现实情况中是复杂的。

（1）局部供求企业间的价格激励。局部供求价格激励是一种单纯的激励方式，这种类型的激励也是我们生活中最常见的一种关系。供应方或者委托人为了提高销量激励需求方即代理人，通过价格优惠以取得比竞争对手更加具有优势的价格，在这种情况下，需求方极有可能为了追求最低的价格成本而不惜以产品质量或者其他服务为代价，长此以往，降低了商品的信用导致整体的供应链利益受损，反受其害。因此，在供应链的环境下，仅仅因为追求低价策略而以综合质量为代价是不可取的，低价策略必须要首先保证产品的质量之后才能实施。

（2）供应链环境下整体的价格激励。点对点的直接供求关系间的激励机制一般能解决大部分价格激励问题。但是在少数情况下，由于特殊情况所获得的收益或者损失，这部分得失存在不公必然会影响供应链的利益共享和风险分摊。为了应对这一问题，供应链环境下就必须要有一个相应的利益协调机制，通过这个机制来重新调整供应链。

2. 通过调整订单实施激励

供应链环境下，获得更多的订单是一种极大的激励，往往更多的订单意味着更多的利润，也体现了自己在需求方的地位，在供应链内的企业也需要更多的订单激励。一般来说，一个制造商会面临多个具有同质产品的供应商。多个供应商竞争来自于制造商的订单，获得更多的订单对供应商是一种激励。同时这种方式也能起到一种立竿见影的激励作用，即使是在单个供应商的情况下也同样适用。

3. 通过商誉进行激励

商誉是一个企业的无形资产，对于企业极其重要。商誉来自于供应链内其他企业的评价和在公众中的声誉，反映企业的社会地位（包括经济地位、政治地位和文化地位）。在供应链环境下，采用有效的商誉激励方式将会是行之有效的方法。

从我国目前的情况来看，一个不可否认的事实是，外资企业和合资企业更看重自己的声誉，也拥有比较高的商业信誉。我国有些企业在计划经济条件下成长，长期习惯于听指示，企业没有养成良好的合作精神。除了履行合同的意识较差外（如不能按交货期按时交货、不按合同付款、恶意欠债等），企业之间存在信用危机。为了改变这种状况，只通过单个供应链要完成对成员企业的社会化商誉激励，显然会有些力不从心，我们可以通过政府部门或社会组织来帮助企业之间的信誉激励；另外，也应该从企业长远发展的战略目标出发，提高企业对商业信誉重要性的认识，不断提高信守合同、依法经营的市场经济意识。整个社会也要逐渐形成一个激励企业提高信誉的环境，一方面通过加强法制建设为市场经济保驾护航，严惩那些不遵守合同的行为，另一方面则要大力宣传那些遵纪守法、信守合同、注重信誉的企业，为这些企业获得更广泛的认同创造良好的氛围。通过这些措施，既可打击那些不遵守市场经济游戏规则的企业，又可帮助那些做得好的企业赢得更多的用户，起到一种激励作用。

4. 通过有效信息进行激励

在当下这个快速发展的时代，信息意味着一切。对于供应链环境下的信息激励指的不是数据驱动，对于企业来说是更多的机会和资源。通过建立一套协同信息机制，为供应链的运行提供便利。一旦能够快速获取合作企业间的需求信息，企业就能发挥自身的主动性去提供优质的服务，从而提高合作方的满意度和相互的信任。

5. 通过建立一个完善的团队进行激励

以核心企业为中心，多个企业构成的横向一体化团体即供应链。如果在供应链环境中，节点企业只听命于核心企业，仅仅只是服从安排，这样虽然能满足核心企业的需要，但是永远不能发挥自己的主观能动性。在供应链的运行中，如何发挥各个节点企业的作用，核心企业对此具有义不容辞的责任。核心企业可以通过鼓励和持续不断地让节点企业参与到一些决策中并且承认它们的作用，满足其自身成长的需要，从而激发其成员们的积极性，提高整体运行的效率和竞争力。

本章小结

评价供应链的绩效，是对整个供应链的整体运行绩效、供应链节点企业、供应链上节点企业之间合作关系所做出的评价。供应链绩效评价体系是一个综合性的分析体系，能有效地衡量供应链的竞争优势。供应链管理随管理环境的变化而变化，因此供应链管理绩效评价体系也要随之调整。本章在分析评价指标体系应具有的基本特点和指标体系构建原则的基础上构建了供应链绩效评价的指标体系，以求为开展供应链绩效评价提供理论基础。在今后的研究中，要加强评价方法和模型的研究，适应管理环境的变化，以提高指标的应用性和操作性。

案例分析

TQ 公司的绩效管理——平衡计分卡

TQ 公司是世界知名的金属激光切割机专业制造商公司，于 2007 年成立，用短短五年的时间发展成为由 3 家分支机构公司、13 家分厂组成的多元化产业集团，公司已发展成国内最大的集研发、生产、销售、服务于一体的专业化激光设备制造企业之一。TQ 公司现拥有各类机械加工、焊接及铸造设备近百台，员工 600 多人，年产值一亿元左右，在行业内排名第五，企业目前还属于中小型企业，如何壮大企业规模？TQ 公司开始探索未来如何进一步优化企业的绩效管理与绩效定位，强化绩效管理执行力，完善企业内部的绩效管理流程。

TQ 公司 2011 年 6 月开始推进实施 BSC 项目，经过半年多时间的调研、宣传、研讨，于 2011 年底设计完成相关部门的 BSC 指标体系以及相关配套制度设施。从 2012 年起正式开始推进实施 BSC 项目，公司利用平衡计分卡的框架，要求各个职能部门依据财务、内部运作、客户、学习与创新这四个角度，设定行动与绩效评价指标，各个职能部门的目标与行动都必须以支持企业整体战略为前提，每个职能部门的平衡计分卡汇总在一起，就形成了 TQ 公司的全球整体运作计分卡。接下来，供应链组织需要选择一套绩效评价指标体系，既要对业务流程的关键绩效进行评估，以支持业务目标，同时还需要逐层细化绩效指标，对职能部门的绩效进行评估，包括交货可预测性、缺货率、订单周期和供应链成本等。

在 TQ 公司实施 BSC 项目过程中，也走了一些弯路。最开始由于公司领导层没有引起足够重视，只是由咨询公司配合人力资源部来推动实施。实际工作中推动难度很大，后来经与公司领导层沟通，并获得董事长的足够重视，组建了一支强有力的团队——BSC 项目小组，在该项目小组中，董事长亲自担任该组长，人力资源总监担任副组长，共同负责 BSC 的推进工作。BSC 专业管理咨询机构的专家担任顾问，财务计划管理部、人力资源管理部、业务销售部、技术研发中心、各个生产分厂分别抽调相关主管、副主管作为 BSC 项目小组成员。因为在各自的职能领域，这些人对公司的运作以及存在的问题都非常了解、熟悉，并且由于他们在各个部门内具有一定的行政权力，可以充分调动各个部门的资源推进实施 BS 项目。TQ 公司在实施 BSC 指标体系的过程中始终保持对实施效果的监控，在实施中公司各个部门都制订了工作计划表，TQ 公司正式通过比对工作计划表与 BSC 指标体系进行监督。从 BSC 四个方面分析各个部门，甚至每个员工的工作进度、工作效果。然后再将这些指标进行综合，最后得出每个部门、每个员工的绩效得分，并将这些得分与目标值进行比较，分析绩效管理实施效果。

现在 TQ 公司每一位主管的办公电脑上都有一份全球整体运作计分卡，主管们每天利用这份计分卡监督公司整体绩效及职能部门绩效。

案例来源：冀德海. 平衡计分卡在 TQ 公司绩效管理中的应用 [D]. 天津大学硕士学位论文，2014.

【案例思考题】

1. TQ 公司的供应链绩效指标包括了哪些内容？

2. 平衡计分卡在 TQ 公司执行的过程中遇到了哪些困难？它们是如何去克服的？

习　题

一、名词解释

1. 供应链绩效评价　　2. 供应链产品质量指标　　3. 供应链柔性

4. 平衡计分卡模型

二、简答题

1. 供应链绩效评价的特点是什么？应当遵循怎样的原则？

2. 试比较传统运作模式和供应链管理运作模式下，企业绩效评价的区别？

3. 讨论在供应链管理中激励机制的重要性。

第十一章 供应链金融

学习目标

1. 了解供应链金融产生的背景
2. 把握供应链金融的内涵和特点
3. 明晰供应链金融的功能及管理要点
4. 掌握供应链生态里的参与者及其地位

章前引例

海尔供应链金融案例

对于一些传统产业的巨头来说，因为这些企业有着深厚的行业背景和资源，利用其行业优势来发展供应链金融，能为企业拓展收入来源。比如五粮液、蒙牛、梦洁家纺、海尔、格力、TCL、美的、联想等企业，纷纷开始布局供应链金融，这对企业本身和行业来说是一种双赢。对企业来说，能直接赚取收益，提升企业综合竞争实力；而对行业来说，从行业领军企业摇身转变成供应链金融服务商，能帮助供应链上下游中小企业良性运营，带动产业的持续发展。

得益于移动互联和大数据技术的发展，作为交互用户体验引领下的开放平台，日日顺可以将其拥有的客户群体和规模庞大的经销商数据与中信银行、平安银行平台连接，成为银行授信的重要依据。海尔与银行合作，整合了银行的资金、业务以及技术专业优势和海尔集团的分销渠道网络、交易数据和物流业务等要素的雄厚积淀，通过日日顺的交易记录，将产业与金融通过互联网方式集合在一起，开拓了针对经销商的"货押模式"和"信用模式"两种互联网供应链金融业务。

这两种互联网供应链金融产品的差异在于，"货押模式"针对经销商为了应对节日（如五一、十一、春节等）消费高峰，或者抢购紧俏产品/品种，或者每月底、每季底为了完成当月、当季计划获得批量采购折让而进行的大额采购实施的金融解决方案。"信用模式"则是针对经销商当月实际销售而产生的小额采购实施的金融解决方案。

"货押模式"的具体操作流程：首先经销商通过日日顺B2B官网向海尔智慧工厂下达采购订单，之后经销商需先将30%的预付款付至银行；经销商随后向海尔供应链金融申请货押融资，海尔供应链金融将信息传递至银行，并提出建议额度；银行审核后付款至经销商监管账户，海尔供应链金融将资金（70%敞口）定向付至海尔财务公司，财务公司通知智慧工厂排产生产；工厂生产出产成品后，发货至日日顺物流仓库，货物进入质押状态；

随后当经销商实际需要产品时，向海尔供应链金融申请赎货，然后将剩余货款归还至银行；海尔供应链金融在获取全额资金支付信息后，通知日日顺仓库，货物解除质押；日日顺物流配送到经销商，通知经销商提货。

"信用模式"是海尔供应链金融和商业银行基于经销商的业务信用而提供的金融解决方案，其具体业务流程：首先，经销商需要向海尔提供当月的预订单（即当月的意向订单）；之后海尔智慧工厂根据预订单进行产品生产；海尔供应链金融和银行根据经销商的信用状况提供全额资金，并定向支付至海尔财务公司；财务公司准许工厂发货，工厂则通过日日顺物流配送至经销商处；经销商收到货物后支付款项至商业银行。

海尔供应链金融平台上线后，海尔日日顺 B2B 平台上的经销商不用抵押、不用担保，不用跑银行办手续，通过平台上的"在线融资"窗口，实现了资金即时到账，不仅方便快捷，效率高，还能享受到像大企业一样的优惠利率，大大减少了利息支出。海尔互联网供应链金融的"货押模式"利率为年化 5.7%左右，而"信用模式"则为年化 8%左右，海尔互联网供应链金融则通过商业银行代收获取 1%的服务费。

不仅如此，海尔供应链金融和中信银行劲松路支行协同创新，充分利用银行票据管理的优势，还提供了银行承兑汇票模式，从而使经销商能零成本获得资金。例如，在"货押模式"下，经销商在支付 30%的首付后，可以向海尔供应链金融和中信银行申请开票，在支付开票费后，银行在线开具承兑汇票，并付至海尔财务公司，之后经销商打款从日日顺物流赎货。

所有过程中信银行不收取任何融资费，只是需要经销商承担千分之五的开票费和代海尔供应链金融收取的 1%服务费，而与此同时，经销商还能享受 30%首付款的存款利息。该金融产品推出后，得到了经销商的高度认同和赞许，四川西充县的一位经销商开始了解该产品表示不信，亲自用电脑在平台上试着发出了 1 元钱的开票申请，而中信银行劲松路支行开具了目前中国最小金额的银行承兑汇票，成为海尔供应链金融一个标志性的样本。

案例来源：http：//info.10000link.com/newsdetail.aspx？doc＝2018101190004.

第一节　供应链金融产生的背景

大家听过船王的故事吗？世界船王丹尼尔·洛维格购买第一艘货轮时，由于缺资金而且没有值钱的物品作抵押。他想到了一个办法，通过一家信誉较好的石油公司，通过签订租赁合同，将自己准备购买的船借给石油公司，租金作为偿还银行的本息。由于石油公司良好的信用，银行决定将钱借给他。于是才有了我们现在的船王。在这个故事里，船王洛维格通过利用石油公司的信用向银行借贷来解决自己的资金短缺，同样的运作方式在供应链金融中也有所体现。

随着经济全球化和网络化的发展，不同公司、国家甚至一国之内的不同地区之间比较优势被不断地挖掘和强化。对于经济和金融欠发达地区或资金不够雄厚的中小企业而言，往往一些"成本洼地"成为了制约供应链发展的瓶颈，影响到供应链的稳定性和财务成本，在这一背景下，供应链研究和探索的重心逐渐转向了提升资金流效率的供应链金融层面。在紧张激烈的商业竞争中，充裕的资金对于企业来说至关重要，尤其是处于上升期的企业尤甚。作为供应链环节中的一环，它们往往没有核心企业那样资金雄厚，常常因为资金短缺而造成资金断流的情况。而这些中小企业对供应链具有不可或缺的作用，所以解决融资难的问题迫在眉睫，也给参与者带来了挑战。

2008 年全球金融危机发生后，全球有上百万家企业宣告破产，这些破产的企业并非是没有市场竞争力，也不是因为没有创新能力，而是因为资金链断裂造成了供应链中企业破产的连锁反应。供应链金融自诞生以来就是为了解决供应链中资金流梗阻以及资金流的优化问题。西方发达国家的供应链金融几乎与其他金融业务同时开展，并经过 200 多年的创新和发展后形成了现代供应链金融的雏形。

一、西方供应链金融的发展

1. 阶段一：19 世纪中期之前

在此阶段，供应链金融的业务非常单一，主要是针对存货质押的贷款业务。例如，1905 年俄国沙皇时代，农民在丰收季节，当谷物的市场价格较低时，将大部分谷物抵押给银行，用银行贷款资金投入后续的生产和生活；待谷物的市场价格回升后，再卖出谷物归还银行本金利息。由此，农民可以获得比收割时节直接卖出谷物更高的利润。

2. 阶段二：19 世纪中期至 20 世纪 70 年代

在此阶段，供应链金融的业务开始丰富起来，承购应收账款等保理业务开始出现。但起初，这种保理业务常常是趁火打劫式的金融掠夺，一些银行等金融机构和资产评估机构进行了合谋，刻意压低流动性出现问题的企业出让应收账款和存货，然后高价卖给其他第三方中介机构。部分金融机构恶意且无序的经营造成了市场严重的混乱，并引发了企业和其他银行的不满和抗议。为规范市场行为，1954 年美国出台了《统一商法典》，明确了金融机构开展存货质押应遵循的规范。由此，供应链金融开始步入健康发展的时期，但这一阶段的供应链金融业务仍以"存货质押为主，应收账款为辅"。

3. 阶段三：20 世纪 80 年代至今

在此阶段，供应链金融的业务开始繁荣，出现了预付款融资、结算和保险等融资产品。这要归功于物流业高度集中和供应链理论的发展。在 20 世纪 80 年代后期，国际上的主要物流开始逐渐集中到少数物流企业，联邦快递（FedEx）、美国联合包裹和德国铁路物流等一些大型的专业物流巨无霸企业已经形成。随着全球化供应链的发展，这些物流企业深入跨国企业的供应链企业中，相比银行对于供应链的运作更为了解。通过和银行合作，参与融资，物流企业除了提供仓储、运输等基础服务以外，同时为银行和中小型企业提供质量评估、监督、处置以及相应的信用担保等附加服务，为其自身创造了巨大的新业绩增长空间，同时银行等金融机构也获得了更多的客户和更多的收益。

二、中国供应链金融的发展

中国供应链金融的发展有赖于改革开放三十年中制造业的快速发展，"世界制造中心"吸引了越来越多的国际产业分工，中国成为大量跨国企业供应链的汇集点。中国的供应链金融得到快速发展，在短短的十几年内从无到有，从简单到复杂，并针对中国本土企业进行了诸多创新。

与国外发展轨迹类似，中国供应链金融的发展也得益于 20 世纪 80 年代后期中国物流业的快速发展。2000 年以来中国物流行业经过大整合之后，网络效应和规模效应开始在一些大型物流企业中体现出来，而这些企业也在更多方面深入强化了供应链的整体物流服务。在 2004 年中国物流创新大会上，物流行业推选出的未来中国物流行业的四大创新领域和十大物流创新模式中，"物流与资金流整合的商机"位居四大创新领域之首，而"库存商品抵押融资运作"模式、"物资银行运作"模式、"融通仓"运作模式及其系列关键技术创新分别位居十大物流创新模式的第一位、第三位和第四位。

2005 年，深圳发展银行先后与国内三大物流巨头——中国对外贸易运输（集团）总公司、中国物资储运总公司和中国远洋物流有限公司签署了"总对总"（即深圳发展银行总行对物流公司总部）战略合作协议。短短一年多时间，已经有数百家企业从这项战略合作中得到了融资的便利。据统计，仅 2005 年，深圳发展银行"1+N"供应链金融模式就为该银行创造了 2500 亿元的授信额度，贡献了约 25% 的业务利润，而不良贷款率仅有 0.57%。

综合来看，现阶段我国供应链金融发展呈现多个特点：首先，供应链金融发展区域不平衡。外向型经济比较明显的沿海，供应链金融发展相对较为领先，而内陆供应链金融仍处在初级阶段。此外，我国关于供应链金融的业务名称约定也没有一个确定的叫法，有物流金融、物资银行、仓单质押、库存商品融资、融通仓、货权融资及货权质押授信等。其次，我国的供应链金融还面临着法律风险，库存商品等流动资产质押还存在一定的法律真空。我国银行分业经营的现状，使供应链金融业务中形成了多种委托—代理关系，加之我国社会信用体系建设方面的落后也进一步造成了供应链金融业务的运作风险。

第二节　供应链金融的内涵及其特点

一、供应链金融的含义

随着供应链思想日益普及以及供应链研究的逐渐完善，供应链相应的实践也得到很大的提高，供应链中的物流、商流、信息流的效率得到巨大的提高。原本被认为是辅助流程的资金流动问题，逐渐出现在资金相对短缺的中小企业身上，成为制约整个供应链发展的瓶颈。当整合供应链中的物流和信息流在实践中被应用和检验时，资金流也开始得到越来越多的关注（Hofmann，2005）。

宝洁公司在 2002 年的报告中指出，在供应链的流程中，材料和产品物理流动的过程，往往伴随着大量信息化的金融活动，如图 11-1 所示。

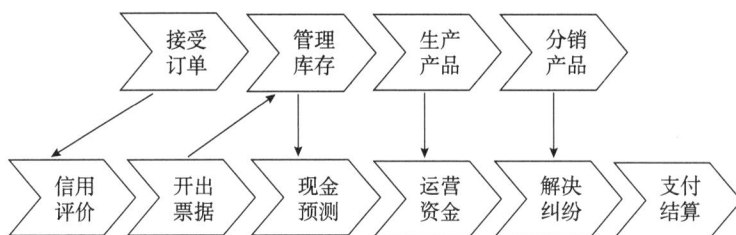

图 11-1 宝洁公司物流与资金流关系

基布勒（Keebler）和卡特（Carter）等认为，供应链管理影响到公司的资本结构、风险等级、成本结构、盈利能力和最终市场价值，作为影响股东价值的重要因素，供应链管理者必须运用金融的视角分析财务因素对供应链绩效的影响。

无论是从单个企业的角度还是从供应链的角度出发，供应链中的物流、商流、信息流和资金流都已经相互作用、相互影响，形成一个相辅相成的整体。尤其是信息流和资金流，基本上贯穿了供应链中所有的行为。研究供应链中的资金流问题和财务问题，不仅对为供应链正常运转提供资金支持的融资行为的理解意义重大，对理解供应链正常运转具有重要意义，而且对理解企业和供应链内的行为逻辑具有重要意义。随着对供应链金融研究的深入，其主要研究领域也随之发生了一些变化和转移。从最初的只关注基本的融资功能，到后来的逐渐拓展到资金的使用和资金的流转周期上。鲍尔索克斯等（Bowersox et al.，1999）指出，对资产（如供应链不动产、机械设备和动产）融资的优化，是供应链金融的重要领域。

1. 国外对供应链金融的理解

首次提出供应链金融概念的是蒂默（Timme，2000）等学者，他们认为供应链上的参与方与为其提供金融支持的处于供应链外部的金融服务提供者可以建立协作，而这种协作关系旨在实现供应链的目标，同时考虑到物流、信息流和资金流及进程、全部资产和供应链上参与主体的经营，这一过程就称为供应链金融。除此之外，普法夫等（Pfaff et al.，2004）认为，订单周期管理，包括涉及订单、记账、支付过程和 TT 系统的任何活动，也是供应链金融的一个重要方面。霍夫曼（Hofmann）则在一篇文章中指出，运营资产管理旨在降低固定资产以及库存和在途物资，同样试图通过改善物流和信息流的交互环节，如订单处理、债务和负债管理（如现金流转周期）来改善在途时间、预付款和付款期限，是供应链管理与财务工具相结合的一个方式。同样，威廉·阿特金森（William Atkinson，2008）认为，供应链金融可以定义为一个服务与技术方案的结合体，这种结合体将需求方、供应方和金融服务提供者联系在一起，当供应链建成后，能够优化其透明度、金融成本、可用性和现金交付。阿伯丁集团（Aberdeen Group，2007）认为，供应链金融的核心就是关注嵌入供应链的融资和结算成本，并构造出优化供应链成本流程的方案。以上这些界定的特点在于指出了供应链金融通过供应链企业与金融服务提供者之间的合作关系，能够优化供应链资金流、降低供应链财务成本。

另一类对供应链金融的定义，比较强调生态圈建立对财务和资金的优化，具有代表性的有迈克尔·拉莫洛克斯（Michael Lamoureux，2007），他将供应链金融定义为，一种以核心企业为主的企业圈中对资金的可获得性和成本进行系统优化的流程。

在供应链金融研究中，霍夫曼在2005年提出具有代表性的供应链金融定义，他认为供应链金融可以理解为供应链中包括外部服务提供者在内的两个以上的组织，通过计划、执行和控制金融资源在组织间的流动，共同创造价值的一种途径（见图11-2）。

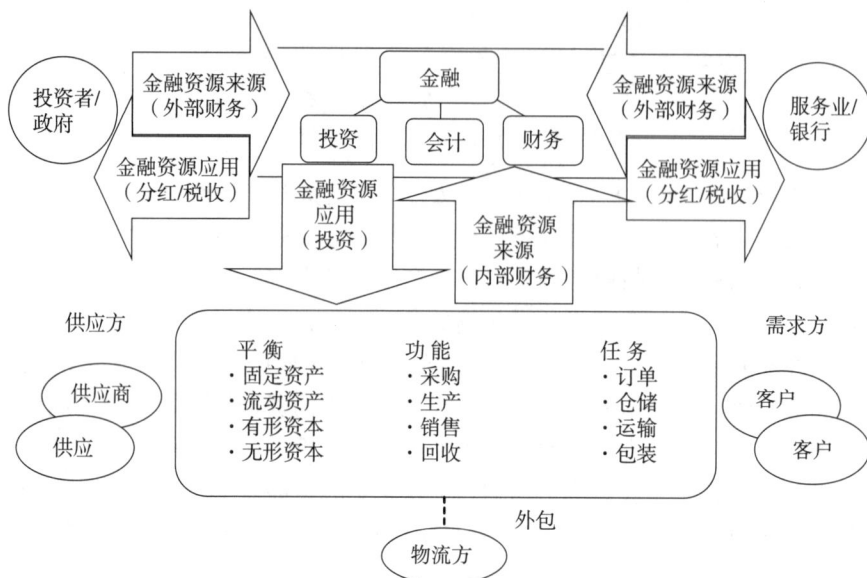

图11-2　供应链金融的整体框架

资料来源：Hofmann E. Supply Chain Finance：Some Conceptual Insights［J］. Logistics Management，2005（7）：203-214.

2. 国内对供应链金融的理解

近些年来，供应链中的资金流管理日益受到国内各行各业的关注。很多学者探讨了供应链融资服务的商业模式（杨绍辉，2005；郑鑫、蔡晓云，2006；闫俊宏、许祥秦，2007），复旦大学管理学院的陈祥锋（2005）、石代伦（2006）等发表了一系列文章，对于仓储与物流中的金融服务创新模式融通仓进行了介绍，包括融通仓的概念特征、结构、运作模式及其应用等。在供应链金融内涵与特征界定方面有代表性的研究主要有：杨绍辉（2005）从银行机构角度出发，给出了"供应链金融"的定义：供应链金融是为中小型企业量身定做的一种新型融资模式，它将资金流有效地整合到供应链管理中来，既为供应链各个环节的企业提供商业贸易资金服务，又为供应链弱势企业提供新型贷款融资服务。

蒋婧梅、战明华（2012）认为，中小企业由于其自身缺乏抵押物、信息不透明等问题，长期以来遭受融资难的发展瓶颈。随着科技水平、物流业、供应产业链的发展，供应链金融这一创新产品以其独特的优势成为商业银行新的业务领域。供应链金融定义的普遍观点认为，供应链金融是指"以核心客户为依托，以真实贸易背景为前提，运用自偿性贸易融资的方式，通过应收账款质押登记、第三方监管等专业手段封闭资金流或控制物权，对供应链上下游企业提供的综合性金融产品和服务"。作为一种独特的商业融资模式，"供应链金融"依托于产业供应链核心企业对单个企业或上下游多个企业提供全面金融服务，以促进供应链上核心企业及上下游配套企业"产—供—销"链条的稳固和流转顺畅，降低整个供应链运作成本，并通过金融资本与实业经济的协作，构筑银行、企业和供应链的互利共存、持续发展的产业生态。

3. 国内外供应链金融理解的异同

国内外供应链金融界定的相同点，主要体现在以下几方面：

第一，无论是国内学者的研究还是国外学者的研究，将供应链与金融相结合的方式都是首先从供应链融资开始的。供应链融资是供应链金融最基础的功能，是最容易将供应链带来的整合优势转化为资源的方式。

第二，虽然国外的供应链金融研究已经开始从供应链融资领域拓展到动产融资、订单周期管理和运营资本管理中，而国内的研究还仅仅局限于供应链融资，但是对于基础的供应链融资产品来说，其运行的机理逻辑和模式还是基本一致的。根据其质押物的性质及交易的先后顺序，可以分为应收账款融资、仓单融资和已付账款融资。

在看到相同点的同时，我们发现国内外对供应链金融的认识也有一定的差异。这和国内外学者和实业界对供应链金融领域的研究和实践的历史不同有关，也与我国特殊的经济环境有关，在一定程度上还与我国的供应链融资实践与供应链融资研究相互促进有关。

国内外对供应链金融理解不同。国内学者大都仅仅看到供应链金融的一个侧面，将供应链的融资功能作为供应链金融的全部。国外对供应链金融的理解要更为广泛，其视角不仅仅局限在融资这一功能之上，还加入了对资本结构、成本结构和资金流周期等问题的研究，以更加整体的视角看待供应链金融问题。正如霍夫曼在 2005 年提出的供应链金融框架（见图 11-2），国外研究者从供应链金融的多个层面考虑供应链问题：不仅在融资渠道上将视角拓展到对所有者和政府融资以及企业内部融资，而且将金融资源的使用问题也加入到研究范围之中，同时从资产结构的视角、供应链功能和任务的视角，多方面地考察供应链金融问题。而国内的研究仍局限在对供应链内金融机构的融资，显然在研究领域上要窄于国外。其次，国内外在对供应链金融理解的广度上也存在一定差异。综观国内对于供应链金融的探索，大多数的定义和理解都是站在金融机构，或者更确切地说，是从商业银行的视角来介绍供应链融资的模式、概念和特征。而国外对供应链金融的研究则要相对广泛，它不仅包括了商业银行在内的金融机构，也包括了供应链产业企业的金融性行为。

基于上述理解，有一点需要阐明，如今很多国内学者提出的用基于核心企业的 M+1+N 这种综合性金融模式来概括供应链金融的方法，严格意义上讲是不够准确的。这是因为：第一，这种模式只是众多供应链金融模式中的一种，而且它比较符合金融机构或者商业银行主导的供应链金融，因为商业银行或金融机构并不直接从事供应链产业的运行和管理。某种意义上，它们是依托产业的供应链运行来进行融资、风险管理和收益管理的，因为作为金融机构或商业银行必须依托一个核心企业通过整个贸易和经营过程来掌控信息流、商流和物流，或者说这个核心企业"1"的作用足以使金融机构获取相应的资讯，并且控制产业链风险。然而不是所有的供应链金融都是由商业银行或金融机构主导的，其中的参与者或推动者也包括生产企业、贸易企业、互联网公司以及物流公司等，它们本身就是产业链中的企业，为其上下游进行综合性的金融服务，实现金融与产业要素的高度结合，在这种状况下很难说这是一种"M+1+N"模式，或者说很难界定谁是其中的"1"。第二，供应链金融是一种基于供应链运行而产生的综合金融业务，它一定依托于整个供应链参与者之间的协同与合作。企业与企业之间如果缺乏合作的基础，或者说合作的平等性和交互性一旦丧失，供应链金融则名存实亡。所以，不能说谁是供应链的唯一核心或主导，而其他企业或组织是依附在"1"的基础上的"M"或"N"。

综上所述，结合目前学者对于供应链金融的解释和理解，我们认为，供应链金融指的是集物流和商业化运作以及金融运作于一体的管理过程，通过这种管理模式结合了贸易过程中的买方、卖方、金融机构以及物流企业，实现了在供应链环境下资金拉动物流需要；同时，在这种模式中，金融企业如何更加有效、合理地控制风险与节点企业的协调配合，实现更加有效的供应链资金运作是一个不小的挑战。

二、供应链金融的特点

供应链金融的特点主要包括以下内容：

第一，现代供应链管理知识是供应链金融的基本理念。金融服务和供应链的结合是一种新的模式，尤其是融资方式，它不仅可以依靠客户企业的资金状况来判断是否提供相应的服务，而且也可以是通过判断供应链的整体运作效果。另外，供应链的管理知识可以帮助金融机构更加客观地判断客户企业的抗风险能力和运营能力。

第二，构建供应链商业生态系统是供应链金融的必要手段。供应链金融要有效运行，还有一个关键点在于商业生态网的建立。所谓商业生态系统，是指以组织和个人（商业世界中的有机体）的相互作用为基础的经济联合体，是供应商、生产商、销售商、市场中介投资商、政府、消费者等以生产商品和提供服务为中心组成的群体。在一个商业生态系统中，它们各司其职又相互影响。虽然各自有着不同的利益关系，但是在这一系统中的企业资源共享注重集社会、经济、环境综合效益于一体的发展。在供应链金融运作中，也存在着商业生态的建立，包括管理部门、供应链参与者、金融服务的直接提供者以及各类相关的经济组织，这些组织和企业共同构成了供应链金融的生态圈，如果不能有效地建构这一商业生态系统，或者说相互之间缺乏有效的分工，不能承担相应的责任和义务，并且进行实时的沟通和互动，供应链金融就很难开展。

第三，企业、渠道和供应链，特别是成长型的中小企业是供应链金融服务的主要对象。供应链中的中小企业，尤其是成长型的中小企业往往是供应链金融服务的主体，通过供应链金融服务，这些企业的资金流得到优化，提高了经营管理能力。传统信贷模式下中小企业存在的问题，都能在供应链金融模式下得到解决（见表11-1）。具体来讲，在传统金融视角下，中小企业由于规模较小、经营风险大，甚至财务信息不健全等原因，存在信息披露不充分、信用风险高的状况。而且一般观点常常认为，由于中小企业道德风险大、存在机会主义倾向，最终使得成本收益不经济。而在供应链金融视角下，上述问题都不存在。

表 11-1　传统金融和供应链金融视角下对中小企业认知的差异

传统金融视角下的中小企业	供应链金融视角下的中小企业
信息披露不充分	供应链的交易信息可以弥补中小企业的信息不充分、采集成本高的问题
信用风险高	供应链成员中的中小企业要成为供应链中的参与者或合作伙伴，往往有较强的经营能力，而且其主要的上下游合作者有严格的筛选机制，因此信用风险低于一般意义上中小企业的风险
道德风险大	供应链中对参与成员有严格的管理，亦即认证体系，中小企业进入供应链是有成本的，资格本身也是资产。声誉和退出成本降低了道德风险
成本收益不经济	借助供应链降低信息获取成本，电子化、外包也可以降低一部分成本

第三节　供应链金融的功能与管理要点

供应链管理在金融、物流三者之间交叉领域的职能是投融资、会计、采购（运营方面）、生产以及销售。在供应链环境里，一方的采购一般与另一方的销售紧密相连，因而连续性的检验采购、生产和销售极易发生混淆。基于此，需要指出的是，在供应链金融环境下，所关注的供应链金融功能具体是什么？那就是协作供应链整个链条的职能而绝非单个组织的职能。而其中的有趣之处在于，传统上我们所认为的公司内外部发生了转变，以前从组织外获取的资源通常被认为是外部融资，然而现在不一样了，究其原因，在于我们把协作成员视作一个大型实体。只有这个实体以外的组织所提供的资源才可以被认为是外部融资。表面上看起来可能与传统的观念相悖，但事实上机构和融资手段都没有发生改变，仅仅是在供应链金融环境下，内部融资的可选择性被扩展了。

一、追踪供应链资金流

供应链金融的功能之一便是追踪供应链资金流。企业从竞争性战略要想转变到协作性战略，就必须重新审视企业的会计制度体系。原先的体系是建立在基于一臂长（arm's length）交易关系的假设之上。而在供应链金融环境下，会计需要处理所有相关流程的识别、测量以及交互工作，并负责向协作方阐明运营情况。传统而言，效率（即产出投入之比）是测量绩效的中心指标。而在协作战略背景下，一些其他的物流绩效指标，如交付时间、缺货比率、交付的柔性等也占据了同样重要的位置。就金融领域而言，收益和流动性可以说是两个最常用的财务指标，此处也需要加以考虑。

供应链金融的核心即为不同供应链成员间金融资源的流动服务。精确测量财务流或者是基于现金的会计核算是识别内部金融资源的基础。"可以追踪资金的流动情况"是使资源重新分配到更合适地方的重要前提。想要识别、测量、交流组织真实的现金流数字，就需要追溯支付的发生点。

另外则是企业与企业之间的金融协作和及时性信息对于供应链金融的必要性。静态的会计法总是以周期为单位（一季度、半年或者一年）。而基于支付数字的现金流计算则是持续性的。尤其是为了在两个网络实体间创造价值而寻求加速现金流的方法时，及时性信息的重要性不言而喻。如今，许多企业仍旧使用静态绩效测量工具，然而这些工具从不需要真正地追踪现金流。从以绩效为驱动的会计核算体系到以现金流为驱动的核算体系，这个过程中所发生的转换成本无疑是巨大的，因为这不仅说明 IT 系统需要更改，而且额外的信息也另需记录。现存的现金流数字计算方法都是基于常用的体系通过侧面计算出来的。

应当建立正确的会计核算体系，即权责发生制与以现金为基础的会计核算体系的混合体系，用以追踪合作企业间的金融资源流动，这是使供应链金融成功实施的一个基本驱动因素。意味着链上企业联盟成员需要追踪发生在价值创造活动过程中的交易支付。并且企业联盟成员需要共同建立一个会计核算中心，用以获得相应的财务信息。如若合适的会计核算体系没有建立，就极有可能引起信息误差，这将导致分歧爆发和不信任危机，以及伴随供应链金融运行的巨大风险。

二、金融资金的灵活、有效运用

协作投资可能发生在所有的物流职能上，遍及整个物流子系统，像订单处理、持有库存、包装及运输过程。当对不同的投资选择进行决策时，需要同时考虑投资的花费和投资所产生的收益。费用相对来说较易测量，投资所产生的收益有两个维度：货币的和非货币的。像投资在信息及通信设备上的数额则很难计算，当然了，这种投资所创造的价值也是不容小觑的。每个企业都会面临投资在物流职能和流程上的任务。那么，在供应链协作环境下的投资有何独特性呢？有两个需要考虑的问题：

首先，协作投资便意味着参与企业需要联合投资某一对象，这绝非一家企业可以胜任，因而投资备选方案数量也随之增加。比如考虑一家生产型企业，为了强化采购流程，这个公司从其自身角度出发可以投资和新建仓库，也可以引入货物处理流程。而与这家企业有着金融协作的重要供应商则可以提供一种新的选择：对供应商分销仓库进行联合投资，这一选择可能更有益于加强该生产型企业的采购流程。

其次，最好的投资决策是指能够向所有协作伙伴提供最高价值的方案。这就需要企业在权衡各项不同的方案时考虑不同企业联盟成员的现金流问题。例如，当一个供应商面临 A 和 B 两种订单跟踪体系时，A 在财务上更具吸引力。然而从协作的角度考虑，它的顾客和合作伙伴所使用的体系更接近于 B，B 系统使得自身与伙伴发生紧密联系且从顾客的角度来说节省了相当一笔行政费用。那么协作的结果则不言而喻，B 无疑是更好的选择。所以，为了进行个体和协作之间的最好选择，一个激励性质的现金转移体系就需要在协作伙伴间建立。

因此，协作投资活动机会的识别（例如，增加的资产消耗）、协作负债管理、协作影响资本成本的方式，等等，这些都是供应链金融进一步改进的空间，也是未来可深入研究的子课题。

三、扩大金融资源的源泉

供应链企业联盟成员以及服务提供商之间所进行的商品交换和服务形成不同形式的支付活动，因而产生了融资的需求。通常而言，两个常用的方式是债权融资和内部融资。

其中，债权融资有三种形式：长期借贷、短期借贷和信贷替代品（credit substitutes）。对于企业而言，其债权融资主要受公司的信用等级、证券价格以及债权人意愿等因素的影响。基于此，由于知识与资本集中，供应链金融大大提高了链上成员获得资本以及在金融市场上融资的可能性，也因此增加了债权融资的可选择性，使得链上企业融资境况得以改善。

就商业信贷来说，传统而言是指短期借贷。而商业信贷政策会直接影响链上企业的现金周转期。例如，提前半月付款可享受 3% 的现金折扣。信贷替代品作为债权融资的第三个支柱为链上成员的融资提供了更多机会。我们可以试想，当金融服务提供商或者物流服务提供商创新性地采用一些金融工具，链上企业的财务绩效将会得到多么大的改善。

总的来说，供应链金融的一个本质特征在于流动。传统而言，企业内部融资分类是静态的，其来源于以年为单位的资产负债表。这便说明了在资产负债表上，内部融资来源于企业的自有资金、未分配利润、折旧以及资产置换。当我们以流动的视角看待这一问题时，这种静态分类便不存在了，原因在于没有发生资金的支付。资金的来源仅仅代表一种直接的现金流入，也可以说，会计利润不是现金，因为它们不能用于花费。不过，可以通过节税变现而产生现金。

第四节　供应链金融生态的参与者

在供应链协作中，不再有同质性的群体。不同的群体对风险和回报有着不同的偏好。换句话说，需要考虑不同实体间的利益均衡。事实上，供应链金融的操作是一个非常复杂的实施过程。在供应链上，许多企业间的交互活动，都直接影响到了供应链金融服务的水平，甚至影响到整个供应链的管理质量。因此，构建适应供应链金融发展的生态圈就显得非常重要了。供应链金融关注的是供应链的不同参与方，其生态系统可以划分为三个层面，并相互影响、相互作用，共同构成了完整的生态系统：第一个层面，宏观环境方面。包含制度环境和技术环境两个内容。制度环境包括管制因素（法律法规）、规范因素和认知因素（文化惯例）。技术环境包括供应链金融技术和电子信息技术。第二个层面，产业环境方面。供应链交易方、交易平台提供商、交易风险管理者和风险承担者/流动性提供者。第三个层面，微观环境方面。从物流的角度来看，包括采购、生产、分销和物流；投资、会计和财务；风险转移、监控与管理（见图11-3）。

图 11-3 中的结构：

- 供应链金融生态系统构成
  - 供应链金融宏观环境系统（供应链金融的环境影响者）
    - 制度环境
      - 管制因素（法律法规）
      - 规范因素
      - 认知因素（文化惯例）
    - 技术环境
      - 供应链金融技术
      - 电子信息技术（大数据）
  - 供应链金融产业环境系统（供应链金融的行为主体）
    - 供应链交易方
    - 交易平台提供商
    - 交易风险管理者
    - 风险承担者/流动性提供者
  - 供应链金融微观环境系统（供应链金融的功能执行者）
    - 采购、生产、分销、物流
    - 投资、会计、财务
    - 风险转移、监控与管理

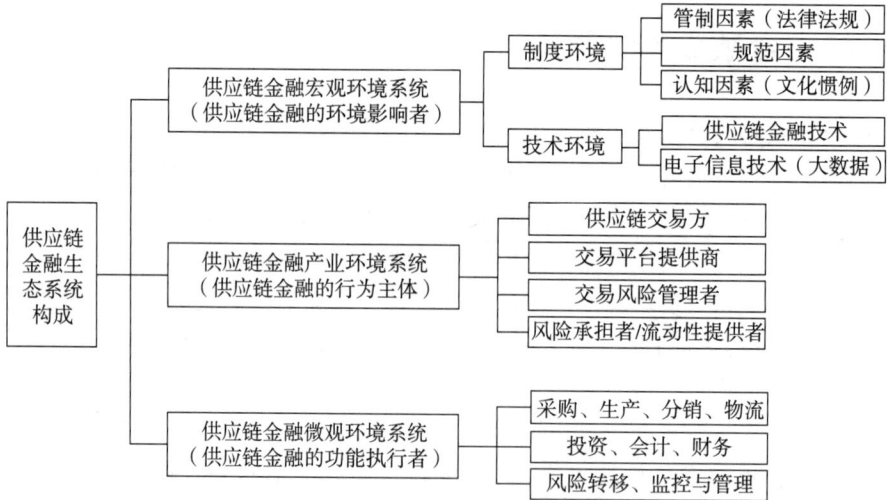

图 11-3　供应链金融生态系统

一、宏观层面的环境影响者

宏观层面的环境影响者指构建环境或推动环境发展的个体或组织。宏观层面的环境包括以下两类：

1. 制度环境

诺斯（North, 1973）根据人类社会演变的历史，提出制度是由人类设计出来的、社会性构建的、用以规定限制社会行动者互相交往的规则系统，对社会经济增长起决定作用的是制度性因素，而非技术性因素，技术进步本身就是经济增长而不是经济增长的原因。20世纪70年代以来，以斯科特（Scott）等为代表的组织理论学者开始研究制度环境对组织行为的影响和压力。斯科特提出制度包括三个维度：管制、规范和认知。管制维度和社会中的法律、政策、规定等由法律权威，或者和法律权威类似的组织颁发的细则有关，它会通过奖励或惩罚来约束行为。规范维度和社会责任有关，它偏重群体共享价值观念和社会规范方面的内容。认知维度和社会构建事实有关，它属于群体对外部真实世界的理解，表现形式为比喻、象征或符号系统。在供应链金融体系中，也存在上述斯科特提出的三种制度的影响，即政府制定的法律、法规这种管制性的制度，形成社会性约束的第三方体系，以及组织或企业普遍采用的一些惯例等。具体来讲，供应链金融生态环境中最重要的是法律环境，而法律环境（系统）和核心功能在于如何提供对信贷人权利的良好保护。从法律的角度来看，供应链金融涉及动产质押及应收账款担保等活动，涉及的法律法规主要包括《物权法》《担保法》及担保法司法解释《合同法》《动产抵押登记办法》和《应收账款质押登记办法》等。特别是2007年《物权法》对动产担保做出了诸多制度安排，如明确动产抵押效力、明确动产抵押登记原则、引入动产浮动抵押以及丰富权利质押内容等，对推动供应链金融业务具有重大意义。然而，金融生态环境还涉及诚信体系、银行监管和金融电子系统等多方面的建设，这些规范性的制度同样决定了供应链金融的发展程度。再如，供应链金融业务链往往会涉及出质人（资金需求方）、质权人（金融服务提供商）和监管人（第三方物流等）的三角关系。质权人以质物的质量为关注点，有责任对质量做出明确的确认和约定。在实际应用中，质权人常常把质物质量的检验交给其所指定的监管人，多由第三方物流企业来承担。质权人把对质物的保管义务委托给监管人执行，形成一种典型的"委托—代理"关系。在一些商业领域，一般质权人应向监管人支付相应的业务费用，但在实际应用中该费用多由融资需求人（出质人）承担。由此可能出现监管人在一定程度上放松对出质人的行为监管，引发质物损没的潜在风险。所有这些制度性因素都是需要关注的重要方面，其中的组织与个体都在塑造供应链金融的环境，并且通过环境对其运行产生影响。

2. 技术环境

技术环境既包括供应链金融技术，即各种创新性的金融产品和运作技术，也包括电子信息技术。从某种意义上讲，供应链金融的发展依托完善、发达的电子化的信息技术：一方面，供应链金融的各方参与者能够通过信息技术及时获得供应链运行的状态、资金运行的效率以及不同阶段存在的风险及其程度等信息；另一方面，供应链金融的主要内容之一是推动供应链金融信息化。因此，这些环境的创造者或服务提供者也是供应链金融的参与者。

二、产业层面的机构参与者

供应链中产业层面即中观层面的机构参与者被定义为法律及经济上互相独立的组织，这些组织协同参与了供应链金融运行的整个过程。

在供应链金融背景下，供应链的参与者除了承运商、供应商、顾客、物流服务提供商（Logistics Service Providers，LSP）这些传统的参与主体之外，还扩展到了金融机构，即特定的金融服务商、商业银行及投资者。狭义来看，金融服务提供商是所有致力于为其他机构的投资及财务需求提供金融支持的机构。广义来看，金融服务提供商包括所有结算合同的机构，而非必须是链上的契约方。这就囊括了金融服务商、商业银行或者保险公司的资本投资、证券投资或者风险管理。代理商或者并购（Mergers and Acquisitions，M&A）咨询企业（提供信息及咨询服务）也属于广义上的金融服务提供商。在供应链金融的范畴中，最起码包括了狭义的金融服务提供商。供应链金融中的参与者被分成了四大类，亦即除了供应链的买卖方外，还包括平台提供商（供应链金融支持服务提供者）、交易风险管理者和风险承担者或流动性提供者。

1. 平台提供商（供应链金融支持服务提供者）

在供应链金融中，所谓平台提供商是为风险承担者或者流动性提供者提供必要应用（如电子账单呈现与传递，即票据、应收应付账款等）或基础的主体，它促进了采购订单、票据、应付等文件在供应链买卖双方以及金融机构之间的交换与信息整合，能使相应的参与方自动、及时了解供应链交易的过程和信用（见图11-4）。

确切地说，平台提供商实现了两类职能：一是呈现（Presentment），供应链金融参与

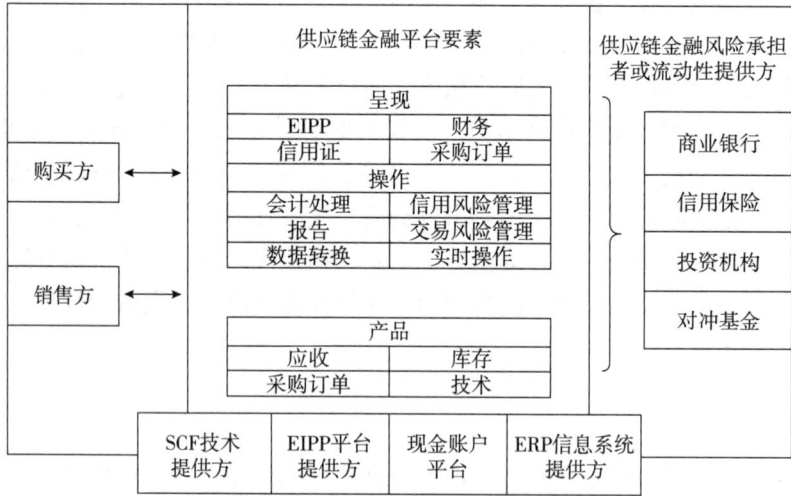

图 11-4　供应链金融平台提供方

各方需要在解决方案中有互动的途径，特别是为供应链交易方提供电子票据呈现和传递的平台，以及纠纷解决的方法等，总体上讲，呈现的职能包括票据（EIPP）、信用证数据、采购订单以及应付状况等信息的汇集和反映；二是操作（processing），包括开票、匹配、整合、支付处理、融资、信用证处理、文件管理等操作过程。这里的核心在于健全信用风险管理，以及将呈现和操作结合，设计出成本最低、风险最小，同时又能使多方从中获益的方案。

2. 交易风险管理者

交易风险管理者在整个供应链金融环境中拥有较全面的交易及物流数据，并将整合、分析后的数据传递给投资者，以供后者做出应对决策。它能够将不同的经济主体有机地组成一个整体，进行供应链金融活动。其功能在于验证数据、聚合数据、解析数据以及呈现数据，保证供应链中金融活动的成功开展（见图 11-5）。

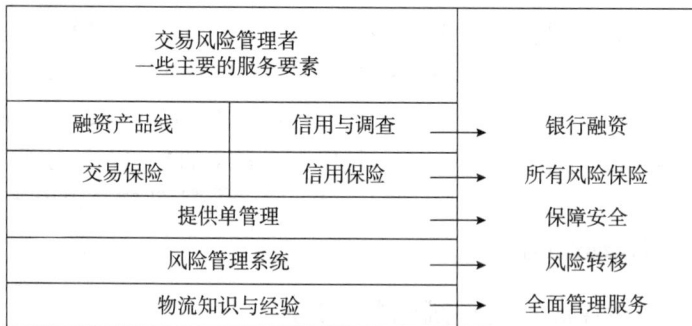

图 11-5　交易风险管理者的服务要素与功能

3. 风险承担者/流动性提供者

风险承担者或流动性提供者是供应链金融中直接提供金融支持的主体，同时也是最终风险承担者。一般而言，这类主体包括商业银行、投资机构、保险公司、担保/保理机构以及对冲基金等。这类参与者一般发挥着三种职能：

（1）直接促进资金放贷和信用增强。要实现这一点有两个重要要素：其一，确立提供供应链金融业务标准，否则这些机构将面对较大风险，因为它们并不直接介入供应链的实际运行，所以，只有确立标准，才能使它们及时监控交易的细节与过程，把握可能存在的风险；其二，管理贸易融资与以资产为基础的融资之间的冲突与矛盾，即将以往借贷业务中很难开展的资产和业务转换成一种可融资对象的综合解决方案。

（2）后台与风险管理。虽然在供应链金融中有交易风险管理者管理风险，但是由于金融机构是最终的风险承担者，所以，它也需要有风险管理体系和手段，这包括交易文件的管理，以及将信用与其他风险管理者结合起来的运作框架等。

（3）融资产品条款的具体安排，包括供应链金融产品定价或收益设计等，特别是如何通过供应链金融体系的建立，使供应链参与各方获得相应的利益和回报。特别是，有的金融机构正在打造的运营资金整合管理平台（见图11-6），将在供应链金融中发挥着更为重要的作用，甚至会发展成为平台服务提供商和交易风险管理者。

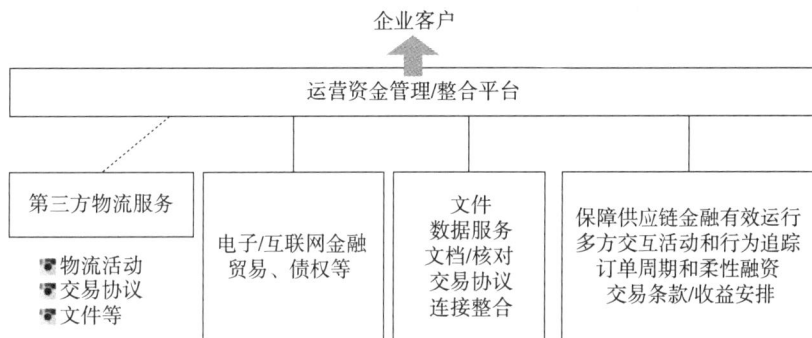

图11-6 整合运营资金管理

三、微观机构参与者

如前所述，供应链上的宏观机构参与者有不同的组织及流程，因而供应链上运营及财务处理过程中所涉及的微观机构将会出现在不同组织中。不仅是企业内部，企业外部与供应链其他成员的交界处也因此处于动态变化之中。通常来说，微观机构参与者包括运营活动所涉及的所有部门（采购、生产、分销及物流单位）。在供应链金融背景下，所有处理资金和财务活动的部门也都囊括了进来。当做出有关投资、会计、财务的决策时，会计部门、控制部门及财务部门也需要被考虑进来。

本章小结

随着供应链管理问题研究的不断深入，物流、信息流和商流问题已逐渐得到解决，资金流问题渐渐成为制约供应链企业发展的瓶颈。而资金问题仅仅是供应链中财务问题的一个部分，同时出现在人们视野中的，还有资本结构、资本成本、资金流转周期等问题，这些问题成为影响供应链绩效的重要因素。供应链中出现的金融财务问题，需要在供应链中利用金融和财务方法进行理解和解决。

案例分析

餐饮行业的供应链金融

随着餐饮业供应链概念的普及，餐饮业整体标准化、工业化程度快速提升，企业发展过程中对于资金的需求也愈加强烈，在餐饮供应链端也出现了一批带有不同基因的供应链金融玩家。他们的进入为餐饮业发展注入了新鲜血液，也为苦于融资难的餐饮企业提供了新机遇。据了解，2017 年，餐饮行业整体市场规模超过 3.9 万亿元，餐饮供应链金融确实是一片有待开发的蓝海，而如何打开市场并做好风险管控，将是这类企业可持续发展的关键。

一、我国餐饮业现状

中国的餐饮市场是一个年营业额高达 3 万亿元的增量市场。全国有超过 500 万家餐厅，而在这 500 万家餐厅背后，隐藏着一个年营业收入高达万亿元的餐饮供应链金融市场。

1. 餐饮企业属于轻资产型，现金流非常好

经营业态的特点是存在着大量不规范性内容、非标准化的内容，收款方式灵活。

企业扩张发展时，资金的来源靠经营的积累难以满足。许多餐饮企业在寻求转型，面临暂时性的困难，进行调整需要资金。

（1）融资难、融资贵、融资成本非常高，这是普遍存在的现象。

（2）没有抵押产品去做保障。

（3）餐饮企业自身发展不规范，企业之间相互担保会背上沉重包袱。

2. 餐饮供应链管理存在痛点

供应链金融兴起的本质起源于供应链管理，而在餐饮行业，由于行业集中化程度较低的主要原因，仍然缺乏完善的先进供应链管理理念。

餐饮产品以食物为主，原料多为农产品。分散的农户或中小型供应商在原材料供应商中占据重要比例。企业与这些原材料供应商之间没有建立起长期性的合作伙伴关系。买卖相对自由，缺乏战略眼光。目前来看，虽然行业内已经兴起了一大批以客如云、哗啦啦等为代表的 SaaS 服务商，但仍未形成一个完善的供应链管理系统。

3. 餐饮企业融资难

上市难一直是国内餐饮企业面临的问题，到目前为止，在 A 股上市的餐饮企业仍然屈指可数，尽管新三板相较 A 股对于企业的要求较低，但目前也未成为餐饮企业主流的融资渠道。

此外，众筹、借入资本等融资方式的出现，也为餐饮企业提供了新思路，但是知名众

筹餐厅先后暴毙、资本方与企业方闹僵的案例屡见不鲜却也是不争的事实。

4. 餐饮食材行业提升空间大

业内人士指出，一个行业必然经历 3 个阶段：商业资本→产业资本→金融资本。房产、汽车等已经开始从产业化向金融化过渡，而餐饮食材供应链却尚未完成产业化，仍处于高度离散的"前店后厂"个体户作坊阶段。

行业集中程度低，供应链存在断层，这给互联网企业留下了空间。在 3.6 万亿元市场总量中，采购环节有 1.2 万亿元，占总营收的 35%。中国餐饮企业 100 强的规模总和，占行业总量的比例不足 5%，规模最大的海底捞也仅有 70 亿元。

二、供应链金融对餐饮业的影响

餐饮企业从传统的金融机构完成其融资计划非常困难，需要引进第三方投融资机构。如果用传统的方式授信与尽调，银行和第三方金融机构也难以覆盖其成本，并且做一遍授信的收益与成本、投入和回报完全不成比例。

餐饮供应链金融与传统融资方式不同。一方面，传统餐饮金融更重视资本的导向性，而餐饮供应链金融是以市场和客户需求为导向的；另一方面，餐饮供应链金融的服务属性更显著，它是一种将核心连锁企业与上下游企业有机联系、结合的高灵活度金融产品及融资模式。

正因为它的强关联性，餐饮供应链金融在金融需求较小的情况下，需要与更多的企业建立联系。在经济形态上，它更偏向于中小微型餐饮企业，提供更多元化的金融服务产品。

同时，餐饮供应链金融可以充分构建客户、供应商、制造商、经销商、服务商的完整生态架构，将企业、市场、用户通过金融服务快速联系起来。

三、餐饮业供应链金融模式

从整体来看，餐饮产业链涵盖四部分：产地—物流—餐厅—支付。

从餐饮产业链的食材流通来看，一般要经过六个环节：食材生产商—食材采购商—食材加工商—食材分销商—餐厅—消费者。

（1）B2B 自建物流模式。这一模式下主要有链农、美菜等创业公司，这些公司主要面向中小餐馆，为它们提供原料预订、分拣、配送等服务。这种模式较重，不易快速发展。而众美联是由小南国、外婆家等发起，国内 200 家中大型连锁餐企参与的采购联盟，主要联合会员企业采购降低成本。

（2）B2B 平台模式。主要面向中小餐馆，为它们搭建原料采购平台，商家进行自提。以大厨网为例，暂时不做配送服务，可以很快在全国复制，迅速打开全国市场。但后期相信大厨网也会增加配送服务来使服务更完善。

（3）B2C 模式。主要面向中小商家，线下生鲜店 2C 零售自提的模式。也就是既为中小餐厅进行配送，同时也通过线下生鲜店来对周边社区用户进行自提销售。以小农女为例，小农女在创业前期，主要做餐饮 B2C 模式，直接为 C 端消费者提供食材服务，在这一尝试失败后，小农女转型做的是链农（Farmlink）线下生鲜店 2C 零售自提的模式，也就是既为中小餐厅进行配送，同时也通过线下生鲜店来对周边社区用户进行自提销售。

四、晋贤供应链管理（上海）有限公司的经验

晋贤供应链管理（上海）有限公司于 2016 年 5 月 23 日在奉贤区市场监管局登记注册成立。是前晋集团旗下的子公司，聚焦于食材领域。晋贤餐饮供应链金融平台拥有自身数据、信用、资金端加保险四大优势。

第一，数据端拥有数据餐饮供应链分析系统。十年前就投资建设了餐饮供应链数据分析系统，用系统分析餐饮企业经营情况、评判餐饮企业优劣，系统内所有餐厅的经营情况都能够得到非常客观的优劣评判。

第二，新一代餐饮企业数据直接导入系统里，可以直接将其推送给第三方金融机构。对于金融机构而言，可以直接省去线下详细尽调所耗费的大量时间、人力和物力。

第三，晋贤通过餐饮供应链管理系统渗透到供应链各个环节，管理销售并与渠道客户协作，将需求链、供应链与企业内部管理完整对接起来。将餐饮的生产链和供应链变为一体化，从上游的种植到下游的出品全环节都可信息化追溯，农场、工厂、仓库、冷链物流、餐饮企业都在一个信息化系统里相互连接和沟通。

第四，与全国行业信用评价执行机构打造的全国餐饮行业金融信用平台。通过餐饮提供的数据以及平台所采集的数据和资料进行分析，对餐饮企业进行信用评级，判断其经营情况和盈利情况，从信用角度对餐饮企业做量化和评判。

案例来源：http://www.360doc.com/content/18/0919/19/18854678_788026850.shtml.

【案例思考题】
结合案例中给出的几种供应链模式，尝试分析供应链金融对其他行业的影响？

习　题

一、名词解释
1. 供应链金融　　2. 商业保理企业

二、简答题
1. 供应链金融业务的主要特征包括哪些？
2. 供应链金融的功能与管理要点有哪些？
3. 供应链金融生态的参与者有哪些？

参考文献

［1］宋荣荣．柳井正：我的人生一胜九败［J］．中国信息化周报，2014（13）.

［2］朱宏翔．供应链物流成本的库存运输联合优化［D］．天津理工大学硕士学位论文，2014.

［3］胡伟．RZC 供应链管理现状与竞争力提升策略研究［D］．华东理工大学硕士学位论文，2013.

［4］何佳．ZARA：以快"征服"世界［J］．企业改革与管理，2011（5）：63-65.

［5］王哲．供应链环境下奶制品冷链物流问题的研究［D］．山东大学硕士学位论文，2011.

［6］冯永琼．J 公司 VMI 管理中存在的问题与对策［D］．华南理工大学硕士学位论文，2011.

［7］贾君妍．快速时尚赢利模式之商品企划研究［D］．北京服装学院硕士学位论文，2010.

［8］李想．ZARA 的品牌管理［J］．市场周刊（理论研究），2009（8）：39-40.

［9］饶昌其．贵州军工企业供应链管理模式研究［D］．贵州大学硕士学位论文，2008.

［10］于兵．基于时变需求的供应链库存协调机制研究［D］．河北工程大学硕士学位论文，2008.

［11］冯磊．基于产品项目开发生命周期的中小企业供应链管理研究［D］．北京交通大学硕士学位论文，2007.

［12］洪理平．生鲜加工配送中心发展对策研究［D］．浙江工业大学硕士学位论文，2007.

［13］杨艳丽．基于 IGA 的供应链库存成本优化研究［D］．河北工程大学硕士学位论文，2007.

［14］左龙江．供应链管理环境下的生产能力规划原理及方法研究［D］．四川大学硕士学位论文，2006.

［15］葛星．透视世界服装巨人的血管［N］．中国服饰报，2006-04-28.

［16］张延民．双城娃哈哈公司供应链管理决策优化研究［D］．东北林业大学硕士学位论文，2006.

［17］顾晓冬．数据挖掘技术在供应链管理系统中的应用设计［D］．同济大学硕士学位论文，2006.

［18］葛星．除了提高效率，IT 还能帮你创造市场——ZARA 成功应用 IT 实例［J］．商学院，2005（9）：71-72.

［19］钱洪．化工企业供应链系统设计研究［D］．北京化工大学硕士学位论文，2003.

［20］李杰梅．电子供应链管理模式下中小企业运营研究［D］．昆明理工大学硕士学位论文，2003.

［21］郭伟刚．差异化战略竞争优势及路径选择［J］．现代企业，2018（10）：27-28.

［22］石利民．贸易公司供应链的竞争战略分析［J］．中国商论，2017（35）：67-68.

［23］刘崇秀．海尔集团发展战略评价分析［J］．市场研究，2017（11）：54-56.

［24］李啸．德邦物流多种盈利模式的讨论［J］．商场现代化，2017（21）：56-57.

［25］冯橙．华为流程变革之"道法器术"［N］．人民邮电，2016-10-24（007）.

［26］姜骞．供应链企业间信任对供应链合作稳定性的作用机制［J］．中国流通经济，2016，30（9）：60-69.

［27］罗少好．HN邮政速递物流有限公司竞争战略研究［D］．中南大学硕士学位论文，2013.

［28］徐晔．常州ZC上海大众4S店服务营销策略研究［D］．南京理工大学硕士学位论文，2013.

［29］黄海洋．浅谈波特竞争战略和SCP模型［J］．东方企业文化，2013（13）：74.

［30］刘本禹．电子商务环境下供应链战略的制定［D］．北京邮电大学硕士学位论文，2013.

［31］张诚．企业电子供应链战略运用分析［J］．物流工程与管理，2012，34（11）：113-115.

［32］殷绪全．中邮普泰广东公司供应链战略研究［D］．华南理工大学硕士学位论文，2012.

［33］张青．供应链管理战略在X公司原料采购物流信息化建设中的研究与应用［D］．复旦大学，2011.

［34］李响．快速消费品供应链核心企业的成本分析［D］．大连交通大学硕士学位论文，2010.

［35］谢明军．JY供应链管理变革思考［D］．复旦大学硕士学位论文，2010.

［36］刘清志，王凤华，陈思羽．索尼爱立信公司发展战略分析［J］．中外企业家，2010（14）：55-57.

［37］邬亮．中小压力容器企业供应链管理研究［D］．电子科技大学硕士学位论文，2010.

［38］陈世超．供应链需求变异风险问题研究［D］．石河子大学硕士学位论文，2009.

［39］张靖．制造业供应链战略管理理论分析［J］．产业与科技论坛，2009，8（5）：193-195.

［40］唐丽娜．供应链多产品库存控制方法优化研究［D］．合肥工业大学硕士学位论文，2009.

［41］刘学剑．浅谈应用SWOT、波士顿矩阵和通用矩阵分析选择企业战略［J］．饲料博览（技术版），2008（12）：7-11.

［42］潘锦明．舒适公司拉动式生产计划控制案例研究［D］．西南交通大学硕士学位

论文，2008.

[43] 李爱凤．A 省电力勘测设计院发展战略分析 [D]．华北电力大学（北京）硕士学位论文，2007.

[44] 窦光聚．我国钢丝绳的行业竞争结构及企业战略抉择 [J]．金属制品，2006 (6)：1-4.

[45] 宋世强．物流运输管理决策优化问题研究 [D]．江西财经大学硕士学位论文，2006.

[46] 吴高潮．企业自主创新的模式与机制研究 [D]．武汉理工大学硕士学位论文，2006.

[47] 申加志．INTLN 公司多元化发展的产业分析和管理架构设计 [D]．中国海洋大学硕士学位论文，2006.

[48] 高文龙．山东大易化工集团竞争战略研究 [D]．山东大学硕士学位论文，2006.

[49] 张泳．供应链战略管理现状及对策研究 [J]．商业研究，2006 (2)：81-82.

[50] 孙志磊．面向供应链的供应商选择研究 [D]．天津大学硕士学位论文，2005.

[51] 岳翔．企业合作中供应链信息流、资金流、物流的管理 [D]．电子科技大学硕士学位论文，2005.

[52] 薄湘平，陈娟．总成本领先战略探析 [J]．财经理论与实践，2003 (3)：110-112.

[53] 邵晓峰，季建华．我国企业实施供应链管理的战略研究 [J]．上海企业，2001 (8)：32-35.

[54] 肖军．基于核心企业的供应 [D]．武汉理工大学硕士学位论文，2003.

[55] 王晨宾．钢材物流企业的供应链构建 [D]．北京交通大学硕士学位论文，2007.

[56] 冯春花．供应链合作伙伴关系研究 [D]．西南交通大学硕士学位论文，2002.

[57] 蒋成军．涪陵制药厂供应链合作伙伴选择研究 [D]．重庆大学硕士学位论文，2006.

[58] 代小春．供应链管理的合作伙伴关系研究 [D]．重庆大学硕士学位论文，2002.

[59] 卢颖．基于供应链的合作伙伴选择与协调管理研究 [D]．兰州大学硕士学位论文，2006.

[60] 李琦．供应链战略伙伴关系发展的可拓决策研究 [D]．西安建筑科技大学硕士学位论文，2008.

[61] 张洪岩．米其林供应商关系管理问题研究 [D]．东北大学硕士学位论文，2010.

[62] 卢定宇．供应链环境下涟钢供应商评价及选择研究 [D]．中南大学硕士学位论文，2008.

[63] 宋毓新．跨国零售行业厨房家电用品供应商选择的研究 [D]．上海交通大学硕士学位论文，2008.

[64] 李少华．水泥生产企业供应链管理环境下供应商的选择与评价 [D]．内蒙古大

学硕士学位论文，2006.

[65] 战丽梅．供应链管理环境下供应商的选择与评价 ［D］．吉林大学硕士学位论文，2005.

[66] 王磊．供应链管理环境下供应商选择研究 ［D］．东北大学硕士学位论文，2007.

[67] 付红侠．PALH 公司非生产性物资供应商分类及管理 ［D］．华中科技大学硕士学位论文，2007.

[68] 吕淑文．建筑供应链合作伙伴评价与选择方法研究 ［D］．武汉理工大学硕士学位论文，2006.

[69] 王丽杰．供应链成员企业间合作问题研究 ［D］．吉林大学硕士学位论文，2007.

[70] 王超．供应链管理环境下第三方物流的作用分析及实践研究 ［D］．东北大学硕士学位论文，2005.

[71] 邓宁．供应链柔性研究 ［D］．武汉理工大学硕士学位论文，2005.

[72] 王群．造船供应链信息共享问题研究 ［D］．江苏科技大学硕士学位论文，2010.

[73] 李善良，朱道立，王斌．供应链企业间的委托代理分析：成因、特点及模型 ［J］．物流技术，2004（11）：106-109.

[74] 刘刚．供应链管理中的委托代理问题及其对策 ［J］．甘肃社会科学，2004（5）：197+229-231.

[75] 刘刚．制造企业供应链管理的交易费用与决策优化研究 ［D］．中国社会科学院研究生院硕士学位论文，2003.

[76] 杨梅．供应链中合作伙伴的选择与评价 ［D］．对外经济贸易大学硕士学位论文，2006.

[77] 鲁凯．信息不对称下供应链激励机制研究 ［D］．西安电子科技大学硕士学位论文，2008.

[78] 姚媛媛．基于委托—代理理论的供应链企业间合作关系研究 ［D］．吉林大学硕士学位论文，2007.

[79] 刘和东，施建军．供应链企业间的委托代理问题及其治理 ［J］．现代管理科学，2009（2）：3-4+13.

[80] 侯勇军，陈燕，王鹏．供应链管理中的委托代理问题及其对策 ［J］．商场现代化，2007（12）：95-96.

[81] 邱宏波．神龙公司供应商管理研究 ［D］．华中科技大学硕士学位论文，2005.

[82] 李晓锦．农产品物流组织模式研究 ［D］．西北农林科技大学硕士学位论文，2007.

[83] 袁柏乔．基于委托代理理论的 CBA 集团公司与节点企业的合作问题研究 ［D］．重庆大学硕士学位论文，2008.

[84] 刘晓静．供应链管理中委托代理问题研究 ［J］．财会通讯（理财版），2008（4）：22-23.

［85］何光明．供应链环境下的委托代理关系与道德风险问题研究［J］．经营管理者，2015（19）：3-4.

［86］周梅华，张红红．供应链环境下企业委托代理问题研究［J］．商业时代，2008（11）：19-20.

［87］孙波．SCM 理论在我国房地产企业管理中的应用研究［D］．重庆大学硕士学位论文，2003.

［88］赵俊．军队专用物资供应商选择与约束问题研究［D］．国防科学技术大学硕士学位论文，2008.

［89］杜广强．基于委托—代理理论的供应链企业间合作关系［J］．大连海事大学学报（社会科学版），2008（4）：73-76.

［90］陈长彬，陈功玉．供应链合作关系的形成与发展研究［J］．工业技术经济，2006（11）：24-28.

［91］陈长彬，陈功玉．供应链合作关系发展探析［J］．物流技术，2007（2）：124-127+162.

［92］杨丽斌，储雪俭．基于委托—代理关系下的供应链成本研究［J］．物流技术，2008（1）：129-131.

［93］杜岩，许庆华．供应链成员间同步化策略研究［J］．山东商业职业技术学院学报，2008（3）：5-8+42.

［94］王宝阔．供应链系统中企业协作研发的伙伴选择问题［D］．大连海事大学硕士学位论文，2006.

［95］张彩芳．网络化制造环境下的虚拟供应链及其若干关键技术研究［D］．重庆大学硕士学位论文，2004.

［96］张建．伙伴供应商选择与评价研究［D］．大连海事大学硕士学位论文，2005.

［97］吕军．供应链环境下的供应商战略合作伙伴选择研究［D］．昆明理工大学硕士学位论文，2006.

［98］张高利．基于供应链管理的制造商与营销商合作关系研究［D］．河北工业大学硕士学位论文，2006.

［99］莫馨．供应链中的供应商合作伙伴关系研究［D］．天津大学硕士学位论文，2005.

［100］娄晓燕．航运企业供应链合作伙伴的选择及 ERP 模式的建立［D］．大连海事大学硕士学位论文，2002.

［101］刁桂朋．酒泉钢铁公司备件管理系统的研究［D］．西安理工大学硕士学位论文，2003.

［102］黄波．供应链战略伙伴关系的建立、维系与破裂［D］．重庆大学硕士学位论文，2003.

［103］刘晓菊．供应链合作伙伴的评价与选择方法研究［D］．华北工学院硕士学位论文，2004.

［104］刘捷．制造业供应链管理中供应商的评价与选择研究［D］．天津大学硕士学位论文，2007.

［105］孙彬．先锋制造 IPO 项目配送中心的选址与供应商的选择［D］．上海海事大学硕士学位论文，2005.

［106］聂敏杰．层次分析法在 FAG 公司供应商选择决策中的应用［D］．上海海事大学硕士学位论文，2005.

［107］朱华平．基于层次分析法的关键供应商选择研究与应用［D］．上海交通大学硕士学位论文，2011.

［108］李国强．基于项目管理的虚拟供应链运作模式及管理方法研究［D］．重庆大学硕士学位论文，2005.

［109］冯韵．电子商务环境下的供应链管理研究［D］．河海大学硕士学位论文，2004.

［110］华晓晖．物流外包合作成熟度研究［D］．山东理工大学硕士学位论文，2008.

［111］冯凌．基于层次分析法的供应商评价与选择研究［D］．浙江工业大学硕士学位论文，2016.

［112］康贤刚．基于供应链管理的企业核心竞争力战略研究［D］．华中科技大学硕士学位论文，2004.

［113］王伟．论信息管理在企业建立供应链上核心企业的重要作用［D］．对外经济贸易大学硕士学位论文，2004.

［114］刘友庚．企业供应链设计原则及相关影响因素分析［J］．湖北成人教育学院学报，2012，18（5）：67-68.

［115］任玉杰．Z 公司与 N 公司联合重组：物流与供应链管理优化［D］．上海交通大学硕士学位论文，2012.

［116］章勇．供应链管理在 DB 化学公司的应用研究［D］．上海交通大学硕士学位论文，2011.

［117］张晟义．涉农供应链管理理论体系构建［D］．西南财经大学硕士学位论文，2010.

［118］刘林．InterWrap（中国）公司供应链管理系统研究［D］．北京交通大学硕士学位论文，2009.

［119］李杰．纺织服装企业供应链运营探析［D］．浙江工业大学硕士学位论文，2009.

［120］王世蓉．基于供应链环境下目标成本管理的应用研究［D］．上海交通大学硕士学位论文，2008.

［121］孙焱．供应链管理在 HM 公司的应用研究［D］．北京交通大学硕士学位论文，2007.

［122］王璟琦．零售业物流中心的选址及其在供应链系统中的流程再造［D］．天津大学硕士学位论文，2007.

［123］高道胜．网络联盟企业供应链管理研究［D］．合肥工业大学硕士学位论文，2006.

［124］王建秀．基于物流与供应链战略的企业竞争优势研究［D］．山西大学硕士学位论文，2006.

［125］宋静．家电行业供应链的流程再造应用研究［D］．广东工业大学硕士学位论文，2006.

［126］杜丽群．全球供应链管理与我国企业国际竞争力的提升［J］．西南民族大学学报（人文社会科学版），2006（4）：159-162.

［127］罗毅．军事物流供应链设计与物流模式研究［D］．国防科学技术大学硕士学位论文，2006.

［128］孙世龙．基于产品特性的供应链设计研究［J］．物流技术，2006（3）：146-149.

［129］吴晶林．不确定条件下的供应链网设计问题研究［D］．西安电子科技大学硕士学位论文，2006.

［130］李长贵．集成化供应链成本管理理论与方法研究［D］．天津大学硕士学位论文，2005.

［131］叶春．供应链管理系统的信息技术与模型方法研究［D］．武汉大学硕士学位论文，2005.

［132］王华．企业物流成本控制研究［D］．武汉理工大学硕士学位论文，2004.

［133］郑黎明．供应链管理在开隆公司的运用［D］．西南交通大学硕士学位论文，2004.

［134］仲维清．煤业集团供应链管理及应用研究［D］．辽宁工程技术大学硕士学位论文，2004.

［135］沈铁松．面向新产品的供应链最优生产存储策略［D］．重庆大学硕士学位论文，2004.

［136］刘泳．提高我国供应链管理水平的思考［D］．西南财经大学硕士学位论文，2004.

［137］陈爱莲．面向网络联盟企业的供应链管理系统研究［D］．昆明理工大学硕士学位论文，2004.

［138］李云辉．基于产品工艺流程的供应链构建研究［D］．西北工业大学硕士学位论文，2004.

［139］刘小卉．供应链构建的新制度经济学研究［D］．上海海事大学硕士学位论文，2003.

［140］陈勇．制造系统敏捷供需链中第三方物流配送系统研究［D］．重庆大学硕士学位论文，2003.

［141］马士华．供应链管理 第二讲 供应链系统设计——如何构造与优化供应链［J］．物流技术，2003（5）：44-45.

［142］张翠华，黄小原．分散型供应链网及其仿真应用［J］．科学学与科学技术管理，2001（10）：54-56.

［143］赵念．供应链管理理论在电力设备供应市场中的应用［D］．重庆大学硕士学位论文，2001.

［144］栗东生，张翠华，黄小原．供应链网结构特性及其模型［J］．合成纤维工业，2001（1）：39-42.

［145］施福莱，王海艳．基于产品特性的供应链设计［J］．物流技术，2001（1）：

22-23.

[146] 栗东生．怎样建立辽化公司供应链网 [J]．石油企业管理，2000（8）：41-42.

[147] 陈志祥，马士华，陈荣秋．供应链的设计与重建 [J]．工业工程与管理，1999（4）：28-32.

[148] 郭厚友．×公司采购管理的改进 [D]．上海海事大学硕士学位论文，2006.

[149] 张文杰．供应链管理视野下制造企业采购管理的优化策略 [J]．经营管理者，2014（3）：58.

[150] 霍红，王微双．基于供应链环境的采购管理策略研究 [J]．商业经济，2013（24）：85-86.

[151] 陈萍莉．浅谈供应链与企业采购管理 [J]．经营管理者，2013（29）：160-161.

[152] 王振．浅析企业供应链环境下的采购管理 [J]．黑龙江科技信息，2013（29）：258.

[153] 陈婧．优化供应链采购模式完善供应链管理 [J]．经营管理者，2012（18）：82.

[154] 马士华，林勇，陈志祥．供应链管理 [M]．北京：机械工业出版社，2002.

[155] 周溪召，周思宇．供应链采购管理研究 [J]．对外经贸，2014（4）：113-115.

[156] 王兵．基于供应链的采购管理 [J]．商业研究，2002（13）：64-65.

[157] 王友胜，李丽．企业应对全球采购的对策 [J]．中国物流与采购，2005（6）：55-57.

[158] 刘智焕．供应链背景下的采购模式调整和流程优化研究 [J]．鄂州大学学报，2017，24（6）：40-42.

[159] 王艳娜．供应链管理下企业采购流程的优化研究 [D]．西安电子科技大学硕士学位论文，2005.

[160] 森尼尔·乔普瑞．供应链管理——战略、规划与运营 [M]．北京：社会科学文献出版社，2002.

[161] 侯书森，孔淑红．企业供应链管理 [M]．北京：中国广播电视出版社，2002.

[162] 魏修建，姚峰．现代物流与供应链管理 [M]．西安：西安交通大学出版社，2008.

[163] 邹辉霞．供应链物流管理 [M]．北京：清华大学出版社，2009.

[164] 刘传周．基于供应链的山西移动公司采购管理研究 [D]．北京交通大学硕士学位论文，2008.

[165] 张丽娟．采购管理在企业中的应用 [J]．科技创新与应用，2015（14）：250.

[166] 陈瑜青．SCM 环境下基于联合采购的中小企业采购策略研究 [D]．浙江工业大学硕士学位论文，2009.

[167] 王初建．基于敏捷虚拟管理思想的企业采购管理及其信息系统研究 [D]．昆明理工大学硕士学位论文，2003.

[168] 张鑫．供应链质量管理 [D]．北京交通大学硕士学位论文，2007.

[169] 李琳．基于供应链管理的采购管理系统的研究与开发 [D]．昆明理工大学硕士学位论文，2005.

［170］许亮．国际物流环境下采购问题研究［D］．河海大学硕士学位论文，2005.

［171］张惠榕．供应链管理模式下的采购管理［D］．厦门大学硕士学位论文，2009.

［172］马楠．供应链环境下大型电子制造企业协同采购模型研究［D］．上海交通大学硕士学位论文，2007.

［173］王潼．电子商务与企业采购［J］．冶金管理，2001（12）：4-8.

［174］王丽秋．供应链环境下高科技企业采购的研究［D］．厦门大学硕士学位论文，2005.

［175］孙铁英．供应链管理环境下中油化建钢结构公司的采购管理研究［D］．吉林大学硕士学位论文，2009.

［176］靳万民．供应链理论在石化企业物资管理中的应用研究［D］．北京化工大学硕士学位论文，2004.

［177］王潼．电子商务与企业采购［J］．冶金信息导刊，2001（6）：8-11.

［178］侯萍．合作型企业间电子采购系统的研究与实现［D］．南京工业大学硕士学位论文，2003.

［179］程伟．供应链管理中采购商与供应商关系研究［D］．北京化工大学硕士学位论文，2003.

［180］张悦．电子化采购及宝钢电子化采购方案设计的研究［D］．东北大学硕士学位论文，2005.

［181］刘洪涛．企业采购管理探讨［J］．齐鲁石油化工，2008（3）：248-252.

［182］秦家羽．索斯科公司采购体系的改善［D］．上海交通大学硕士学位论文，2011.

［183］王松章．企业采购管理实践研究［D］．东南大学硕士学位论文，2005.

［184］王如贞．沧化集团采购管理系统分析与对策研究［D］．天津大学硕士学位论文，2005.

［185］范罡．采购管理在企业中的应用［D］．厦门大学硕士学位论文，2002.

［186］张云华．供应链管理环境下采购与库存管理［D］．长春理工大学硕士学位论文，2004.

［187］杜荣．供应链管理环境下的攀成钢采购管理改革对策研究［D］．电子科技大学硕士学位论文，2003.

［188］孙洁．鹰山石化厂仪表采购管理研究［D］．大连理工大学硕士学位论文，2002.

［189］刘建英．NMGM集团供应管理系统的优化［D］．天津大学硕士学位论文，2006.

［190］王乙冰．基于供应链管理的某快消品生产企业准时制库存管理研究［D］．昆明理工大学硕士学位论文，2015.

［191］崔捷．供应链管理环境下的采购管理的研究［D］．上海交通大学硕士学位论文，2007.

［192］程玉忠．基于供应链环境的企业采购管理研究［D］．武汉理工大学硕士学位论文，2008.

［193］李永红．设备备件随机需求的采购与库存控制研究［D］．沈阳工业大学硕士学位论文，2008.

［194］张凤鸣．准时采购策略在铁路施工企业中的运用［J］．科技创新导报，2009（6）：202-203.

［195］赵双记．基于供应链管理的宝硕化工流程分析与研究［D］．天津大学硕士学位论文，2005.

［196］臧启辉．长春莱特消声器厂国际采购策略研究［D］．大连理工大学硕士学位论文，2004.

［197］范学谦．浅析供应链管理模式下的全球采购［J］．湖北函授大学学报，2007（1）：27-29.

［198］黄敬梓．供应链管理环境下的物资采购［J］．经济师，2011（5）：276-277.

［199］张旭起．供应链管理与 JIT 采购［J］．广西大学学报（哲学社会科学版），2007（2）：104-105.

［200］刘静．ERP 环境下的万通公司采购预测与决策的优化研究［D］．天津大学硕士学位论文，2004.

［201］董国强，张翠华，马林．基于 JIT 理论的供应链采购模式分析［J］．现代管理科学，2006（2）：93-94+108.

［202］徐杰．某制造企业物流成本管理体系研究［D］．天津大学硕士学位论文，2008.

［203］夏晓梅，叶英．浅谈供应链管理环境下的钢铁物流管理［J］．商场现代化，2007（32）：142-144.

［204］于国清．一汽专用汽车公司供应链管理改进研究［D］．吉林大学硕士学位论文，2007.

［205］蒲涛．基于供应链管理的航天宏宇公司信息系统设计与应用［D］．重庆大学硕士学位论文，2006.

［206］邸成．汽车零部件企业在供应链管理环境下的物流管理与库存优化［D］．吉林大学硕士学位论文，2005.

［207］吴慧芬．企业物流成本管理研究［D］．武汉大学硕士学位论文，2005.

［208］程永新．基于供应链管理的武钢进口铁矿石物流管理研究［D］．华中科技大学硕士学位论文，2005.

［209］聂茂林，张成考．生态供应链管理环境下的物流绿色化［J］．企业经济，2005（9）：48-49.

［210］徐送．基于供应链的物流跟踪系统研究［D］．南京航空航天大学硕士学位论文，2005.

［211］宋家山．安徽中烟供应链管理环境中卷烟材料采购实证研究［D］．南京理工大学硕士学位论文，2004.

［212］徐送，蔡启明．供应链管理模式下的物流跟踪系统设计［J］．物流科技，2004（10）：11-14.

［213］张保良．现代物流理论在中国生鲜经营中应用的研究［D］．天津大学硕士学

位论文，2004.

［214］侯发欣．供应链中制造企业与物流企业的合作模式及若干关键技术研究［D］.
重庆大学硕士学位论文，2004.

［215］魏晓宁，李延霞．浅谈供应链物流管理［J］．物流科技，2003（3）：12-13.

［216］葛存山．供应链管理环境下物流管理的一体化［D］．首都经济贸易大学硕士
学位论文，2003.

［217］马士华．物流过程对供应链竞争力的影响分析及改进策略［C］//中国物流学
会．首届中国物流学会年会论文集．中国物流学会：中国物流与采购联合会，2002.

［218］杨磊．论电子商务供应链管理［D］．对外经济贸易大学硕士学位论文，2002.

［219］戴勇．供应链下的虚拟物流概念及其互联网的应用［J］．上海海运学院学报，
2001（4）：36-39+44.

［220］戴勇．虚拟物流概念及其在物流网站设计中的应用［J］．物流技术与应用，
2000（4）：19-22.

［221］苏士勇．怎样疏通内部物流通道［N］．中国信息化周报，2014-06-09
（019）.

［222］刘强达．基于资源整合的物流企业技术创新研究［D］．中国海洋大学硕士学
位论文，2009.

［223］杨维刚．企业经营与加快资本周转［J］．现代商业，2009（8）：103-104.

［224］魏桐欣．企业内部物流管理的三步［J］．市场周刊（新物流），2008
（6）：56.

［225］邓强．钢管制造企业精益物流系统设计［D］．重庆大学硕士学位论文，2008.

［226］朱君挺．中国的钢材加工配送中心发展研究［D］．首都经济贸易大学硕士学
位论文，2008.

［227］苏士勇．如何做好企业内部物流管理［J］．中外物流，2007（6）：63-66.

［228］谭丰.DT电力集团物流信息化管理模式创新［D］．中南大学硕士学位论
文，2007.

［229］龚淑玲．汽车制造业供应物流配送系统规划方法研究［D］．吉林大学硕士学
位论文，2006.

［230］陈家旺．信息化改善企业内部物流管理［J］．经济师，2005（2）：133-135.

［231］苏士勇．怎样利用信息化改善企业内部管理［J］．中国制造业信息化，2003
（5）：133-135.

［232］霍胜军，詹丽．发展现代物流　进行流程再造——海尔物流案例［J］．家用电
器科技，2002（11）：43-44.

［233］余小川．敏捷制造企业供应物流系统的优化研究［D］．重庆大学硕士学位论
文，2002.

［234］苏士勇．如何做好企业内部物流管理［J］．互联网周刊，2002（18）：78-79.

［235］张刚．供应链管理环境下的生产计划管理［D］．天津大学硕士学位论
文，2007.

［236］李海军．面向网络联盟企业的生产计划模型构建与计划分解［D］．哈尔滨工

程大学硕士学位论文, 2006.

[237] 陈志祥, 汪云峰, 马士华. 供应链运营机制研究——生产计划与控制模式 [J]. 工业工程与管理, 2000 (2): 22-25.

[238] 徐恒. 基于 SCM 的车间生产调度模型研究 [D]. 西北工业大学硕士学位论文, 2006.

[239] 时瑞红. 供应链管理环境下的生产计划研究 [D]. 昆明理工大学硕士学位论文, 2008.

[240] 李晓贞. 制造企业生产计划管理 [D]. 天津大学硕士学位论文, 2004.

[241] 张涛. 订单生产型企业的运营模式研究 [D]. 武汉大学硕士学位论文, 2005.

[242] 沈玲. 面向时间竞争的供应链计划模式 [D]. 华中科技大学硕士学位论文, 2005.

[243] 罗琴. DJ 服装公司供应链生产计划与控制研究 [D]. 北京交通大学硕士学位论文, 2007.

[244] 肖瑞. 飞思卡尔公司供应链环境下的生产计划与控制体系研究 [D]. 天津大学硕士学位论文, 2007.

[245] 张会敏. 集成化供应链中企业信息耦合度测量模型研究 [D]. 哈尔滨工业大学硕士学位论文, 2006.

[246] 梁尤彦. GZSZ 再生沥青混凝土生产运作优化的研究 [D]. 华南理工大学硕士学位论文, 2011.

[247] 林科宣. 电子商务环境下的供应链重组研究 [D]. 暨南大学硕士学位论文, 2006.

[248] 苏明. 供应链管理环境下多产品单一设备动态计划研究 [D]. 上海交通大学硕士学位论文, 2008.

[249] 王佳. P/D 协同生产计划下多产品双层阈值控制模型与求解 [D]. 东北大学硕士学位论文, 2009.

[250] 陈夙. 半导体企业的集成供应链及其管理 [D]. 天津大学硕士学位论文, 2007.

[251] 王阳. 面向中小型制造企业的集成化供应链管理系统的研究与开发 [D]. 西北工业大学硕士学位论文, 2003.

[252] 任小龙. 供应链中的协作问题研究 [D]. 西安电子科技大学硕士学位论文, 2001.

[253] 施春霞. 供应链环境下生产计划与控制系统的研究开发 [D]. 江苏大学硕士学位论文, 2005.

[254] 张东群. 基于供应链视角的钢铁企业成本管理研究 [D]. 河南科技大学硕士学位论文, 2013.

[255] 何晓岚. 基于供应链的信息管理 [D]. 浙江大学硕士学位论文, 2002.

[256] 马军. 虚拟企业生产计划与控制研究 [D]. 沈阳工业大学硕士学位论文, 2002.

[257] 乔彦东. 基于供应链思想的管理控制方法研究 [D]. 河北工业大学硕士学位

论文，2004.

[258] 韩睿，田志龙．延迟制造：供应链管理下的大规模定制技术 [J]．科学管理研究，2002（2）：39-41.

[259] 于海江，杨德礼，霍云福．供应链管理与看板 [J]．预测，2003（3）：52-56.

[260] 管敏法．消费电子产品售后服务供应链管理 [D]．浙江大学硕士学位论文，2004.

[261] 李啸．德邦物流多种盈利模式的讨论 [J]．商场现代化，2017（21）：56-57.

[262] 张陆．影响供应链绩效的商业环境因素分析 [J]．现代商贸工业，2015，36（3）：66-68.

[263] 范湘香．推式供应链与拉式供应链探析 [J]．中国储运，2012（5）：106-107.

[264] 郑自忠．集中战略的制胜之道 [J]．企业改革与管理，2007（3）：79-80.

[265] 张翠华，任金玉．新一代的供应链战略：协同供应链 [J]．东北大学学报（社会科学版），2005（6）：406-409.

[266] 薄湘平，陈娟．总成本领先战略探析 [J]．财经理论与实践，2003（3）：110-112.

[267] 汪涛，万健坚．西方战略管理理论的发展历程、演进规律及未来趋势 [J]．外国经济与管理，2002（3）：7-12.

[268] 霍佳震，隋明刚，刘仲英．企业绩效及供应链绩效评价研究现状 [J]．同济大学学报（自然科学版），2001（8）：976-981.

[269] 王开明，万君康．企业战略理论的新发展：资源基础理论 [J]．科技进步与对策，2001（1）：131-132.

[270] 李佑红．对"企业再造"理论的几点反思 [J]．湖南社会科学，2000（5）：99-101.

[271] 沈厚才，陶青，陈煜波．供应链管理理论与方法 [J]．中国管理科学，2000（1）：1-9.

[272] 王耀球，施先亮．供应链管理 [M]．北京：机械工业出版社，2005.

[273] 大卫·辛奇．供应链设计与管理：概念、战略与案例研究 [M]．季建华，邵晓峰译．北京：中国财政经济出版社，2004

[274] 马士华，林勇．供应链管理 [M]．北京：机械工业出版社，2016.

[275] 施先亮，王耀球．供应链管理 [M]．北京：机械工业出版社，2010.

[276] 李雪松．供应链管理 [M]．北京：清华大学出版社，北京交通大学出版社，2010.

[277] 华蕊，张松涛．供应链管理 [M]．北京：化学工业出版社，2009.

[278] 汤世强，施丽华．供应链管理 [M]．北京：清华大学出版社，2008.

[279] 夏良杰．低碳供应链：运营协调与优化 [M]．北京：人民邮电出版社，2016.

[280] 赵林度．供应链与物流管理：理论与实务 [M]．北京：机械工业出版社，2003.

[281] Lee H., Whan H. Decentralized Multi-Echelon Supply Chains: Incentives and Information [J]. Management Science, 1999, 45（5）：731-732.

［282］傅培华. 供应链管理［M］. 杭州：浙江大学出版社，2009.

［283］Lin F. R., Shaw M. J. Reengineering the Order Fulfillment Process in Supply Chain Networks［J］. International Journal of Flexible Manufacturing Systems, 1998, 10 (3): 197-229.

［284］Chen F. Decentralized Supply Chains Subject to Information Delays［J］. Management Science, 1999, 45 (8): 1085-1086.

［285］Cachon G. P. Managing Supply Chain Demand Variability with Scheduled Ordering Policies［J］. Management Science, 1999, 45 (6): 843-844.

［286］陶新良，王小兵. 物流系统规划及设计［M］. 北京：机械工业出版社，2012.

［287］Jean Tirole. The Theory of Industrial Organization［M］. Cambridge, MA: The MIT Press, 1997: 279.

［288］苏尼尔·乔普拉，彼得·迈因德尔. 供应链管理［M］. 北京：中国人民大学出版社，2008.

［289］李诗珍，关高峰. 物流与供应链管理：Logistics and Supply Chain Management［M］. 北京：北京大学出版社，2015.

［290］约翰·J. 科伊尔. 供应链管理物流视角（第9版）［M］. 北京：电子工业出版社，2016.

［291］邹辉霞. 供应链物流管理［M］. 北京：清华大学出版社，2004.

［292］施先亮，王耀球. 供应链管理（第3版）［M］. 北京：机械工业出版社，2016.

［293］张瑞鑫. 供应链环境下C公司汽车发动机生产计划管理［D］. 东华大学硕士学位论文，2017.

［294］张松. 供应链环境下制造企业生产计划与控制研究［J］. 工业设计，2017 (2): 172.

［295］曲孟，朱斌，惠记庄，张富强. 基于可信性理论的闭环供应链生产计划［J］. 工业工程与管理，2018，23 (4): 36-44.

［296］张志威. 基于MRPⅡ+JIT协同的生产计划管理改善研究［D］. 华南理工大学硕士学位论文，2018.

［297］曲孟. 供应链管理下集团型企业生产计划研究［D］. 长安大学，2018.

［298］Ronald H. Ballou. Business Logistics/Supply Chain Management (Fifth Edition)［M］. 北京：中国人民大学出版社，2005.

［299］Michael Hugos. Essentials of Supply Chain Management, 2e［M］. 北京：中国物资出版社，2010.

［300］宋华，胡左浩. 现代物流与供应链管理［M］. 北京：经济管理出版社，2000.

［301］齐二石，刘亮. 物流与供应链管理［M］. 北京：电子工业出版社，2007.

［302］Steven Nahmias. Production and Operations Analysis［M］. 北京：清华大学出版社，2009.

［303］潘孝唐. 供应链下传统库存管理方式存在的问题研究［J］. 现代商业，2014 (11): 185-186.

［304］傅烨，郑绍濂. 供应链中的"牛鞭效应"——成因及对策分析［J］. 管理工程学报，2002 (1).

［305］田立平，孙群．供应链 中的"牛鞭效应"研究综述［J］．项目技术管理，2013，41（31）．

［306］乔梓钰．浅析供应链中"牛鞭效应"成因及解决策略［J］．现代商业，2018（1）．

［307］大卫·辛奇—利维，菲利普·卡明斯基等．供应链设计与管理：概念、战略与案例研究［M］．北京：中国人民大学出版社，2009．

［308］韩迎科．RFID 和新业务模式［M］．北京：东方出版社，2006．

［309］冯毅．基于区块链的智能物流系统的研究与实现［D］．电子科技大学硕士学位论文，2019．

［310］李晓萍，王亚云．基于区块链技术的物流服务供应链信息平台构建［J］．物流技术，2019，38（5）：101-106．

［311］董千里．供应链管理［M］．北京：人民交通出版社，2009．

［312］马士华，李华焰，林勇．平衡计分卡在供应链绩效评价中的应用研究［J］．工业工程与管理，2003，7（4）：5-10．

［313］汪方胜．供应链绩效评价体系和评价模型研究［J］．物流科技，2008（5）．

［314］朱长宁．基于委托—代理理论的供应链激励机制研究［J］．商业研究，2007（34）．

［315］霍佳震，雷星晖，隋明刚．基于供应链的供应商绩效评价体系研究［J］．上海大学学报（自然科学版），2002，8（2）：178-182．

［316］孙宏岭，戚世钧．现代物流活动绩效分析［M］．北京：中国物资出版社，2001．

［317］霍佳震，隋明刚，刘仲英．集成化供应链整体绩效评价体系构建［J］．同济大学学报，2002（4）．

［318］COR5. 0 Overview. http：www. supply-chain. org/. 2001.

［319］Chris A Miller. The Nature and Design of Supply Chain Performance Measurement Systems-an Empirical Study［J］. The Pennsyvania University PH. D. Dissertation，2001（7）．

［320］宋华．供应链金融［M］．北京：中国人民大学出版社，2015．

［321］Gomm, Leon M . Supply Chain Finance：Applying Finance Theory to Supply Chain Management to Enhance Finance in Supply Chains［J］. International Journal of Logistics Research and Applications，2010，13（2）：133-142．

［322］吴志华，储俊松．合作降低库存——来自雀巢和家乐福实施供应商管理库存的启发［J］．市场周刊（新物流），2007（7）：34-35．

［323］杨杏杏．供应链管理环境下的库存问题根源分析［J］．广西质量监督导报，2019（7）：195．

［324］吴双 .Zara 供应链模式下存货管理经验与启示［D］．河北大学硕士学位论文，2017．

［325］张文祥．基于 VMI 的 M 公司库存管理优化方案设计［D］．陕西师范大学硕士学位论文，2019．

［326］张雪芹．供应链视角下几种库存管理模型的思考［J］．物流科技，2019，42（8）：154-155．

［327］刘利平．JIT-VMI 模式在 WR 公司库存管理中的应用研究［D］．贵州财经大学硕士学位论文，2018．

［328］吴帼玮．基于 JMI 的 A 公司库存管理优化研究［D］．东华大学硕士学位论文，2016．

［329］郑玛丽，鲁琦．供应链多级库存优化与控制问题研究［J］．蚌埠学院学报，2019，8（2）：100-103．

［330］蒲晓辅．W 公司库存管理研究［D］．上海交通大学硕士学位论文，2008．

［331］骆宝珠．基于供应链的库存控制研究［D］．武汉理工大学硕士学位论文，2006．

［332］杨蕾．面向供应链管理的联合库存问题［D］．大连海事大学硕士学位论文，2006．

［333］杨启亮．基于供应链的库存管理系统研究［D］．昆明理工大学硕士学位论文，2005．

［334］李晖．供应链企业间的库存控制系统分析与研究［D］．昆明理工大学硕士学位论文，2004．

［335］李海波．泛司中国 VMI 库存策略［D］．郑州大学硕士学位论文，2005．

［336］陈明．传统管理模式下库存控制的弊端［J］．科技创新导报，2009（20）：141-142．

［337］王海鹏．供应链节点企业间的协同库存控制策略［D］．重庆大学硕士学位论文，2002．

［338］冯光兰．供应链管理若干问题的研究［D］．西安电子科技大学硕士学位论文，2002．

［339］李波．供应链环境下中小企业的库存管理［D］．电子科技大学硕士学位论文，2007．

［340］欧阳岗．库存优化模型在 ERP 中的应用研究［D］．武汉理工大学硕士学位论文，2007．

［341］毕海宏．供应链管理中的信息技术应用［D］．大连理工大学硕士学位论文，2002．

［342］刘旺盛．供应链管理中的信息共享问题研究［D］．武汉理工大学硕士学位论文，2004．

［343］郭令．现代物流管理中的 3G 技术［J］．三晋测绘，2003（3）：22-24．

［344］贾静茹．基于第三方物流的闭环供应链信息流构建研究［D］．西北工业大学硕士学位论文，2005．

［345］林国扶．基于 GIS 平台的电信管线资源管理系统［J］．广东通信技术，2004（2）：32-37．

［346］王见．GIS 技术在畜牧业、林业管理中的应用研究［D］．新疆农业大学硕士学位论文，2001．

［347］叶启伟．基于 GeoSensor 的监控系统的研究［D］．华中科技大学硕士学位论文，2007．

［348］黄福同．电厂工程图纸信息与数据库数据关联软件的研究及实现［D］．清华大学硕士学位论文，2004．

［349］张琳．基于 GIS 的扶风县农用地定级研究［D］．长安大学硕士学位论文，2008．

［350］匡乐红．区域暴雨泥石流预测预报方法研究［D］．中南大学硕士学位论文，2006．

［351］陈志刚．基于 GIS 的病虫害查询预测系统的建立及其在麦蚜迁飞研究中的应用［D］．中国农业大学硕士学位论文，2004．

［352］王珍．吉林邮政物流信息系统规划与设计［D］．吉林大学硕士学位论文，2006．

［353］宦兆骅．基于 Java 的 Web GIS 关键技术研究［D］．电子科技大学硕士学位论文，2006．

［354］王万群．河南省城镇土地利用地理信息共享平台异构和分布数据调用的研究与应用［D］．华东师范大学硕士学位论文，2007．

［355］朱德领．船舶模拟训练系统开发［D］．南京理工大学硕士学位论文，2008．

［356］张平．基于 VB+MapX 的海上化学品泄漏漂移预报地理信息系统的研究［D］．大连海事大学硕士学位论文，2008．

［357］侯刚．基于 WEBGIS 的公交线路规划模型及应用研究［D］．大连理工大学硕士学位论文，2007．

［358］马天驰．基于"4D"技术的土地资源动态监测的研究［D］．东北农业大学硕士学位论文，2000．

［359］孔祥强．GIS/GPS 在物流配送中的应用［J］．价值工程，2006（11）：87-89．

［360］孙贵珍，王栓军，王慧军．GIS 在河北省太行山区土地资源管理中的应用［J］．中国农学通报，2007（11）：384-387．

［361］傅翀．电子商务环境下的供应链管理研究［D］．电子科技大学硕士学位论文，2001．

［362］杨军辉．基于 SCM 的石油井筒工具网络制造系统研究［D］．西南石油学院硕士学位论文，2002．

［363］付艳萍．建筑企业集成化供应链管理研究［D］．哈尔滨工业大学硕士学位论文，2006．

［364］吴剑波．基于 IDC 的供应链企业信息集成模式研究［D］．武汉理工大学硕士学位论文，2003．

［365］凌永斌．中国汽车行业的供应链管理研究［D］．苏州大学硕士学位论文，2011．

［366］刘畅．中国企业实施供应链管理的理论和实践研究［D］．东北财经大学硕士学位论文，2005．

［367］林勇，马士华．供应链管理（SCM）与信息技术（IT）［J］．物流技术，2000（2）：28-30．

［368］唐业富．信息管理系统与供应链管理（SCM）［J］．中国高新技术企业，2008

（5）：34+36.

[369] 刘涛．基于信息共享的涟钢经销商管理信息系统研究 [D]．中南大学硕士学位论文，2007.

[370] 黄伟建．多 Agent 技术在供应链管理中的应用研究 [D]．天津大学硕士学位论文，2004.

[371] 梅淳．业务流程重构与信息技术 BPR&IT [J]．企业管理，1998（5）：39-40.

[372] 萧毅鸿．供应链管理中信息共享问题的研究 [D]．南京航空航天大学硕士学位论文，2007.

[373] 艾华．面向供应链的网络化合同管理模式研究与系统开发 [D]．重庆大学硕士学位论文，2004.

[374] 张榆．供应链管理中的财务监控问题研究 [D]．厦门大学硕士学位论文，2002.

[375] 原利侠，吴洪波．信息技术对供应链一体化战略的影响分析 [J]．科技与管理，2006（2）：114-116.

[376] 张强．基于供应链管理战略的企业组织结构模式及运行 [D]．西安电子科技大学硕士学位论文，2007.

[377] 陈明红．基于 SCM 的企业信息系统集成 [J]．物流科技，2007（11）：34-36.

[378] 卢升亮．面向供应链联盟的竞争情报策略研究 [D]．苏州大学硕士学位论文，2012.

[379] 张莹．基于粗糙集的关键成功因素识别方法 [J]．河北工程技术高等专科学校学报，2009（1）：6-9.

[380] 孟庆元．华北石化公司设备管理信息系统应用研究 [D]．天津大学硕士学位论文，2005.

[381] 张欣．试述大数据技术在企业战略管理中的应用 [J]．商讯，2019（35）：136+147.

[382] 李倩．EDI 在物流行业中的应用模式探究 [J]．中外企业家，2018（13）：51.

[383] 刘继，宋涛．计算机物联网技术在物流领域中的应用与创新探究 [J]．中国新通信，2019，21（15）：102.

[384] 周慧．H 公司汽车供应链管理绩效评价研究 [D]．吉林大学硕士学位论文，2018.

[385] 刘洋．基于粗糙集和 BSC-SCOR 的企业供应链绩效评价研究 [D]．重庆交通大学硕士学位论文，2018.

[386] 李蒙．基于物元分析的供应链绩效评价研究 [D]．长安大学硕士学位论文，2011.

[387] 刘浪．公路建设项目供应链管理的目标控制及其绩效评价研究 [D]．武汉大学硕士学位论文，2010.

[388] 郑培．动态供应链绩效评价方法研究 [D]．湖南大学硕士学位论文，2008.

[389] 马士茗．供应链管理绩效评价研究 [J]．法制与社会，2007（12）：648-649.

［390］王国兴．基于模糊层次分析的供应链绩效评价研究［D］．北京化工大学硕士学位论文，2007.

［391］谈文骏．BSC+SCOR 在专业展览公司的应用［D］．上海海事大学硕士学位论文，2007.

［392］马胜利．基于煤化工行业的供应链绩效评价研究［D］．内蒙古工业大学硕士学位论文，2007.

［393］朱萧．供应链管理协调研究［D］．天津大学硕士学位论文，2007.

［394］钟胜华．建筑供应链的构建及其综合绩效评价［D］．西南交通大学硕士学位论文，2005.

［395］李愈．供应链绩效评价体系研究［D］．西南交通大学硕士学位论文，2005.

［396］林丽红．供应链绩效评价的研究与分析［D］．江苏大学硕士学位论文，2005.

［397］张伟．供应链绩效评价研究［D］．华中科技大学硕士学位论文，2005.

［398］杨建华．战略供应链综合绩效评价体系与实施方法研究［D］．天津大学硕士学位论文，2004.

［399］田利娟．供应链绩效评价指标体系研究［D］．吉林大学硕士学位论文，2004.

［400］迟永梅．供应链绩效评价体系研究［D］．天津大学硕士学位论文，2004.

［401］查敦林．供应链绩效评价系统研究［D］．南京航空航天大学硕士学位论文，2003.

［402］徐贤浩，马士华，陈荣秋．供应链绩效评价特点及其指标体系研究［J］．华中理工大学学报（社会科学版），2000（2）：69-72.

［403］乔晓华．基于战略合作伙伴关系下的供应链企业激励机制研究［J］．经济论坛，2011（6）：190-192.

［404］安玉成．整机制造企业供应商管理体系中激励机制的探讨［D］．中国海洋大学硕士学位论文，2008.

［405］曹惊雷．农产品供应链成本管理研究［D］．黑龙江八一农垦大学硕士学位论文，2008.

［406］唐思荣．供应商与制造商的博弈分析［D］．中国海洋大学硕士学位论文，2008.

［407］陈建凯．供应链节点企业激励机制研究［J］．商场现代化，2007（29）：32.

［408］龙怡．基于核心企业的供应链中企业合作的激励机制研究［D］．西安电子科技大学硕士学位论文，2007.

［409］薛鹏．供应链优化及主从对策应用［D］．上海交通大学硕士学位论文，2007.

［410］陈慧．供应链合作伙伴关系类型和管理研究［D］．同济大学硕士学位论文，2007.

［411］王静，黄伟伟．供应链企业间的激励机制研究［J］．科技广场，2006（6）：74-75.

［412］张福翔．供应链协调机制研究［D］．吉林大学硕士学位论文，2006.

［413］王永新．虚拟股票期权激励在供应链管理中的应用［D］．天津科技大学硕士学位论文，2006.

［414］张昇．供应链质量管理中供应商激励机制的研究［D］．重庆大学硕士学位论文，2005．

［415］崔献霞．基于竞争合作关系的供应链协调机制研究［D］．西安理工大学硕士学位论文，2005．

［416］朱兵．基于风险最小原则的战略性供应商选择［D］．河海大学硕士学位论文，2005．

［417］杨丽伟．供应链企业合作的激励机制研究［D］．武汉理工大学硕士学位论文，2004．

［418］周健华．供应链企业通过营销策略影响市场需求之研究［D］．上海海事大学硕士学位论文，2004．

［419］田庆军．供应链企业绩效评价及激励机制研究［D］．沈阳工业大学硕士学位论文，2002．

［420］廖志超．供应链金融在各行业中的应用——以医疗行业为例［J］．中国商论，2018（26）：37-38．

［421］王旭．基于灰色关联分析的供应链金融信用风险评价［D］．曲阜师范大学硕士学位论文，2018．

［422］任重毅．中国邮政储蓄银行互联网金融战略研究［D］．北京邮电大学硕士学位论文，2018．

［423］陈璟璟．海尔供应链金融：开放、创新、在线化［J］．中国供应链发展报告，2017（10）：254-261．

［424］明洪盛，胡迪，谢忠琴．中小企业供应链金融风险防范研究［J］．当代经济，2017（13）：92-94．

［425］胡世杰．基于第三方平台的供应链金融研究［D］．上海国家会计学院硕士学位论文，2017．

［426］李良．在线供应链金融发展前景分析［D］．对外经济贸易大学硕士学位论文，2017．

［427］王磊．供应链金融的风险因素研究［J］．河南机电高等专科学校学报，2016，24（6）：20-22．

［428］王晓争．互联网背景下供应链金融发展研究［D］．对外经济贸易大学，2016．

［429］宋华，陈思洁．供应链金融的演进与互联网供应链金融：一个理论框架［J］．中国人民大学学报，2016，30（5）：95-104．

［430］张鹏程．中小企业融资策略的转型：从传统贷款到供应链金融［J］．上海管理科学，2016，38（3）：8-14．

［431］张佳玮．平安银行供应链金融融资业务及风险研究［D］．广东外语外贸大学硕士学位论文，2016．

［432］赵威．基于VaR方法的铁路供应链金融风险管理研究［D］．北京交通大学硕士学位论文，2016．

［433］刘杰．生鲜品O2O供应链金融模式及其收益博弈研究［D］．湖南大学硕士学位论文，2016．

［434］孙蕾．供应链金融视角下的企业风险评估研究［D］．华东理工大学硕士学位论文，2016．

［435］王磊．供应链金融背景下的中小企业融资［J］．河南机电高等专科学校学报，2016，24（2）：35-37．

［436］刘贵浙．报告主笔　计算机世界研究院　出品．生鲜电商市场慢热［N］．计算机世界，2015-10-26（018）．

［437］来文珍．试论商业生态学视角下产业集群发展［J］．中国商贸，2015（3）：150-151+185．

［438］宋华，王岚，史晓盟．基于EVA的供应链融资模型与绩效衡量［J］．当代经济管理，2014，36（5）：20-26．

［439］殷杰．打造航空工业供应链集成服务商［N］．中国航空报，2013-06-27（T02）．

［440］李胡扬．餐饮连锁企业供应链管理研究［J］．商场现代化，2013（3）：64-65．

［441］章雁．中小企业融资、供应链金融与供应链风险述评［J］．工业技术经济，2011，30（7）：123-127．

［442］刘林艳，宋华．供应链金融的研究框架及其发展［J］．金融教育研究，2011，24（2）：14-21．

［443］刘晓君．供应链金融下银行筛选机制问题研究［D］．东华大学硕士学位论文，2011．

［444］章小琴．企业要学会借船出海［J］．市场研究，2010（2）：1．

［445］陈李宏，彭芳春．供应链金融——中小企业融资新途径［J］．湖北社会科学，2008（11）：101-103．

［446］白马鹏．供应链金融服务体系设计与优化［D］．天津大学硕士学位论文，2008．

［447］张方立．供应链金融——值得关注的金融创新［J］．金融纵横，2007（20）：30-32．

［448］李静宇．供应链金融　让中小企业实现"借船"出海［J］．中国储运，2007（8）：36-38．

［449］高濛．对中国供应链金融生态环境的思考［J］．中国商论，2018（17）：50-51．